STEFAN STRÄSSLE

Das Geheimnis der Fülle

STEFAN STRÄSSLE

Das Geheimnis der Fülle

Wie du als Schöpfer
deines Lebens wirkst

Allinti

2. Auflage 2008
Die 1. Auflage erschien unter dem Titel «Zeit der Zuneigung» im Bettina-Peters-Verlag 2006.

Printed in Germany
Gedruckt auf säurefreiem, chlorfrei gebleichten Papier

ISBN 978-3-905836-04-2

www.allinti.ch

INHALTSVERZEICHNIS

EINLEITUNG

In dir schlummert friedlich und gelassen ein riesiges Universum. Es ist ein Universum, das alles Leben, alles Sein, den gesamten Kosmos, alles was existiert, in sich trägt. Dieses Universum ruht in seinem Urzustand in dir, ohne sichtbare Form, ohne erkennbaren Inhalt und ohne eigentliche Identität, ausgestattet jedoch mit dem unbegrenzten, allumfassenden Potenzial, aus welchem du deinem Leben Dasein, Existenz und Ausdruck verleihst. Nur du kannst dieses in dir schlummernde Universum zu pulsierendem Leben erwecken. Nur du kannst ihm den Atem des Lebens einhauchen, denn es ist dein Universum und du bist sein Schöpfer.

Dein Universum beginnt dann zu atmen, wenn du ihm Impulse der Zuneigung schenkst. Erst dadurch entsteht dein Leben, so wie du es heute, gerade jetzt, und seit du Bewusstsein hast, kennst. Ein Universum ohne Zuneigung schlummert friedlich weiter im leeren, formlosen Sein. Es trägt zwar unbegrenztes, schöpferisches Lebenspotenzial in sich, doch ohne deine Zuneigung schenkst du weder ihm, noch dir das Wunder des Lebens.

Die Zuneigung, mit der du dein inneres Universum wach küsst, hat viele Gesichter. Letztendlich sind diese Gesichter nichts anderes als *deine* Gedanken, *deine* Gefühle, *deine* Worte und *deine* Handlungen. Sie sind es, die deinem Universum den Lebensatem einhauchen und ihm so Form, Inhalt und Identität verleihen. Auf diese Weise wird dein Leben geboren, immer wieder und von neuem, von einem Moment zum andern, von deinem ersten bis zu deinem letzten Atemzug auf dieser Lebensbühne… und sogar darüber hinaus.

Auch die Natur funktioniert über Impulse der Zuneigung. Stell dir eine Blume vor. Sie braucht, wie jede Pflanze, Wärme, Sonnenlicht und Feuchtigkeit, um zu leben. Dadurch wächst und gedeiht sie und entfaltet ihre volle Blüte, ihr farbenfrohes Strahlen und ihren süssen Duft. Ohne diesen Ausdruck der Zuneigung würde die Blume sterben, ja, sie wäre überhaupt nie geboren worden. Genauso verhält es sich mit deinem Universum. Es braucht deine, aus dir geborene Aufmerksamkeit, die du ihm schenkst, damit es zum Leben erwacht und sich entfaltet. Jeder noch so grosse oder kleine, bedeutende oder unbedeutende Ausdruck deines Lebens basiert auf diesem Prinzip.

Die Dunkelheit war längst hereingebrochen und der Tag neigte sich langsam seinem Ende entgegen, als ein Mann und eine Frau, die sich nie zuvor begegnet waren, die Strassenbahn betraten. Sie waren die einzigen Fahrgäste im Abteil und hatten gegenüber voneinander Platz genommen. Es war für beide ein guter, erlebnisreicher und geschäftiger Tag. Eine entspannte Zufriedenheit aber auch ein Anflug von Müdigkeit sprach aus ihren Gesichtern. Schnell versanken sie in ihrem persönlichen Gedankenmeer. Durch dieses Abtauchen in ihr inneres Meer kam kein Gespräch zustande und die beiden verliessen die Strassenbahn an der nächsten Haltestation, ohne voneinander Notiz genommen zu haben.

Das Zusammentreffen dieser beiden Menschen wurde zu keiner eigentlichen Begegnung, da weder die Frau noch der Mann einen zwischenmenschlichen Impuls der Zuneigung, beispielsweise ein Lächeln, eine Geste, Blickkontakt oder ein paar Worte offenbarten. Deshalb schlummert dieser Teil ihres gemeinsamen Universums weiterhin friedlich und gelassen in seinem ursprünglichen, leeren und formlosen Sein.

Etwas ganz anderes geschieht mit dem Universum zweier Menschen, wenn ihm Aufmerksamkeit und Zuneigung geschenkt werden. Sofort entsteht daraus pulsierendes Leben.

Es war später Nachmittag und ich sass an einem Strand auf der Kanareninsel La Gomera. Ich sah der goldenen Sonne zu, wie sie langsam am Horizont des silbernen Meeres versank. Eine Mutter war mit ihrer Tochter an diesen Sandstrand gekommen, wo die beiden einen Tanz einstudierten. Ihr Tanz war einfach. Er bestand aus harmonischen, rhythmischen Bewegungen der Arme, Beine und Hüften, sowie aus Gesang und gelegentlichem in die Hände klatschen. Immer wieder übten sie zusammen. Man konnte den Spass, den die beiden miteinander hatten, förmlich spüren. Sie lachten und umarmten sich. Es war ein Vergnügen ihnen zuzusehen und die liebevolle Zuneigung von Mutter zu Tochter und umgekehrt, im Ausdruck ihres Tanzes, wahrzunehmen.

Mutter und Tochter überfluteten ihr Universum mit Impulsen der Zuneigung. Dadurch hauchten sie ihrem Universum Leben ein. So wurde Lachen, Berührung, Umarmung, Bewegung, Freude, Verspieltheit und Liebe geboren.

Dieses Prinzip der Zuneigung funktioniert auch im umgekehrten Sinn. Beispielsweise dann, wenn ein Mann beginnt seine Frau zu ignorieren. Der Mann kommt abends von der Arbeit nach Hause und tut gerade so, als ob niemand da wäre. Er grüsst seine Frau nicht, er redet nicht mit ihr, er schenkt ihr nicht die geringste Aufmerksamkeit. Er setzt sich vor den Fernseher, so, als ob er alleine wäre. Er ignoriert die Versuche seiner Frau mit ihm ein Gespräch zu beginnen. Er behandelt sie wie Luft. Dieses Szenario wiederholt sich Tag für Tag. Der offensichtliche Mangel an Zuneigung, ja, die eigentliche Abneigung des Mannes gegenüber seiner Frau, führt unweigerlich zum Tod ihrer Ehe. Die Frau wird sich früher oder später von ihrem Mann trennen oder scheiden lassen.

Wie du siehst braucht dein Universum deine *positive* Zuneigung, damit das, was du dein wunderbar sprühendes Leben nennst, entstehen kann. Universum und Zuneigung werden, wenn sie durch deinen Impuls miteinander verschmelzen, zu einer Einheit, die sich Leben nennt. Dein Leben. Selbst die Zeugung eines Menschenlebens geschieht auf diese Weise. Die weibliche Eizelle – dein Universum – verschmilzt mit der männlichen Samenzelle – deiner Zuneigung – zu einer Einheit, wodurch neues Leben geboren wird.

Sollten auf dein Universum jedoch *negative* Impulse der Zuneigung oder Impulse der Abneigung projiziert werden, wie es der Mann seiner Frau gegenüber tat, dann beginnt sich dieser Teil deines Lebens zurückzubilden, um sich schliesslich in der Form-, Inhalts- und Identitätslosigkeit des inneren Universums aufzulösen; so geschehen mit der Trennung und der darauf folgenden Auflösung ihrer Ehe. Auch hier ist es wie in der Natur. Wenn einer Blume die Zuneigung in Form von Licht, Wärme und Feuchtigkeit vorenthalten wird, dann wird die Blume eingehen.

Das Leben, der gesamte Kosmos, alles Sein, ob physisch, also auf den fünf menschlichen Sinnen basierend oder metaphysisch, jene Wahrnehmung, welche über die der fünf Sinne hinausgeht, beruht auf dem Prinzip der Zuneigung. Jedem Erlebnis, positiv oder negativ, das du je gehabt hast oder je haben wirst, hast du selbst – bewusst oder unbewusst – mittels deiner Zuneigung den Lebensatem eingehaucht.

Die drei geschilderten Beispiele zeigen, wie Zuneigung auf der Ebene zwischenmenschlicher Beziehungen funktioniert. Natürlich ist das nur ein kleiner Aspekt deines, in dir schlummernden Universums. Dein Universum reagiert mit grosser Feinfühligkeit auf *alle* Impulse, die du ihm schenkst, und zwar in jedem Moment und in jedem Lebensbereich. Gesundheit, persönliches Wachstum, beruflicher Erfolg, Wohlstand, innerer oder äusserer Frieden, Familie, Kinder, Erziehung, Partnerschaft, Liebe, Intuition, Spiritualität, ja, sogar politische, wirtschaftliche, ökologische oder gesellschaftliche Aspekte, sie alle basieren auf Impulsen der Zuneigung, die ihnen zuteil werden.

Es liesse sich viel darüber schreiben, was durch den Mangel oder das Entziehen von positiver Zuneigung mit der Essenz Leben alles geschehen kann. Doch das ist nicht der Sinn und Zweck dieses Buches. Vielmehr widmet *Das Geheimnis der Fülle* seine Aufmerksamkeit jenem fantastischen Potenzial in dir, das dich befähigt, durch das Prinzip der *positiven* Zuneigung, deine Wünsche, Träume und Ziele, wie verrückt sie auch sein mögen, zu verwirklichen.

Dir, lieber Leser, soll dieses Buch als Quelle der Inspiration dienen, um deinen Besuch auf der Erde als ein positives, lebensbejahendes und bereicherndes Experiment zu erfahren. Ein Experiment, das dich in deinem Innersten berührt, mit Freude, Liebe und Glück erfüllt und dich letztendlich zu dir selbst führt, zum inneren Menschen, zu deinem wirklichen Sein, zu jener Essenz, die du bist!

1

WER BIST DU?

Das Sprichwort *Sag mir, wer deine Freunde sind und ich sage dir, wer du bist* trägt einen leuchtenden Funken Wahrheit in sich. Jemand, den du als Freund bezeichnest und mit dem du viel Zeit verbringst, dessen Eigenschaften, Interessen und Einstellungen sind letztlich ein Ausdruck dessen wer *du* bist. Indem du dich zu diesem Jemand hingezogen fühlst und du ihn als deinen Freund bezeichnest, identifizierst du dich mit dem, was *er* repräsentiert und wer *er* ist. Insofern *bist* du wer oder was dein Freund ist.

Eine interessante Studie über Langzeit-Paare, Menschen also, die einen grossen Teil ihres Lebens mit demselben Partner verbrachten, hat ergeben, dass sich die beiden Partner in ihrem Äusseren, je länger, desto ähnlicher sehen. Aussehen, Gesichtszüge, Körperhaltung und Gesten der Paare zeigten mit fortgeschrittenem Alter verblüffende Ähnlichkeiten. Diese äussere Anpassung rührt natürlich von einer *inneren* Anpassung, Übereinstimmung und Identifikation her, mit der sich ein Paar begegnet. Tatsächlich wird jeder Mensch zu dem, womit er sich gedanklich, gefühlsmässig und persönlich umgibt. Deshalb ist es wichtig deine Freunde gezielt und in Übereinstimmung mit der Schwingung deines Herzens auszuwählen.

Deine Freunde aus der Sicht des Lebens sind das Universum und die Zuneigung. *Dein* Universum und *deine* Zuneigung. Sie sind es, die dir dein Leben und auch dich selbst zu sein erst ermöglichen. Die beiden sind echte, bedingungslos liebende Freunde, die nichts von dir wollen oder erwarten. Sie sind einfach nur da für dich. Sie sind vielleicht deine einzig *wahren* Freunde, die du auf deiner Bewusstseinsreise in dieser Lebensdimension je haben wirst.

Ein wahrer Freund ist jemand, der dich so, wie du bist, bedingungslos liebt und respektiert. Ohne wenn und aber! *Dein* Universum und *deine* Zuneigung tun das. Sie bleiben dir dein Leben lang treu und verlassen dich nie, bevor du dich nicht selbst verlässt, indem du deinem Leben adieu! sagst. Sie haben noch nie versucht dich zu ändern. Sie haben dich noch nie kritisiert, im Stich gelassen oder auf irgendeine Art und Weise verletzt. Sie sind dir noch nie böse gewesen oder ungeduldig mit dir geworden. Sie sind immer für dich da. Wie gesagt, sie lieben dich bedingungslos.

Wer aber bist *du*?

Wenn du letztlich ein Ausdruck dessen bist, wer oder was deine Freunde sind, dann bist du, genau wie sie, eine Verkörperung bedingungsloser Liebe. Zugegeben, das sind grosse, überschwängliche Worte, doch in deinem Kern, in deiner wirklichen Essenz, in deinem innersten Sein, bist du tatsächlich *bedingungslose Liebe*.

In jenem Moment, als die Eizelle deiner Mutter und die Samenzelle deines Vaters miteinander verschmolzen und du als Menschenleben in deinen Körper geboren wurdest, hast du begonnen aus dem Bewusstsein dieser bedingungslosen Liebe zu leben. Während den ersten paar Jahren als Baby, lebtest du im Einklang mit dieser Wirklichkeit. Doch dann hast du es zugelassen, dich vom Denken und den Einstellungen deiner Umwelt beeinflussen zu lassen. Die Bewusstheit der bedingungslosen Liebe ist dir dabei im dualistisch angehauchten Leben auf der Erde allmählich abhanden gekommen. Wertvorstellungen wie «gut oder schlecht», «richtig oder falsch» und Gefühle, die konträr zur bedingungslosen Liebe stehen, sowie das Besitzanspruchsdenken, welches auf «mein» und «dein» basiert, haben diesen Prozess eingeleitet.

Zu Beginn deines Lebens *waren* die Dinge einfach so, wie sie waren. Und sie waren gut, so *wie* sie waren. Als Neugeborenes lebtest du aus deinem innersten Sein, der bedingungslosen Liebe. Diese Essenz in dir ist und bleibt unzerstörbar und rein. Sie ist nach wie vor fest in dir verankert. Sie kann sich zwar im Verlauf deines Lebens durch limitierende, innere Überzeugungen, Muster und Prägungen scheinbar verunreinigen, doch das ist in der Tat nur Schein, eine

Illusion. Die bedingungslose Liebe existiert in ihrer reinen Essenz immer in dir. Du kannst jederzeit in sie eintauchen und aus ihr leben.

Du *bist* jedoch nicht nur bedingungslose Liebe, sondern du *hast* auch eine Funktion. Damit aus Universum und Zuneigung nämlich Leben entsteht, brauchen sie einen Impulsgeber. Dich! Genau das macht dich zum Schöpfer, zum Schöpfer deines Lebens. Schöpfer zu sein ist deine Funktion!

Schöpfer seines Lebens zu sein, tönt ganz schön überwältigend, grossartig, fantastisch und vielleicht auch ein bisschen unglaubwürdig. Vor allem dann, wenn du bis an hin der Überzeugung warst, nur ein winziges, unbedeutendes Staubkorn in einem riesigen, unendlichen Kosmos zu sein, dessen Aufenthalt auf der Erde, aus der zeitlichen Perspektive, ungefähr dem eines Wimpernschlags der Unendlichkeit entspricht; dessen Leben durch ein kurzes Auspusten aus dem Mund des Urschöpfers, jederzeit das Zeitliche segnen könnte; dessen Leben von äusseren Einflüssen – Sternenkonstellationen, Biorhythmen, Karma, Vererbung, Gesellschaft, Eltern, Geschwistern, Lehrern – bestimmt zu sein scheint; dessen Leben eigentlich in den Händen dieses grossen Unbekannten, Gott, liegt und demzufolge alles dem Schicksal oder Wohlwollen dieses Urschöpfers unterliegt. Oder, zuguterletzt, dass alles sowieso auf dem Zufallsprinzip beruht und du ihm hilflos und machtlos ausgeliefert bist.

Vielleicht hat genau diese oder eine ähnliche Sichtweise dein Denken und Handeln bis zum heutigen Tag geprägt und bestimmt. Wenn dem so ist, dann verkörpern die beschriebenen inneren Einstellungen genau jene Zuneigungsimpulse, mit denen du dein persönliches Universum bis an hin wach geküsst hast. Daraus sind alle Aspekte deines Lebens, deines Bewusstseins, all deine Erfahrungen und Erlebnisse, einschliesslich derer, die du mit deinem Körper gemacht hast, hervorgegangen.

Manches davon hast du als lebensfördernd, anderes als lebensbegrenzend empfunden. Dein Universum konnte jedoch nicht anders, als sich mit deiner Zuneigung, sprich deinen inneren Einstellungen, die aus deinen Gedanken, Gefühlen, Worten und Handlungen entspringen, zu verschmelzen. Das liegt in der Natur des Universums, denn es bewertet nichts als gut oder schlecht. Aus seiner Sicht *ist* einfach alles. Der Sinn und Zweck seines Daseins besteht lediglich darin, sich mit deiner Zuneigung zu vereinen und Leben hervorzubringen.

Impulse wie: Ich bin bedeutungslos; ich bin nur ein winziges Staubkorn in einem unendlichen Kosmos; ich bin durch äussere Einflüsse manipulierbar; alles ist Schicksal; ich kann über mein Leben nicht selbst bestimmen; alles beruht auf dem Zufallsprinzip, verschmelzen bereitwillig mit deinem Universum. Leben, wenn auch begrenztes, wird aus dieser Verschmelzung geboren. Es äussert sich in Erfahrungen von Unzufriedenheit, Macht- und Sinnlosigkeit, Misserfolg, fehlendem Selbstvertrauen, blockierter Kreativität, unterdrückter Lebensfreude, Krankheit und schlussendlich im Tod.

Die Wurzel dieser Sichtweise und den daraus folgenden Erfahrungen liegt einzig und allein in der mangelnden Erkenntnis dessen, wer du und ich, wer wir als Menschen sind. «Erkenne dich selbst» stand schon über dem Orakel von Delphi und seither sehen viele Philosophen darin den Schlüssel zu einem glücklichen und erfüllten Leben. Deshalb die wiederkehrende Frage: «Wer bist du?»

Jesus, der bekannte Lebenslehrer und Philosoph, brachte es vor 2000 Jahren auf den Punkt, als er sagte: «Du kannst die Dinge tun, die ich getan habe und sogar noch grössere Dinge, als ich sie tat!» Du erinnerst dich, Jesus vollbrachte viele, so genannte Wunder.

Du trägst also dieses fantastische Potenzial, diese immense Kraft in dir, um als Schöpfer deines Lebens, genau wie Jesus, Wunder zu vollbringen. Eigentlich waren es keine Wunder, die Jesus vollbrachte, sondern ganz normale Dinge. Denn was damals und noch heute als Wunder bezeichnet wird, war lediglich die bewusste Anwendung eines Prinzips durch einen Menschen, der sich seiner Funktion, nämlich Schöpfer seiner Welt zu sein, bewusst war. Jesus wusste um die Unendlichkeit seines, in ihm schlummernden Universums. Er wusste auch, dass dieses Universum den ganzen Kosmos in sich barg, dass er eins damit war und mittels Zuneigungsimpulsen seinen Wünschen Leben einzuhauchen vermochte.

Um den schlafenden Riesen in dir aufzuwecken und solche Dinge zu vollbringen, wie Jesus sie tat, ist es von zentraler Bedeutung, dass du die beschränkenden Vorstellungen dessen, wer du zu sein glaubst, über Bord wirfst. Die Zeit ist reif dafür, denn in Wahrheit bist du nicht bloss ein winziges, unbedeutendes Staubkorn, in einem unendlichen Kosmos. Du trägst den Kosmos in dir, auch wenn du dir dessen vielleicht noch nicht bewusst bist. Du bist Schöpfer deines Lebens, auch wenn du dich mit diesem Gedanken erst gerade anzufreunden beginnst. Dein Leben, dein Aufenthalt auf diesem Planeten, aus der zeitlichen Perspektive betrachtet, ist so kurz oder so lang, wie du es wählst. Es ist *deine* Wahl. Du selbst bestimmst über dein Leben. Niemand sonst. Dein Schicksal liegt einzig und allein in deinen Händen, sprich in deinen Gedanken, deinen Gefühlen, deinen Worten und deinen Handlungen. Sie bestimmen über dein Schicksal, denn sie verkörpern jene Zuneigungsimpulse, durch die dein Universum zum Leben erwacht. Das alte Sprichwort «Du bist deines eigenen Glückes Schmied» weist genau auf diese Tatsache hin.

Dein Leben ist und war von allem Anfang an ein Buch leerer Seiten. Erst deine Zuneigung gibt deinem Leben Form, Inhalt und Konturen. So füllen sich die Seiten deines Lebensbuchs. Wenn dir das Drehbuch deiner Lebensgeschichte nicht gefällt, wenn du also den Inhalt und den Verlauf deines Lebens ändern möchtest, dann tust du das, indem du deine Zuneigungsimpulse veränderst. Dabei hast du freie Hand, denn nichts, überhaupt nichts, ausser den Spielregeln für das Spiel des Lebens ist vorgegeben. Wie das Spiel gespielt wird, wie lange es dauert, ob du das Spiel als Gewinner oder Verlierer beendest, sofern es das überhaupt gibt, ob du Spass daran hast oder nicht, welche Mitspieler du in dein Spiel mit einbeziehst, all das, jedes einzelne dieser Details ist eine Sache deiner *freien Wahl.* Was vorgegeben ist, sind einzig und allein die Spielregeln. Hier sind sie:

1 In dir existiert ein riesiges Universum, *dein* Universum, welches das gesamte, unbegrenzte Lebenspotenzial, die Existenz alles Seins, in sich trägt.

2 Mittels Zuneigungsimpulsen hauchst du diesem Universum den Lebensatem ein.

3 Die Verschmelzung von **1** und **2** ergibt **3**, was gleichbedeutend ist mit deinem Leben, deinen Erfahrungen, deinen Erlebnissen, all dem, was sich in deiner persönlichen Welt manifestiert.

Das sind die Spielregeln des Lebens. Es gibt keine anderen. Dein Leben ist genauso begrenzt oder unbegrenzt wie du es mit deinen Zuneigungsimpulsen kreierst.

Sternenkonstellationen, Biorhythmen, Karma, Vererbung, Gesellschaft, Eltern, Geschwister, Lehrer und viele andere dieser äusseren Einflüsse sind beliebte Ausflüchte, um sich vor der Verantwortung als Schöpfer zu drücken. Sie haben exakt so viel Macht und Einfluss, wie man ihnen gibt.

Wahrscheinlich hast auch du schon einmal gedacht, dass alles im Leben auf dem Zufallsprinzip beruht... du, deine Existenz, deine Erfahrungen, dein Universum, der Kosmos, einfach alles!
Alles nur Zufall!

Die moderne Quantenphysik widerspricht dem. Anhand von Experimenten konnte nämlich nachgewiesen werden, dass alles Physische – Zustand oder Objekt – nur so lange existiert, wie ihm durch den Beobachter, sprich den Schöpfer, also durch dich, Aufmerksamkeit verliehen wird. Wird die Aufmerksamkeit oder die Zuneigung entzogen, löst sich der Zustand oder das Objekt auf. Es kehrt dann ins Nichts, in jenes formlose und leere Sein zurück, aus dem es sich manifestierte. Folglich ist es kein Zufall, ob und wie lange etwas existiert.

Beim bekannten amerikanischen Schriftsteller Norman Cousins, damals etwa 50 Jahre alt, wurde eine unheilbare Krankheit diagnostiziert. Die Ärzte prognostizierten ihm eine Lebensdauer von ein paar wenigen Monaten. Obwohl fast vollständig gelähmt, verliess er das Spital auf eigenen Wunsch und mietete sich in ein Hotelzimmer ein, wo er «auf andere Gedanken kommen» wollte. Ganz bewusst schaute er sich lustige Filme und Lach-Videos an und las witzige Bücher. Diese Lach- und Humortherapie heilte ihn schliesslich von seiner schweren Krankheit. Überzeugt von der Heilkraft des Lachens, gründete Cousins darauf an der University of California of Los Angeles eine Abteilung für therapeutische Humorforschung.

Was Cousins tat, war reine Quantenphysik. Er entzog einem physischen Zustand – seiner Krankheit – die Aufmerksamkeit, indem er seine Zuneigung auf lustige, witzige und humorvolle Dinge lenkte. Damit entriss er der Krankheit die Lebensgrundlange, nämlich seine mentale Aufmerksamkeit, und die Heilung konnte eintreten. Die einfachste und beste Form die Aufmerksamkeit zu entziehen, besteht darin, sie auf etwas anderes zu lenken, wie es Norman Cousins erfolgreich getan hatte.

Es gibt keine Zufälle im Leben. Damit etwas aus der Formlosigkeit des inneren Universums Form annimmt, bedarf es eines konkreten Zuneigungsimpulses. Folglich liegt jedem Ereignis, jeder Erfahrung eine spezifische Ursache zugrunde. Die Ursache eines Schöpfers, eines menschlichen Bewusstseins.

Es gibt aktive *und* passive Schöpfer. Aktive Schöpfer sind Menschen wie Norman Cousins, die Verantwortung übernehmen und das Schicksal in ihre eigenen Hände nehmen. Passive Schöpfer sind Menschen, welche die Verantwortung sausen lassen, das Schicksal also nicht in ihre eigenen Hände nehmen und sich von Lebensumständen und Ereignissen hypnotisieren lassen, wie ein Kaninchen vor der Schlange.

Ein Tornado raste in horrender Geschwindigkeit auf eine Stadt in Florida zu. Madeleine wohnte dort in einem Wohnwagen-Park. Sie war sich ihrem Status als Schöpfer ihrer Welt bewusst. Deshalb blieb sie ruhig und gelassen. Sie sagte sich, dass dieser Tornado an ihrem Wohnwagen vorbeiziehen und ihr Hab und Gut unangetastet bleiben würde. So geschah es auch. Der Tornado raste zwar mit unglaublicher Wucht durch den Park, doch wie durch ein Wunder blieb Madeleines Wohnwagen und ihre unmittelbare Umgebung unversehrt, während der Tornado in anderen Teilen des Parks Verwüstungen anrichtete.

Wer bist du? Du bist der Schöpfer deines Lebens. Alles was du aus dem leeren, form- und inhaltslosen Universum ins pulsierende Leben rufst, gründet auf dem einen Prinzip: *Universum + Zuneigung = Leben!*

2

UNIVERSUM + ZUNEIGUNG = LEBEN!

Universum + Zuneigung = Leben! Eine einfache Formel und scheinbar doch so komplex.

Was ist Universum? Das Universum, dein Universum ist jenes unsichtbare, unberührbare, in sich selbst ruhende, unbegrenzte und geistige Potenzial, über das du jederzeit, immer und überall frei verfügen kannst. Dieses Universum ruht in seiner Ganzheit in dir. Du kannst es, wann immer du willst, zu deinem Nutzen einsetzen. Alles, was du dazu brauchst, ist das Wissen, wie du dein Universum aktivierst. Über das Universum selbst brauchst du dir keinerlei Gedanken zu machen. Obwohl es nicht sichtbar und berührbar ist, ist es – vielleicht gerade deshalb – realer als alles andere auf dieser Welt, denn als geistige Substanz ist es unvergänglich und unzerstörbar. Es existiert und hat schon immer existiert. Es lebt und wird für immer leben, genau wie du. Es arbeitet aus seiner Unendlichkeit für dich, wann immer du willst, bedingungslos und urteilslos.

Was ist Zuneigung? Zuneigung ist das einzige, womit du dich zu beschäftigen brauchst, um ein glückliches, erfolgreiches und erfülltes Leben zu haben. *Deine* Zuneigung ist lebenswichtig. Nichts anderes zählt. Sorge dich nicht um dein Leben. Es ist dann im vollkommenen Fluss, wenn *deine* Zuneigung in geordneten Bahnen verläuft. Das ist alles worum es geht, um *deine* Zuneigung.

Was ist Leben? Leben ist das Produkt von Universum und Zuneigung. Oder anders ausgedrückt, Leben entsteht dann, wenn Zuneigung und Universum miteinander verschmelzen, wenn ein Impuls der Zuneigung deinem Universum Leben einhaucht. Dein Leben, wie es sich dir heute präsentiert, ist ein Spiegel deiner Zuneigungsimpulse, deiner Gedanken, Gefühle, Worte und Handlungen, die du deinem inneren Universum geschenkt hast.

Ich rate dir, so merkwürdig das auch klingen mag, dich nicht zu sehr mit deinem Leben zu befassen. Ich rate dir, dich schon gar nicht um dein Leben zu sorgen. Geniesse dein Leben vielmehr. Geniesse das, was aus der Verschmelzung deines Universums mit deiner Zuneigung geboren wird. Doch kümmere dich vor allem um *deine* Zuneigung. Dann lebst du im Jetzt und Hier. Dann lebst du deine Funktion, Schöpfer zu sein. Sobald du dich mit deinem Leben befasst und identifizierst, mit dem was aus der Vereinigung von Universum und Zuneigung geboren wurde und noch geboren wird, dann lebst du in der Vergangenheit oder in der Zukunft, was dich automatisch zum Wiederholungstäter macht. *Wiederholungstäter?* Ja, zum Wiederholungstäter, zu jemandem, der immer wieder dieselben *Taten* vollbringt. Denn sobald du deinen Fokus auf dein Leben richtest, auf das, was aus der Vereinigung von Universum und Zuneigung bereits hervorgegangen ist, schenkst du deinem Universum neue *alte* Zuneigungsimpulse, die, zwangsläufig *alte* Lebensfacetten hervorbringen. Diese sind unter Umständen nicht nach deinem Gusto. Deshalb ist es besser, sich nur mit dem zu befassen, dem du dich zuneigen möchtest… nämlich deinen Herzenswünschen, positiven Lebensträumen und erfolgsorientierten Zielen. Dann lebst du im Jetzt und Hier und schenkst dem, was du *wirklich* erfahren möchtest, deine volle Aufmerksamkeit. Es sei denn, du betrachtest dein Leben, und alles, was du siehst, ist Donnergloria. Tja, dann nur zu, sei ein Wiederholungstäter und ergötze dich im Betrachten deiner herrlichen Schöpfung. Es ist dein fantastisches Werk. Durch die Aufmerksamkeit, die du ihm jetzt schenkst, kreierst du mehr und mehr davon in dein Leben, denn wie gesagt… *Universum + Zuneigung = Leben!*

Nichtsdestotrotz, lebe in der Gegenwart. Es ist erfüllender deinem oder deiner Liebsten gerade jetzt deine Zuneigung, Liebe und Zärtlichkeit zu schenken, indem du es *jetzt, in diesem Moment* tust, als darüber nachzudenken wie es sich gestern anfühlte oder wie es sich morgen anfühlen wird. Gestern ist bereits Geschichte. Morgen ist noch nicht geboren. Das Jetzt zählt. Das Jetzt lebt. Deine Zuneigung lebt im Jetzt. Das Leben ist gestern, heute und morgen. Erst wenn du im Jetzt lebst, bist du frei, urteilslos, besitzanspruchslos und unverletzlich.

ZUNEIGUNG POSITIV ODER NEGATIV

Am Anfang existiert immer nur der Urzustand deines geistigen Universums, leeres, form- und inhaltsloses Sein. Erst deine Zuneigung gibt diesem Urzustand Identität, Gestalt und Leben.

Zuneigung aus der Sicht des Universums ist immer positiv, weil aktiv. Dein Universum wertet nicht, ob die Zuneigung, die du ihm schenkst, eine lebensfördernde oder eine lebensbegrenzende Wirkung erzielt. Seine Aufgabe besteht lediglich darin auf deine Zuneigungsimpulse zu reagieren und dadurch Leben entstehen zu lassen. Selbst Zuneigung als Ausdruck der Abneigung, nimmt es als *positiven, aktiven* Input entgegen. Dementsprechend neutral interpretiert es das Erwecken dieser – aus der menschlichen Sicht – negativen Lebensfacette. Deinem Universum fehlt die Gabe des dualistischen, positiven oder negativen Urteilens.

Dein Universum ist wie ein fliessender Brunnen. Es liegt in der Natur eines Brunnens zu fliessen, ohne Ende. Es kümmert ihn nicht, wer sein Wasser wozu gebraucht, und ob überhaupt. Seine einzige *Aufgabe* besteht darin ein Kanal zu sein, durch den das Wasser fliesst. Der Brunnen ist urteilsfrei und bedingungslos.

Genauso urteilsfrei und bedingungslos ist dein inneres Universum. Es verfügt weder über Wert-, noch Moralvorstellungen. Seine *Aufgabe* besteht lediglich darin auf Zuneigungsimpulse zu reagieren und pulsierendes Leben zu erschaffen. Dieses Leben, das aus der menschlichen Sicht gut oder schlecht, sinnvoll oder sinnlos, gesund oder ungesund sein mag, *ist einfach*, aus dem Blickwinkel des Universums.

ZUNEIGUNGSIMPULSE

Eigentlich gibt es nur einen Impuls der Zuneigung, den Gedanken. Hinter deinen Worten und deinen Handlungen verbirgt sich nichts weiter als dein Gedanke. Wenn du Worte sprichst oder Handlungen vollbringst, dann hast du nämlich zuerst einen Gedanken gedacht, den du dann in Worte kleidest oder durch Handlungen zur Schau stellst.

Gefühle sind ebenfalls Gedanken. Gedanken, die von Emotionen durchdrungen sind und Lebendigkeit, Kreativität und Kraft ausstrahlen. In einem neutralen, emotionsfreien Gedanken liegt dieselbe Schöpferkraft wie in einem lebendigen, gefühlsbetonten Gedanken.

Weil letztendlich alles Gedanke ist, spreche ich der Einfachheit halber von nun an hauptsächlich von Gedanken als Zuneigungsimpulsen, im Wissen, dass Gefühle, Worte und Handlungen genauso dazugehören, jedoch nichts anderes als verkleidete Gedanken sind.

ZUNEIGUNG IST LERNBAR

Zuneigung löst Zuneigung aus. Wenn du jemandem ein Lächeln schenkst, dann kommt ein Lächeln zu dir zurück. Je mehr Zuneigung du gibst, desto mehr Zuneigung bist du fähig zu geben und auch zurück zu erhalten. Durch den Akt des Gebens öffnest du eine Schleuse in dir, durch die noch mehr Zuneigung aus dir fliesst. In der Tat aktivierst du so eine innere Quelle, die durch dich zu fliessen beginnt. Diese Zuneigung hat ihre Resonanz in deinem Körper, deinem Leben, deinen Erfahrungen sowie in den Menschen deines Umfelds, die ihrerseits die Zuneigungsschleusen öffnen und so ihre individuelle Welt mit Zuneigung überfluten. So wird, wenn *Zuneigung zu geben* zur Gewohnheit wird, ein Energiefeld erschaffen, das eine magnetisierende Wirkung hat.

Zuneigung geben kann nur derjenige, der gelernt hat sich selbst Zuneigung zu schenken. Ein echtes Lächeln kannst du nur geben, wenn du ein Lächeln in deinem Herzen trägst. Der Schlüssel dazu liegt darin, dich selbst zu mögen, zu lieben. Du *bist* bereits Zuneigung und Liebe in dir selbst. Das ist deine Essenz, *wer du bist*, woraus du geformt bist. Indem du diese innere Quelle aktivierst – ganz bewusst – durch Zeit in der Stille, durch lebensbejahende, aufbauende und positive Affirmationen sowie durch Übungen, die deinem Selbstwertgefühl und deiner Selbstliebe positive Impulse verleihen, beginnst du dich selbst zu lieben.

Die menschliche Gesellschaft lehrt einen, zuerst anderen Menschen Zuneigung zu schenken, bevor man sie sich selbst schenkt.

Sich selbst wichtig zu nehmen oder als Nummer eins zu betrachten wird als egozentrisch ausgelegt. Das ist ein Irrtum, denn nur wer zuerst sich selbst liebt, kann andere Menschen lieben. Die Zuneigung gegenüber dir selbst ist deshalb wichtig, *für dich selbst*, aber auch für deine Freunde, ja sogar für die ganze Menschheit und den Planeten Erde.

Wenn jeder Mensch in erster Linie danach streben würde, mit sich selbst in Harmonie zu sein und sich selbst zu lieben, dann wäre die Erde ein Planet des Friedens und Glücks. Frieden und Glück auf der Erde beginnen und enden somit im Herzen jedes einzelnen Menschen, nirgendwo sonst.

Ärzte haben Maschinen, um ihre Patienten zu diagnostizieren. Ich denke da an das Röntgengerät, mit dem sie gesundheitliche Defizite im menschlichen Körper erkennen können. Wer hat sich nicht auch schon ein solches Gerät gewünscht, um negative Denkmuster, limitierende Prägungen und beschränkende innere Überzeugungen, sprich Bewusstseins-Defizite zu orten und sie dann, wie bei einer Operation am menschlichen Körper, ganz einfach zu entfernen. Leider funktioniert eine Operation am menschlichen Bewusstsein nicht ganz so einfach. *Eine Operation am menschlichen Körper übrigens auch nicht!* Denn wenn nicht gleichzeitig eine innere Veränderung, sprich ein Wandel im Denken, Fühlen und Handeln, stattfindet, kehrt das gesundheitliche Defizit früher oder später zurück. Die Grundlage jeder permanenten Heilung, ob körperlich oder auf das menschliche Bewusstsein bezogen, basiert deshalb auf einer inneren Veränderung im Denken und Fühlen des Individuums, und zwar hauptsächlich auf mehr Selbstliebe!

Was lässt sich also tun? Wie kann man lernen sich selbst zu lieben?

Die Affirmation «Ich habe mich gern» setzt in deinem Bewusstsein *die* Ursache für Selbstliebe in Bewegung. Wenn du dir täglich eine Stunde Zeit nimmst und «Ich habe mich gern» singst oder sprichst, wie ein *Mantra*, dann schenkst du dir den vielleicht kraftvollsten Zuneigungsimpuls, den es gibt.

Das Wort *Mantra* kommt übrigens aus dem Sanskrit und setzt sich aus *man = denken* und *tra = befreien* zusammen. Ja, dein Denken befreit dich von den Fesseln deiner Vergangenheit. Ein Mantra – das wiederholende Rezitieren einer kurzen Wortfolge – kannst du, wie gesagt, entweder sprechend, singend oder auch nur in Gedanken praktizieren. Allerdings ist es am kraftvollsten, wenn du es singst oder sprichst. Es nur zu denken und dabei nicht abzuschweifen, setzt grosse Gedankendisziplin voraus. Im Hinduismus, Buddhismus und Yoga ist das Rezitieren von Mantras übrigens auch während der Meditation üblich. Genauso wie im Christentum oder in jüdischer oder islamischer Tradition während der Kontemplation.

Im Verlauf eines Bewusstseinstrainings-Kurses, der an acht Abenden stattfand, hatte ich meinen Teilnehmern mehrere Male vorgeschlagen, sich zuhause auf ein Experiment einzulassen. Während einer Stunde sollten sie, ungestört und allein für sich selbst, das Mantra «Ich habe mich gern» rezitieren, sprechend oder singend. Ich garantierte ihnen eine aussergewöhnliche Erfahrung, wenn sie die Motivation aufbrächten, nur eine Stunde ihres Lebens darin zu investieren.

Am sechsten Abend meldete sich Andreas zu Wort. Mit einem Schmunzeln im Gesicht sagte er: «Stefan, du hast uns mehrere Male darauf hingewiesen, was für ein tolles Erlebnis es sei, einmal während einer Stunde das Mantra *Ich habe mich gern* zu rezitieren. Nun, ich dachte mir, dass etwas dran sein muss, da du uns immer wieder daran erinnert hast. Ich liess mich also darauf ein. Neulich an einem Abend, es war gegen 23 Uhr – ich hatte mich vergewissert, dass meine Frau und die Kinder tief und fest schliefen – ging ich nach unten ins Fernsehzimmer, schloss die Türe und setzte mich aufs Sofa. Dann begann ich mit geschlossenen Augen das Mantra zu sprechen. Immer wieder sagte ich *Ich habe mich gern, ich habe mich gern, ich habe mich gern*. Ich dachte mir nichts Spezielles dabei. Ich tat es einfach. Dann war die Stunde vorüber und ich fühlte mich grossartig. Ein richtig gutes, harmonisches Gefühl hatte sich in mir ausgebreitet. Eine Kraft war in mir, wie ich sie nie zuvor gespürt hatte!»

Franziska hatte sich ebenfalls auf dieses Experiment eingelassen. Sie sang das Mantra eine Stunde lang, während dem sie ihre Wohnung reinigte. «Es war als ob mein Motor zuvor nur auf einem oder zwei Zylindern gelaufen wäre. Durch die Affirmation *Ich habe mich gern* lief ich plötzlich auf allen vier Zylindern. Ja sogar der Turbo war eingeschaltet. Ich war voller Energie. Ich hätte nie gedacht, dass in vier simplen Worten wie diesen eine solche Kraft steckt!»

Das Mantra «Ich habe mich gern» befreit dich von deinem alten Selbstbild. Indem du dir diesen Impuls der Selbstliebe täglich schenkst, beginnst du dich gern zu haben. Es ist die Geburt deines neuen Selbst.

Zusätzlich zum Mantra, beginnst du positiv über dich selbst zu denken *und* zu sprechen. Erlaube dir nicht, dich selbst zu belächeln oder in irgendeiner Weise herunter zu machen. Respektiere und schätze dich, deinen Körper und wer du als Person bist, was du kannst und was du tust. Wenn du diesen Dingen deine ganze Aufmerksamkeit schenkst, dann werden die grossartigen Facetten deiner Persönlichkeit immer leuchtender, positiver und vielfältiger zum Vorschein kommen.

Das Führen eines Glücks- und Erfolgstagebuchs ist ein weiteres Mosaiksteinchen auf deinem Weg zu dir selbst. Nimm dir jeden Abend einige Minuten Zeit, um die positiven Eindrücke, Erlebnisse und Erfahrungen deines Tages in Stichworten aufzuschreiben. Indem du den Fokus auf deine Erfolge und Glücksmomente richtest, kreierst du nämlich durch deine positive Zuneigung mehr davon in dein Leben. *Universum + Zuneigung = Leben!*

Wenn du nun diese drei Dinge – Mantra, Selbstrespekt, Glücks- und Erfolgstagebuch – in dein Leben integrierst, begibst du dich auf einen erfüllenden Weg, der in dir die Erkenntnis und das Bewusstsein wachsen lässt, was für ein wundervoller Mensch du bist. Je stärker sich dieses Bewusstsein in dir ausbreitet, desto glücklicher und zufriedener wirst du sein; mit dir selbst, deinem Körper, deinen Talenten und Fähigkeiten, den Menschen in deiner Umgebung sowie mit deinem ganzen Leben.

3

IDEALES ZUHAUSE

Du kannst das schönste Haus in einer malerischen Gegend mit Blick auf einen hübschen See oder die teuerste Luxusvilla am Meer besitzen und dich darin leer und unzufrieden fühlen, wenn dein Zuhause keine Liebe ausstrahlt. Andererseits kannst du in einer einfachen, kleinen Wohnung leben und dich darin absolut wohl und geborgen fühlen, wenn du sie mit der Wärme deines Herzens eingerichtet hast.

Vor einigen Jahren mietete ich ein Häuschen ausserhalb von Julian, einem romantischen Westerndorf in den Bergen Südkaliforniens. Julian liegt etwa 1500 Meter über dem Meeresspiegel. Schnee und Eis im Winter gehören genauso zu Julian, wie sein Wein, der feine Apfelkuchen oder die Touristenströme an den Wochenenden. Das möblierte Haus, für das ich monatlich stolze 600 Dollar hinblätterte, war klein und zudem bescheiden eingerichtet. Es bestand aus einem einzigen Raum. Darin hatte es ein Bett, einen Tisch, 4 Stühle, eine Einbauküche inklusive Kühlschrank sowie eine Toilette mit Dusche. Und nicht zu vergessen einen kleinen Holzofen, der das ungenügend isolierte Haus während den Wintermonaten wärmen sollte. Das Haus war eingebettet in eine hügelige Landschaft und umgeben von Tannenbäumen.

Ich erinnere mich gerne an die überaus friedliche und harmonische Atmosphäre, die ich empfand, als ich das Haus zusammen mit einem Nachbar, der zugleich ein Freund des Besitzers war, besichtigte. Es war wie ein inneres Nachhausekommen. Es fühlte sich einfach gut an. Trotz der zu teuren Miete, wollte ich unbedingt dort wohnen, denn sobald ich in diesem Häuschen war, breitete sich in mir ein Gefühl der Behaglichkeit aus. Dieses kleine Haus war meine persönliche Oase! Wer auch immer die Atmosphäre in diesem Haus kreiert hatte, muss ein spezieller Mensch gewesen sein.

Dein Zuhause kann ebenfalls deine persönliche Oase sein! Deine Oase der Liebe, Gemütlichkeit, Schönheit und Kreativität sowie des Träumens und Lachens. Damit dein Zuhause diese Dinge ausstrahlt, bedarf es deiner liebevollen Zuneigung, nicht so sehr materieller, sondern gefühlsmässiger und mentaler Natur. Eine Zuneigung also, die aus deinem Herzen fliesst und jeden Winkel deines Zuhauses erfasst. Wenn du dein Zuhause auf diese Weise einrichtest, löst das nicht nur bei dir, sondern auch bei deinen Freunden und Besuchern ein Gefühl des Wohlbehagens aus. Sie werden sagen: «Ich fühle mich wohl hier. Ich weiss nicht genau, was es ist, aber es fühlt sich gut an hier zu sein. Ich würde sofort bei dir einziehen.»

Du schenkst deinem Zuhause diese Zuneigung, indem du mit deinem ganzen Wesen einziehst und dich ganz bewusst darin ausbreitest. Sei kreativ, lebe, lache, liebe, tanze, geniesse und philosophiere in deinem Zuhause. Entfalte dich und werde eins mit deinem Zuhause. Wenn du Lust hast, dein Geburtskleid zu tragen, nämlich nackt zu sein, weil es dir ein Gefühl des Wohlseins vermittelt und zu deinem *dich selbst sein* gehört, dann tue es. *Sei ganz dich selbst.* Du bist in deinen eigenen vier Wänden. Sei unbefangen. Es ist *dein* Zuhause. Du kannst darin tun und lassen, was dein Herz begehrt.

Wenn du ganz dich selbst, also authentisch bist, dann färbt das auf dein Zuhause ab. Deine Authentizität, dein simples *dich selbst sein* verströmt eine gewinnende Energie. Es ist diese Energie, dein Charisma, das auf dich selbst und auf andere Menschen anziehend wirkt. Dadurch pulsiert und lebt dein Zuhause. Es ist voller Atmosphäre. Deine Oase. Dein Kraftort. Deine Insel der Ruhe und des Träumens.

Damit dein Zuhause zu einer *Oase der Liebe* wird, tauchst du *es* in Liebe. Nimm dir täglich ein paar Minuten Zeit, setz dich ruhig hin und schliesse deine Augen. Atme langsam und tief ein und wieder aus, bis du innerlich ruhig und gelassen bist. Erwecke dann in dir Gefühle der Liebe und schenke sie deinem Zuhause. Stell dir vor wie jedes einzelne Zimmer mit Liebe erfüllt ist. Hülle es gedanklich, gefühlsmässig und in deiner bildlichen Vorstellungskraft in Liebe.

Vielleicht gehst du danach zur Arbeit oder zum Einkaufen. Lass jedenfalls etwas Zeit verstreichen und kehre dann nach Hause zurück. Wenn du die Liebe aus dir selbst zum Leben erweckt und sie deinem Zuhause geschenkt hast, dann solltest du *jetzt* in deinem Zuhause eine Atmosphäre der Liebe spüren.

Allein durch diesen täglichen Impuls der Zuneigung wirst du dich in deinem Zuhause rundum wohl fühlen. Du kannst ihm noch weitere Impulse der Aufmerksamkeit schenken, beispielsweise indem du dein Zuhause mit schönen Lichtern, Kerzen oder Kaminfeuer, harmonischer Musik, Blumen und Pflanzen sowie ausgewählten Farben schmückst. Deine Lieblingsfarben zeigen sich in der Wahl deiner Teppiche, Vorhänge, Bilder und Möbel. Lass dich selbst, deinen Geschmack und deinen Stil voll und ganz in dein Zuhause fliessen, denn *du* repräsentierst dein Zuhause.

Nimm dir auch Zeit dein Zuhause zu verschönern. Es spielt dabei keine Rolle, was du tust. Es kann das Reinigen von Fenstern sein. Oder abstauben, das Besteck polieren, ein neues Bild aufhängen, Unkraut jäten im Garten, Fugen kitten, Schuhe imprägnieren oder ein neuer Farbanstrich für das Schlafzimmer. Es kommt nicht darauf an, was es ist. Es geht darum, *dass* du deinem Zuhause deine Zuneigung und Aufmerksamkeit schenkst. Die Verschönerung zeigt sich dann nicht nur in deinem Zuhause, sondern auch und vor allem *in dir selbst*. Ein Gefühl der Zufriedenheit wird sich in dir und damit in deinem Zuhause ausbreiten. Darin liegt die wahre Verschönerung.

Dein Zuhause ist dein *Tempel der Kreativität*, wenn du dir die Zeit nimmst, kreativ zu sein. Male. Schreibe. Singe. Tanze. Sei poetisch. Gib dir dieses Geschenk. Du wirst sehen, dass es dir täglich leichter fällt mit der kreativen Ader, die durch dich fliesst, eins zu werden. Und wer weiss, vielleicht entdeckst du dabei eine überaus kraftvolle, kreative Seite in dir, die dein Leben in völlig neue Bahnen lenkt; Bahnen, von denen du nicht einmal gewagt hättest zu träumen. Deine schöpferische Kreativität trägt viel zu einem schönen Ambiente bei.

Damit dein Zuhause zum *Ort des Träumens* wird, beginnst du zu träumen. Verleihe deinen Träumen Flügel. Vielleicht hast du den Traum eine Weltreise zu machen. Nimm also einen Atlas und plane die Reiseroute. Sammle Informationen über die Länder, Städte, Sehenswürdigkeiten, Kulturen und Menschen, die du besuchen und kennen lernen möchtest. Dadurch schenkst du deinem Traum die nötige Zuneigung und hauchst ihm so Leben ein. Erst damit gibst du ihm die Chance wahr zu werden. Eventuelle Hindernisse, wie die Finanzierung oder der längere Urlaub vom Job, werden wie von alleine aus dem Weg geräumt, wenn du dich deinem Traum auf positive Weise öffnest.

Hast du je ein Buch schreiben wollen? Wenn ja, dann setz dich hin und erstelle eine Liste von Themen, die dich interessieren und über die du schreiben möchtest. Beginne, dich mit deinem inneren Autor auszutauschen. Du wirst erstaunt sein, was für Ideen, Gedanken und Szenarien in dir schlummern und wie viel Spass es macht sie in Worte zu kleiden.

Bestimmt hast du schon einmal daran gedacht eine Erfindung zu machen. Eine Erfindung, die die Welt verändert und dich finanziell unabhängig macht. Oder eine Erfindung, die einfach nur praktisch ist, wie ein Regenschirm beispielsweise. Oder eine Erfindung – wie die des Handys – die es gar nicht braucht, von der man aber mit der Zeit glaubt, dass es sie braucht. Es spielt keine Rolle, ob es sie braucht oder nicht. Erfindungen sind da, um gemacht zu werden. Setz dich also hin und beginne zu träumen. Wenn sich dir Ideen für Erfindungen vorstellen, heisse sie willkommen. Höre lange genug hin und schreibe sie sofort auf, ohne sie als brauchbar oder unbrauchbar abzustempeln. Schreibe sie einfach auf, denn es ist dein innerer Erfinder, der zu dir spricht. Wenn du ihm genügend Wertschätzung entgegenbringst, indem du notierst, was du hörst oder fühlst, dann bleibst du mit ihm in Verbindung. Seine Stimme wird dadurch klarer und seine Ideen werden expliziter. In Wirklichkeit ist es *deine* Stimme, die klarer wird und *deine* Ideen, die expliziter werden, denn du selbst bist dieser innere Erfinder. Durch deine positive Zuneigung tauchst du in dein inneres Universum ein, wo du diese kreativen Ideen und Gedanken findest, *nicht erfindest.* Alle Ideen existieren bereits in der unendlich grossen Vorratskammer deines, in dir schlummernden Universums. Dort wirst du eins mit ihnen. Dort hauchst du ihrem schlummernden Dasein Leben ein. Dort werden sie Wirklichkeit.

Plane also regelmässig Zeit ein, deinen Träumen Leben einzuhauchen. Schenke ihnen deine gedankliche und gefühlsmässige Zuneigung. So gibst du ihnen die Möglichkeit, sich in deinem Leben zu manifestieren. Träume, ohne dass du deinen Träumen Grenzen auferlegst. Sei ein bisschen verrückt und lass ihnen ihren freien Lauf.

Linda hatte schon immer den Traum einer Kreuzfahrt auf dem Mittelmeer. Sie wollte mit ihrem Mann, einem Chiropraktiker und ihren beiden Kinder reisen. Zur Verwirklichung dieses Traumes fehlte ihr jedoch das Geld. Nichtsdestotrotz hielt sie ihren Traum in ihrem Herzen liebevoll umarmt. Dann, eines Tages kam ihr Mann mit Neuigkeiten nach Hause. Einer seiner Klienten lud ihn, Linda und die Kinder tatsächlich auf eine Mittelmeer-Kreuzfahrt ein. Der Klient war reich und bezahlte für alles. Als Gegenleistung wünschte er sich auf der Kreuzfahrt die allfällige, chiropraktische Betreuung durch Lindas Mann. Linda war begeistert. Die Orte, welche sie auf der Kreuzfahrt ansteuerten, waren genau die, welche sie schon immer hatte sehen wollen.

Du siehst, man kann seinen Träumen Flügel verleihen, wenn man sich die Zeit zum Träumen gönnt und nichts als unmöglich betrachtet. Es gibt immer einen Weg für alles.

Lachen ist eine heilsame Erfahrung. Norman Cousins ist der beste Beweis dafür. Hast du dein Zuhause je bewusst mit Lachen erfüllt? Mit richtig herzhaftem Lachen! Wahrscheinlich nicht. Lass dich deshalb auf dieses Experiment ein. Du erinnerst dich, du und dein Zuhause, ihr seid eins. Wenn du lachst, dann lacht dein Zuhause. Wenn dein Zuhause lacht, dann lachst du. Du könntest an einem Lachkurs teilnehmen, dich mit Menschen treffen und jeweils während einer Viertelstunde zusammen lachen oder du kannst diesen Kurs selber leiten, indem du zuhause – jeden Tag – während 5 Minuten herzhaft lachst. Vielleicht musst du dir etwas Lustiges vorstellen, an einen Witz denken oder etwas lesen, das dich zum Lachen bringt, *damit du lachen kannst*. Lache einfach, auch wenn es am Anfang jeweils nach einem künstlichen Lachen tönt. Das macht überhaupt nichts. Weder Gehirn noch Körper kennen den Unterschied zwischen künstlichem oder echtem Lachen. Nimm die Laute «Ho-ho-ho» und «Ha-ha-ha» und lache. Du wirst schnell spüren wie gut es dir tut. Man kann süchtig danach werden. Und es wird dir von Mal zu Mal leichter fallen. Dein Lachen wird dich zu noch mehr Lachen inspirieren und damit auch dein Zuhause anstecken. Es ist eine grandiose Erfahrung, die dein Zuhause für immer verändern und ihm eine zusätzliche Dimension der Behaglichkeit verleihen wird.

Dein Zuhause spiegelt dein Innerstes, also deine Gefühle, deine Gedanken und deine Einstellungen. Wie du dich innerlich fühlst spiegelt sich im Äusseren. Schenke deinem Zuhause deshalb Zuneigungsimpulse der Liebe, Schönheit und Kreativität, sowie des Träumens und Lachens. Sei frei, ungehemmt und ganz dich selbst. Je mehr du dich selbst bist, desto mehr wirst du deine unmittelbare Umgebung zu deinem Zuhause machen. Schlussendlich wird die ganze Welt dein Zuhause sein. Du wirst dich dann überall wohl fühlen, weil du dich als Mensch entfaltest hast, authentisch bist und dein gewinnendes Charisma ausstrahlst. Die Welt wird dir zu Füssen liegen und dein Zuhause wird nur so leuchten und strahlen, wie ein Garten voller Rosen, deren Blütenblätter sich geöffnet haben, deren feiner, süsser Duft in der Luft liegt und deren Schönheit die Herzen aller berührt.

4

IDEALE FAMILIE

Die Zelle ist der Grundbaustein des physischen Lebens. Der menschliche Körper beispielsweise, besteht aus 50 bis 75 Billionen Zellen. Um deren Gesundheit und Funktionstüchtigkeit zu gewährleisten, brauchen sie Sauerstoff, Wasser und Nährstoffe. Diese wandeln sie über den Stoffwechsel in Energie um. Eine Energie, die lebensnotwendig ist, damit der Körper einwandfrei funktioniert.

So wie die Zelle der Grundbaustein des physischen Lebens ist, so ist die Familie der Grundbaustein der Menschheit. Die Familie ist die Urzelle der Menschheit, der Ort, wo menschliches Leben geboren und entwickelt wird. Der Ort auch, wo Bewusstsein geformt wird. Um diese Aufgabe zu erfüllen, muss die Familie, genau wie jede Körperzelle, gesund sein und über positive Energien verfügen. Fehlen ihr diese Energien, kommt sie aus dem Gleichgewicht, was Disharmonie zur Folge hat.

Die positiven Energien innerhalb einer Familie lassen sich in drei Aspekte unterteilen. An erster Stelle steht die gegenseitige Liebe und der Respekt füreinander, die Grundlage jeder intakten Familie. Dann die Zeit des gemeinsamen Austauschens, Erlebens und Erfahrens. Und schliesslich das Fördern und Entwickeln von persönlichem Wachstum und Bewusstsein.

LIEBE UND RESPEKT

Damit in deiner Familie Liebe und Respekt herrschen, bedarf es der Liebe und des Respekts zwischen dir und deinem Partner. Eure Liebe und euer Respekt für einander bildet das Fundament. Darauf aufbauend prägt und formt sich das Bewusstsein und das Verhalten eurer Kinder. Wenn du und dein Partner Liebe und Respekt füreinander empfinden, dann spüren und kennen eure Kinder nichts anderes als Liebe und Respekt. Das bedeutet nicht, dass ihr als Eltern keine Meinungsverschiedenheiten habt. Doch es ist die Art und Weise, wie ihr damit umgeht, wie ihr sie löst, nämlich konstruktiv und in einer harmonischen Atmosphäre, die sich auf eure Kinder überträgt. Sie werden dasselbe Licht auf ihre eigenen Beziehungen projizieren und sie nach eurem prägenden Muster gestalten. Als Eltern seid ihr ihre Vorbilder.

Wie zeigen sich Liebe und Respekt zwischen zwei Menschen?

Liebe und Respekt gegenüber einem anderen Menschen – ob es sich um deinen Ehepartner oder sonst einen Menschen handelt – gründet auf der Liebe und dem Respekt gegenüber dir selbst. Man liebt und respektiert einen anderen Menschen in dem Mass, wie man sich selbst liebt und respektiert. Man kann einem anderen Menschen nur jenes Mass an Wertschätzung, Liebe und Zuneigung entgegenbringen, das man in sich trägt und in sich selbst zum Leben erweckt hat. Nicht mehr und nicht weniger. Deshalb ist eine Beziehung zu einem anderen Menschen immer ein Spiegelbild der Beziehung zum eigenen Selbst.

Gefühle der Liebe und des Respekts werden im Herzen geboren. Sie sind also, sowohl in einer partnerschaftlichen, als auch in einer zwischenmenschlichen Beziehung, eine Herzensangelegenheit. Die Gefühle zeigen sich darin, wie zwei Menschen miteinander umgehen, in der verbalen als auch in der nonverbalen Kommunikation, ihrer Körpersprache. Die Worte, die man einem anderen Menschen gegenüber wählt, aber auch wie man etwas sagt – herzlich und liebevoll oder mürrisch und zurechtweisend – also der Ton in der Musik, einschliesslich der feinen Zwischentöne, ist Ausdruck eines inneren Gefühls. Die Körpersprache, die Sprache des Herzens, die sich durch den Körper mittels Gebärden und Gesten des Gesichts, durch Haltungen und Bewegungen der Hände, Arme, Schultern, Beine und Füsse, eigentlich der gesamten Körperhaltung, aber auch durch die Kleidung ausdrückt, reflektiert ebenfalls innere Gefühle. Nur viel authentischer als es Worte tun. Worte können nämlich lügen, das heisst, man vermag mit Worten etwas auszudrücken, das man gar nicht meint. Die Körpersprache hingegen lügt nie. Ihr ist man ausgeliefert. Sie entlarvt einen. Durch sie trägt man unbewusst seine innersten Gefühle zur Schau.

Wer die Körpersprache zu interpretieren vermag, der weiss über einen anderen Menschen Bescheid. Kinder sind Meister darin. Sie spüren wie sich jemand fühlt. Ein aufgesetztes Lächeln oder eine gespielte gute Laune kann ihr Gespür nicht trüben. Ihre Wahrnehmung ist so unvoreingenommen und rein, dass sie einen Menschen binnen Bruchteilen von Sekunden *lesen* können. Auch Tiere, Hunde beispielsweise, haben eine ausgeprägte Wahrnehmung. Sie spüren Angst, Wut und Hass genauso wie Gefühle der Liebe und Freude. Sie reagieren auf diese Schwingungen in ihrem Umfeld mit Knurren oder Schwanzwedeln, selbst dann, wenn die Person mit den besagten Emotionen nicht in ihrem Blickfeld ist.

Liebe und Respekt zwischen zwei Menschen zeigen sich darin, wenn weder der eine noch der andere dominiert oder dominiert wird. Wenn Liebe und Respekt vorhanden sind, gibt es keinen Überlegenen oder Unterlegenen, keine Bevormundung und keine Unterwürfigkeit, sondern einfach nur gegenseitige Achtung und Wertschätzung. Man mag den anderen so, wie er ist, ohne wenn und aber. Das heisst nicht, dass man alles goutiert, was der andere denkt, sagt oder tut. Doch unterschiedliche Auffassungen kratzen weder an der Liebe, noch am Respekt, die man für sein Gegenüber empfindet. Man gesteht ihm sein *sich selbst sein* zu, im Wissen, dass er allein für sein Denken, Tun und Handeln verantwortlich ist und sich auf seiner eigenen Lebensreise befindet. Sein Wachstum. Sein Bewusstsein. Sein Erwachen.

Dieses Loslassen vom Gefühl der Verantwortung gegenüber einem anderen Menschen – in einer Partnerschaft oder auch als Eltern – ist ein Zeichen von Liebe, Respekt und Reife. Loslassen und nicht einengen oder bemuttern. Wer das kann, zeigt, dass er den anderen als ganz und vollwertig betrachtet und sich ihm nicht überlegen fühlt. Das ist vielleicht der grösste Liebesbeweis, den man einem anderen Menschen schenken kann. Indem man loslässt, erlaubt man seinem Gegenüber sich selbst zu sein. Vorher war das schwer möglich, da man ihn gedanklich und gefühlsmässig gefangen hielt.

Mit Anita bin ich seit vielen Jahren befreundet. Sie ist wie ich eine Bewusstseinstrainerin. Wir haben verschiedene Kurse zusammen geleitet. Anita hat zwei bezaubernde Töchter. Ihre Älteste, Leila, ist 14 Jahre alt, sieht aber um einige Jahre reifer und erwachsener aus. Wie es zwischen Müttern und Teenagern vorkommen kann, so hatte auch Anita dann und wann Meinungsverschiedenheiten mit ihrer Tochter. Diese betrafen den Lernaufwand für Prüfungen, den Ausgang mit Freunden sowie die Zeit des Schlafengehens. *Weniger* (Lernaufwand), *länger* (in den Ausgang) und *später* (ins Bett) waren Leilas Vorstellungen. Anita hatte eher an *mehr*, *weniger lang* und *früher* gedacht. Auseinandersetzungen waren vorprogrammiert. Die Diskussionen gingen hin und her, bis Anita eine Eingebung hatte. Sie fragte Leila, wie alt sie sich eigentlich fühle. Leila musste nicht lange an der Antwort herumstudieren. «Ich fühle mich wie eine 18-Jährige,» waren ihre ehrlich gemeinten Worte.

Anita nahm das mit allem Respekt zur Kenntnis und behandelte sie von nun an wie eine 18-Jährige, also wie eine Erwachsene. Sie übergab Leila die Verantwortung für ihr Leben. Sie insistierte weder beim verspäteten Nachhausekommen, noch beim geringen zeitlichen Aufwand für Prüfungsvorbereitungen oder beim späten Zubettgehen.

Tage später – nachdem Leila eine Prüfung verhauen hatte – kam sie *von sich aus* zur Einsicht, dass sie von nun an mehr lernen, früher vom Ausgang nach Hause kommen und sich mehr Schlaf gönnen musste. Sie tat diese Dinge nun aus eigener innerer Überzeugung, ohne Druck seitens ihrer Mutter.

Anita hatte ihre Tochter losgelassen und wie eine Erwachsene behandelt. Sie war zwar weiterhin für Leila da, jedoch ohne Druck aufzusetzen, mit dem Resultat, dass Leila sich wie eine Erwachsene verhielt, wie eine reife 18-Jährige.

Am nächsten Eltern-Lehrer Treffen, an dem Anita und ihr Mann teilnahmen, fand der Lehrer nur positive und lobende Worte für ihre Tochter. Er erzählte ihnen, dass sich Leila neulich für einen Jungen, der von seinen Mitschülern fertig gemacht wurde, eingesetzt hatte und ihm auch eine bemerkenswerte Unterstützung war, als dessen Vater Selbstmord beging. Leila hatte ihren Eltern nichts von all dem erzählt. Der Lehrer war indes voll des Lobes und der Bewunderung.

Am Schluss seiner «Laudatio» sagte er zu Anita und ihrem Mann: «Eigentlich hat Leila nicht die Reife einer 14-Jährigen, sondern eher die einer 18-Jährigen.» Anita schmunzelte stolz.

ZEIT DER ZUNEIGUNG

Nebst Liebe und Respekt ist die *Zeit der Zuneigung* innerhalb einer Familie von Bedeutung. Diese Zuneigung zeigt sich im gemeinsamen Austauschen, Erleben und Erfahren. Während dieser Zeit werden eine emotionale Verbundenheit, Bande der Zusammengehörigkeit und vielleicht sogar Gefühle des Einsseins entwickelt, welche über die der Blutsverwandtschaft hinausgehen. Solche Begegnungen und Erfahrungen sind prägend für die späteren Beziehungen der Kinder.

Ich bin in einer Familie aufgewachsen, in der gegenseitige Umarmungen nie Teil des familiären Begrüssungsrituals, geschweige denn Ausdruck spontaner Liebes- oder Sympathiebekundungen waren. Ein Handshake genügte, zumindest, was die Begrüssung mit meinem Vater und meinem Bruder betraf. Immerhin war ich es gewohnt meine Mutter und meine beiden Schwestern mit einem Küsschen auf beiden Wangen zu begrüssen. Natürlich gab es in unserer Familie auch mentale und verbale Zeichen der Zuneigung, doch körperliche Streicheleinheiten waren eher rar. Eng nebeneinander auf dem Sofa zu liegen und zusammen fern zu schauen, oder, als kleiner Junge im Bett meiner Eltern neben meinem Vater eingekuschelt zu liegen und ihm beim Lesen der Zeitung zuzusehen oder ganz einfach in seiner Nähe zu sein, waren Höhepunkte körperlicher Nähe.

Deshalb berührte es mein Herz umso mehr, als ich als Teenager die Familie und das Zuhause eines Freundes kennen lernte und sah, wie sich seine Familie zur Begrüssung oder wann immer sich jemand danach fühlte, umarmte. Die Eltern umarmten sich sowie jedes ihrer Kinder. Auch alle Kinder umarmten sich gegenseitig. Bei neun Familienmitgliedern – Vater, Mutter, drei Töchter und vier Söhne – gab es eine Menge Umarmungen. Man konnte die liebevolle und herzliche Atmosphäre, die von dieser Familie ausging, geradezu spüren. Als Aussenstehender wollte man Teil davon sein. Man wollte umarmen und umarmt werden, denn es fühlte sich, nur schon als Beobachter, herrlich an.

Richtig zu umarmen will gelernt sein. Eine Umarmung, die von Herzen kommt und Zuneigung und Wärme ausstrahlt, kommt beim Umarmten anders an, als eine leere Umarmung ohne Gefühle. In einer idealen Umarmung schenkt man dem Umarmten seine echte, uneingeschränkte Zuneigung. Es schwingen dann weder die kleinste Reserviertheit, noch der Ansatz sexueller Absichten mit, sondern ganz einfach nur Herzlichkeit und Wärme. Ein Ausdruck der Reserviertheit wäre beispielsweise eine Umarmung, die nur den Oberkörper oder die Schulter mit einbezieht und den restlichen Körperkontakt meidet. Oder dann die Umarmung, bei der ein Medizinball den gewölbten Raum zwischen den Hüften füllen könnte. Bei einer idealen Umarmung schmiegt man den Umarmten sanft an sich. Wenn dabei Gefühle der Zuneigung mitschwingen, dann ist die Umarmung perfekt.

Als ich vor ein paar Jahren auf den Philippinen zu Besuch war und eingeladen wurde in einem wunderschönen Tempel in Manila einen Vortrag zum Thema *Die Kunst des Heilens* zu halten, umarmte ich alle Zuhörer vor dem Beginn meines Vortrags. Eine Frau wusste das ausserordentlich zu schätzen. Sie sagte: «Ich habe lange auf eine solche Umarmung gewartet. Dass jemand die Kunst des Umarmens hier auf den Philippinen einführt ist für mich ein Traum, der in Erfüllung geht. In einer liebevollen Umarmung steckt so viel Heilkraft!» Wie Recht sie hatte.

Auch Julian, einen etwa 60-jährigen Mann, umarmte ich, nachdem wir uns einander vorgestellt hatten. Ja, ich umarme auch Männer. Jemand sagte mir einmal, dass er nie einen anderen Mann umarmen könnte. Frauen könne er umarmen, Männer hingegen nie. Die Sache ist die, dass ich eigentlich weder Männer noch Frauen umarme, sondern einfach nur *Menschen.* Ich denke mir dabei nicht welches Geschlecht die Person hat. Ich umarme einen Menschen als Zeichen des Willkommenseins, der Wertschätzung und der Freude ihn zu sehen.

Mein Vortrag vor etwa 50 Zuhörern verlief gut. Während der kurzen Pause gab es Erfrischungen für jedermann. Als jemand mir sanft auf die Schulter klopfte, drehte ich mich um und schaute in die strahlenden Augen eines jungen Mannes. Natürlich hatte ich dieses Gesicht vorher schon gesehen, doch ich konnte mich beim besten Willen nicht an seinen Namen erinnern. Dann klickte es. Es war Julian, dessen lachendes Gesicht jetzt etwas Jugendliches ausstrahlte und kaum wieder zu erkennen war. Er nahm mich beiseite und flüsterte: «Etwas Wunderschönes ist geschehen. Als wir uns bei der Begrüssung umarmten, fühlte ich eine Liebe in mir drin wie nie zuvor. Es ist unbeschreiblich. Ich habe während deinem ganzen Vortrag Freudentränen geweint. Ich bin so glücklich.»

Umarmungen können eine heilende Wirkung haben. Wann hast du das letzte Mal deinen Partner oder deine Kinder richtig innig in die Arme genommen und ihnen gesagt, wie lieb du sie hast? Wann hast du ihnen zuletzt gesagt, dass du glücklich bist, sie in deinem Leben zu haben und dass sie das Beste sind, das dir je passiert ist? Wenn du damit beginnst deinen Liebsten deine Zuneigung zu schenken, dann aktivierst du gleichzeitig *deine* in dir schlummernde Quelle der Herzlichkeit, Wärme und Liebe.

Eine Frau erzählte mir wie ihre 5-jährige Tochter sagte: «Mama, weisst du, wieso ich Papa nicht so gern habe wie dich? Weil er nie zuhause ist und mit mir spielt!» Die Gefühle dieses Mädchens bringen es haargenau auf den Punkt. Wie eine Körperzelle Sauerstoff, Wasser und Nährstoffe benötigt, so brauchen Kinder gefühlsmässige Aufmerksamkeit, liebevolle Zuneigung sowie gemeinsames Austauschen und Erleben. Dazu braucht es Zeit und wirkliches Interesse seitens der Eltern.

Kinder sind sehr feinfühlig und spüren, ob die Aufmerksamkeit, die ihnen geschenkt wird, echt oder oberflächlich ist. Authentische Zuneigung spielt sich – wie könnte es anders sein – auf der Herzensebene ab. Einem Kind etwas Materielles zu schenken, kann durchaus eine Herzensangelegenheit sein, und das Geschenk vermag auch ein kurzzeitiges Gefühl der Euphorie bei Kind und Eltern auszulösen. Doch wie viel aufregender und erinnerungsträchtiger ist es für beide, aktiv am Boden herumzutollen, Spiele zu spielen, Sport zu treiben oder sich frei in der Natur zu bewegen, gemeinsam Ferien zu machen oder ins Kino zu gehen, zusammen Neues zu entdecken, zu singen oder Musik zu machen. Diese Art der Zuneigung bedingt jedoch, wie gesagt, Zeit und wirkliches Interesse sich auf das Kind einzulassen. Das Geschenk, das einem dabei als Eltern zurückgegeben wird, ist ein sehr wertvolles, nämlich dass man selbst wieder zum verspielten Kind wird.

Das Planen so genannter Kindertage, an denen ein Kind wünschen darf, was die Familie unternimmt, kann ebenfalls viel Freude bereiten. Solche spontane Überraschungen geben einem Kind das Gefühl geschätzt zu werden. Genauso gut kann es Elterntage geben. Das sind Tage, an denen es die Eltern ruhiger zu- und hergehen lassen und vor allem die Kinder aktiv sind und – sofern erfahren genug – kochen, abwaschen, aufräumen und einkaufen. Auch hier werden kostbare Familienbande geknüpft.

RITUALE

Rituale lösen familiäre Gefühle der Geborgenheit und des Aufgehobenseins aus. Mehr noch, sie schweissen eine Familie zusammen. Ein Abendessen pro Woche könnte beispielsweise einem solchen Ritual gewidmet sein. Indem *alle miteinander* das Essen kochen und es, an einem Tisch sitzend, zusammen essen, sich dabei austauschen, kommunizieren und einander zuhören, entwickeln sich familiäre Nähe und Vertrautheit. Du als Mutter oder Vater kannst dieses Ritual bewusst steuern, indem du darauf achtest, dass sich jeder einbringt, während die Erlebnisse des Tages erzählt werden. Es ist die Zeit des lockeren Austauschens, ohne Probleme zu wälzen oder einander zurechtzuweisen.

Dieses Ritual könnte nach dem Abendessen fortgesetzt werden, indem man auf spielerische Weise zusammen eine fiktive Geschichte erfindet. Jemand beginnt mit der Erzählung und spricht vielleicht während zwei bis drei Minuten. Dann wird die Geschichte vom nächsten Familienmitglied weitererzählt, nach *seinen* Vorstellungen; dann der nächste und der übernächste, bis jeder seinen Teil zur Geschichte beigetragen hat. Das braucht nicht länger als eine Viertelstunde Zeit in Anspruch zu nehmen. Vielleicht wird die Geschichte am nächsten Abend fortgesetzt. Oder, wenn die erste Runde so spannend war, geht es noch am selben Abend in die zweite Runde, womöglich bis zum Ende der Geschichte. Diese Form des Zuhörens und Aufeinandereingehens fördert das soziale Verhalten und die Kreativität und bereitet zugleich eine Menge Spass. Man lernt sich dabei auch gut kennen. Im sich füreinander Zeit nehmen sowie im gegenseitigen Austauschen liegt der Schlüssel für familiäre Harmonie.

Ein empfehlenswertes Ritual ist auch das gemeinsame Lachen. Stell dir vor, was geschieht, wenn sich die Familie täglich zu einer im Voraus bestimmten Zeit trifft, um während fünf Minuten herzhaft miteinander zu lachen. Lachen heilt. Lachen steckt an. Lachen wirkt befreiend. Lachen macht glücklich. Als Familie miteinander zu lachen, kann Wunder bewirken. Wenn ein Mitglied der Familie traurig wäre oder schlechte Laune hätte, dann würde dieses Familienlachen so viel positive Energie freisetzen, dass die Traurigkeit und die schlechte Laune richtiggehend weggelacht würden. Es ist erwiesen, dass Lachen die Produktion der Stresshormone Adrenalin und Cortisol stoppt, das Immunsystem stärkt und dem Gehirn das Signal gibt, das Glückshormon Endorphin auszuschütten. Ausserdem aktiviert Lachen das Herz-Kreislauf-System, befreit die Atemwege und vertreibt Depressionen. Auch der Stoffwechsel wird angeregt. Viele Gründe also, die zeigen wie gesund und wohltuend Lachen ist, auch und vor allem als Familie.

Jede Familie hat Wünsche, Träume und Ziele. Indem man diesen seine positive mentale Zuneigung schenkt, haucht man ihnen Leben ein. Darin steckt ein riesiges Erfolgspotenzial. Die ganze Familie könnte sich, am Besten gleich unmittelbar nach dem euphorischen Lachritual, während 5 bis 10 Minuten diesen offen ausgesprochenen Wünschen, Träumen und Zielen, mental widmen. Alle Familienmitglieder ziehen sich dabei *zur selben Zeit* an einen stillen Ort zurück. Im ganzen Haus herrscht dann absolute Ruhe. Keine Musik, kein Radio, kein Fernseher, kein Telefon, nur Stille. Alle sitzen mit geschlossenen Augen an ihrem Lieblingsplatz und stimmen sich gedanklich, gefühlsmässig und anhand positiver innerer Bilder auf die Erfüllung eines oder mehrerer dieser Wünsche, Träume und Ziele ein.

Diese Wünsche, Träume und Ziele können materieller, persönlicher oder emotioneller Natur sein. Vielleicht sind es Wünsche, welche die körperliche Gesundheit oder die finanzielle Unabhängigkeit betreffen. Oder Träume wie die nächsten Ferien, das neue Auto, den Erwerb eines Grundstücks, den Bau des neuen Zuhauses oder den idealen Job. Oder dann persönliche Ziele wie ein neues, positives Selbstbild, ein gesundes Selbstbewusstsein oder die schlanke Figur. Oder schliesslich emotionale Wünsche wie eine erfüllende Partnerschaft oder Glück, Harmonie und Frieden innerhalb der Familie. Es können die Träume, Wünsche und Ziele eines einzelnen Mitglieds der Familie oder der ganzen Familie sein. Das spielt keine Rolle. Wichtig ist einfach, dass alle dieselben Ziele verfolgen und jeder mit ganzem Herzen dabei ist. Die Tatsache, dass alle zur selben Zeit demselben Traum Leben einhauchen – indem sie ihn gedanklich und gefühlsmässig als *bereits erfüllt* visualisieren – bündelt die mentalen Kräfte und lässt einen aussergewöhnlich kraftvollen und positiven Fokus entstehen. Diese gebündelten positiven mentalen Kräfte aller Familienmitglieder werden auf das innere Universum projiziert, wodurch die gemeinsamen oder individuellen Träume in Erfüllung gehen.

WERTE UND VERHALTENSWEISEN

Werte und Verhaltensweisen sind ein zentrales Thema innerhalb jeder Familie. Eltern vermitteln diese Werte und Verhaltensweisen nicht verbal, also nicht durch mahnende Worte, sondern durch ihr eigenes Beispiel. Das eigene Beispiel ist das beste, überzeugendste und letztendlich einzige Argument. Das Leben selbst funktioniert auf demselben Prinzip. Um geliebt zu werden, liebt man. Um von anderen gehört zu werden, hört man selbst zu. Man schenkt seinem Universum das, was man selbst gerne haben möchte. Dadurch haucht man dem Wunsch Leben ein. Du schenkst also deinen Kindern deine eigenen Werte und Verhaltensweisen, *die du wünschst in ihnen zu sehen*. Eigentlich tust du das bereits, denn deine inneren Werte, Einstellungen und Überzeugungen – auch die unbewussten und möglicherweise unerwünschten – leuchten hell und klar aus dir hervor. Deine Kinder *lesen* dich wie ein offenes Buch. Das haben sie schon sehr lange getan, lange bevor sie in der Schule mit dem ABC Bekanntschaft schlossen.

Es liegt an dir, deinen Kindern nun ganz bewusst jene Werte und Verhaltensweisen zu schenken, die du von ihnen gelebt sehen möchtest. Wenn du also willst, dass dein Kind Liebe und Respekt zeigt, dann *lebe es ihm vor.* Zeig ihm, was Liebe und Respekt für *dich* bedeuten, indem du Liebe und Respekt gegenüber anderen Menschen und Lebewesen lebst. Zeig ihm, wie *du* Ehrlichkeit und Integrität lebst, indem du selbst ehrlich und integer bist. Wenn du möchtest, dass dein Kind lernt sich einer Sache voll und ganz hinzugeben, Ausdauer zu zeigen und sie zu Ende zu führen, dann zeige ihm das durch *dein* eigenes Beispiel. Auf diese Weise wird dein Kind diese Dinge ganz natürlich lernen.

WACHSTUM UND BEWUSSTSEIN

Es gibt Eltern, die fordern ihre Kinder nicht dazu auf, im Haushalt mitzuhelfen, sei es beim Einkaufen, Kochen, Abwaschen, Aufräumen, Reinigen, Gärtnern oder beim Müll zur Strasse bringen. Stattdessen stellen sie eine Reinigungs- oder Haushalthilfe ein. Eltern rauben ihren Kindern dadurch die Erfahrung sich auch in diesem Bereich in die Familie einzubringen und als Teamplayer zu erleben. Solche kleine Aufgaben sind grosse Schritte in die Selbständigkeit. Wo sonst, wenn nicht in der Familie lernt ein Kind solche Sachen. Später, als Erwachsener, wird es alleine mit diesen alltäglichen Dingen klar kommen müssen und sich zusätzlich um noch grössere Dinge und wirkliche Herausforderungen zu kümmern haben. Wenn ein Kind frühzeitig lernt, die kleinen Dinge selbständig auszuführen, dann werden die womöglich imposant erscheinenden Dinge des Erwachsenenlebens leichter zu lösen sein.

Die Familie ist ein ideales Sprungbrett in die Selbständigkcit. Wenn Eltern die Wichtigkeit des Selbständigseins erkennen und es gezielt fördern, indem sie ihren Kindern Aufgaben und Verantwortung übertragen, dann steigert das deren Selbstbewusstsein. Speziell dann, wenn Eltern sie psychologisch geschickt zu motivieren wissen und auch lobende Worte für die Erfüllung einer Aufgabe finden.

Eigenverantwortung und Selbständigkeit in kleinen Dingen sind auch erste, natürliche Schritte des Loslösens und der Abnabelung vom Elternhaus. Dieser Prozess wird früher oder später sowieso stattfinden. Er fördert nicht nur das Selbstbewusstsein, sondern auch die Eigenständigkeit, also die Kunst, auf eigenen Füssen zu stehen.

Jeder Mensch möchte unabhängig und frei sein und auf eigenen Füssen stehen. Auch in einer Familie kann man diesen Freiheits- und Unabhängigkeitsgedanken beobachten. Eltern *und* Kinder verspüren das Bedürfnis nach Freiraum und Zeit mit sich selbst allein. Eine gesunde Balance zwischen der Zeit des gemeinsamen Austauschens und Erlebens sowie der Zeit mit sich selbst ist ideal. Sich in seiner eigenen Gegenwart wohl zu fühlen und gut mit sich selbst klar zu kommen ist genauso wichtig wie zu lernen sich innerhalb der Familie zu bewegen.

Viele Ideen des vorhergehenden Kapitels *Ideales Zuhause* lassen sich nahtlos auf dieses Kapitel übertragen. Auch in der idealen Familie besteht das oberste Gebot darin eine Atmosphäre der Liebe zu kreieren. Kinder *und* Eltern sollen sich geliebt und geschätzt fühlen. Darauf aufbauend wächst ihr Vertrauen für sich selbst und das Leben. Sie entfalten so ihre Persönlichkeit und ihr authentisches Selbst. Sie fühlen sich wohl. Die Familie ist dann ihre Oase, ihr Kraftort und ihre Insel. Dadurch wird die Familie zur Inspiration, in der auch die Kreativität gefördert wird. Seinem verrücktesten Traum Flügel verleihen zu wollen, wird in der idealen Familie nicht mit einem «Du bist ein Träumer» oder sonstigen negativen Bemerkungen quittiert. Ganz im Gegenteil. In der idealen Familie wissen deren Mitglieder, dass Träume mit der richtigen inneren Einstellung wahr werden können. Deshalb reagieren sie mit Wohlwollen, mentaler Unterstützung und Ideen zur Umsetzung und Verwirklichung des Traumes. Dazu braucht es Bewusstsein, vor allem seitens der Eltern. Es versteht sich von alleine, dass in einer Familie, die eine grosszügige und liebevolle Atmosphäre ausstrahlt auch Herzlichkeit, Witz und Humor gegenwärtig sind.

Nebst Bewusstsein brauchst du als Vater oder Mutter auch ein gutes Mass an Geduld, Feingespür und Einfühlungsvermögen, wenn es darum geht, die im Kind schlummernden Talente und Fähigkeiten zu fördern und es auf der Bewusstseinsreise zu seiner inneren Berufung zu begleiten. Dabei gilt es eigene, nicht gelebte Vorstellungen, Wünsche und Träume beiseite zu lassen, diese also *nicht* auf das

Kind zu projizieren. Nur so kann ein Kind sich und seine inneren Talente und Fähigkeiten selbst entdecken. Als Vater oder Mutter kannst du es dabei unterstützen, indem du seine Träume, was immer sie sind, bedingungs- und vorbehaltlos unterstützt. Erinnere dich dabei jedoch daran, dass sich dein Kind auf einer Reise befindet, auf einer Bewusstseinsreise. Was heute wichtig erscheint, mag morgen bereits nicht mehr von Bedeutung sein. Hab deshalb Geduld. Gib ihm die nötige Zeit sich, seine Fähigkeiten und Talente sowie seine wirkliche innere Berufung zu finden.

Eines der höchsten menschlichen Glücksgefühle besteht wohl darin sich seiner inneren Berufung bewusst zu sein und sie auch zu leben. Diesem inneren Ruf zu folgen, ist gleichermassen eine Kunst und ein Segen. Eine Kunst insofern, dass es Selbstbewusstsein, Offenheit, Bereitschaft und ein Mass an Intuition erfordert, sich diesem inneren Ruf hinzugeben. Ein Segen deshalb, weil jeder Mensch, der seine Berufung lebt, glücklich und erfüllt ist. Er tut das, was seinem innersten Naturell entspricht. Solche Menschen haben ein Strahlen in ihren Augen und ein Charisma umgibt sie.

Indem du als Vater oder Mutter dein Kind ermutigst sich selbst zu sein und seinen Träumen zu folgen, machst du die Erde, aus der die wunderschöne Blume, sprich die innere Berufung deines Kindes, wächst, gedeiht und erblüht, fruchtbar.

MARK

Mark war kein sonderlich guter Schüler. Nicht dass er nicht genügend intelligent gewesen wäre. Nein, es fehlte ihm nur am nötigen Interesse. Die Schule langweilte ihn. Seine Eltern wollten nichts mehr, als dass er glücklich war. Deshalb versuchten sie ihn für die verschiedensten Dinge zu begeistern. Ohne Erfolg. Dann, eines Tages, kam er ganz aufgeregt von der Schule nach Hause. Ein Lehrer hatte von seiner Leidenschaft, dem Fliegen, erzählt. Er war Pilot gewesen im 2. Weltkrieg und er liebte Flugzeuge und das Fliegen über alles.

Mark war begeistert. Von nun an wollte er nichts anderes mehr tun als Flugzeuge zu bauen und zu fliegen. Er nützte jede freie Minute um Modellflugzeuge zu basteln. Aus Modellflugzeugen wurden

Hängegleiter und einige Jahre später seine ersten Passagierflugzeuge, so genannte Ultralight-Flugzeuge. Vorher erwarb er sich als 15-Jähriger den Flugschein für Privatflugzeuge.

Seine Eltern wollten ihn an ein College nach Florida schicken, wo er Aviatik studieren und sich zum Flugingenieur ausbilden lassen sollte. Mark lehnte dankend ab. Er hatte weiterhin keine Lust auf die Schule. Er beabsichtigte, sich das Wissen im Selbststudium anzueignen. Seine Eltern willigten ein unter der Voraussetzung, dass er denselben Lernaufwand, wie es das College erfordert hätte, betrieb. Nichts war für Mark einfacher als das, denn er verschlang die Bücher richtiggehend. Seine Eltern trauten ihren Augen nicht, denn eine ganz neue Seite von Mark kam zum Vorschein. Sein Vater machte hin und wieder Stichproben, um zu überprüfen, wie ernst es ihm mit seinem Studium war. Er vertiefte sich in Marks Bücher und stellte ihm konkrete Fragen zum Inhalt. Mark wusste alle Antworten. Nicht nur Mark, auch seine Eltern realisierten, dass er seine grosse Leidenschaft, seine Berufung gefunden hatte.

Jahr für Jahr entwickelte er sein Knowhow. Heute hat Mark eine eigene Firma. Seine Ultralight-Flugzeuge zählen zu den allerbesten, die es weltweit gibt. Ausgebildete Flugingenieure kommen ihn besuchen, um mit ihm über neueste Techniken, Entwicklungen und Trends zu diskutieren. Sein grosses Wissen, das er sich selbst angeeignet und immer weiter entwickelt hat, wird überaus geschätzt. Selbst heute, als 50-Jähriger, verfeinern sich seine Entwicklungen. Immer wieder hat er neue und noch bessere Ideen für seine Flugzeuge. Sein neuestes Projekt an dem er fieberhaft arbeitet sind mittlerweile Motoren, die noch weniger Treibstoff verbrauchen und keine Abgase mehr produzieren.

Damit Mark persönlich wachsen konnte, brauchte er ein gesundes Umfeld. Seine Eltern gaben ihm das, indem sie an ihn glaubten, als seine schulischen Leistungen alles andere als herausragend waren. Sie wussten, dass er – wie jeder Mensch – eine besondere Begabung hatte. Sie gaben ihm die Zeit, sie zu entdecken.

DANIEL

Vor ein paar Jahren wartete ich am Flughafen von Los Angeles auf mein Flugzeug, das mich in die Schweiz bringen sollte, als mich ein Selbstvertrauen ausstrahlender zirka 50-jähriger Mann ansprach und fragte, ob der Stuhl neben mir noch frei sei. Ich nickte.

Bald war ich mit dem Mann in eine lebhafte Unterhaltung involviert. Rehavia, so hiess er, war jüdischer Abstammung, lebte in Griechenland und war Direktor für Zulassungen an einer Universität in Athen. Er hatte soeben seinen Sohn und seine Tochter, die an südkalifornischen Universitäten Rechtswissenschaften und Architektur studierten, besucht. Jetzt war er auf dem Weg zurück nach Europa.

Rehavias Augen leuchteten stolz, als er von seinem jüngsten Sprössling, dem 12-jährigen Daniel zu erzählen begann. Daniel sprach 5 Sprachen perfekt und zwar Griechisch, Englisch, Französisch, Deutsch und Hebräisch. «Und es ist nicht einmal so, dass Daniel viel Zeit ins Studium dieser Sprachen zu investieren hatte. In der Tat habe ich ihn mehrere Male beobachtet, wie er seine Lehrbücher nur flüchtig durchblätterte. Trotzdem schreibt und spricht er diese Sprachen fliessend. Seine Lehrer sind gleichermassen erstaunt und verblüfft über sein Genie wie ich es bin!»

Nach einer kurzen Pause fuhr er fort. «Die Lehrer wundern sich wo mein Sohn dieses Wissen hernimmt. Da gibt es wirklich kein Geheimnis. Daniel war schon immer speziell. Er hatte stets seine eigenen Interessen und seine eigenen Meinungen, die oft im Gegensatz zu denen anderer Kinder seines Alters waren. Als er 3 Jahre alt war, nahm ich ihn manchmal in meinem Auto mit mir. Ich bat ihn, mich daran zu erinnern, meinen Sicherheitsgurt anzulegen, falls ich es je vergessen sollte. In der ersten Woche vergass ich absichtlich mich anzuschnallen. Daniel erinnerte mich jedes Mal daran. Nicht ein einziges Mal vergass er mich darauf aufmerksam zu machen!»

«Ich habe immer versucht, meinen Kindern beizubringen, ihre eigenen Entscheidungen zu treffen, wann immer möglich!» fuhr Rehavia fort. «Damit habe ich mir selbst nicht immer einen Gefallen getan. Erst neulich sagte mir Daniel, dass er nicht mehr gewillt sei, die jüdischen Feiertage einzuhalten. Ich sagte ihm, dass es in Ordnung sei, obwohl ich in mir eine leise Enttäuschung spürte. Ich weiss, dass ich ihm und meinen anderen beiden Kindern erlauben muss, ihren eigenen Weg zu gehen. Es ist ihr Leben und es sind ihre Entscheidungen!»

«Als Daniel noch klein war haben wir zusammen ein Experiment gemacht. Wir legten ein Stück Fleisch in ein Glas Coca-Cola. Innerhalb weniger Tage hatte sich das Fleisch aufgelöst. Darauf haben wir einen seiner heraus gefallenen Zähne einem Glas Wasser beigegeben. Nichts geschah. Denselben Zahn legten wir dann in ein Glas Coca-Cola. Sein Zahn löste sich auf. Seit diesem Experiment rührt Daniel keinen Tropfen Coca-Cola mehr an. An den Partys mit seinen Teenagerfreunden trinkt er stattdessen Orangensaft.»

Übrigens, was mir Rehavia auch noch sagte... Daniel spricht und schreibt nicht nur 5 Sprachen fliessend, er ist auch ein Virtuose auf der Violine. Ich fragte Rehavia nicht, ob ihn das flüchtige Durchblättern der Notenblätter zum Virtuosen gemacht hatte. Wahrscheinlich schon!

Kinder wie Mark oder Daniel, die von ihren Eltern gezielt inspiriert, gefördert und ermutigt werden sich selbst zu sein, enthüllen erstaunliche Fähigkeiten und Talente. In einer idealen Familie finden sie das perfekte Klima vor, das ihnen erlaubt ihr Inneres zur Entfaltung zu bringen.

Ideales Zuhause und *Ideale Familie* sind sich sehr ähnlich. Sie stehen sogar in einer Wechselwirkung zueinander. Aus dem Nährboden des idealen Zuhauses wächst die ideale Familie, die eine positive Energie verströmt, von welcher das ideale Zuhause immer wieder durchflutet wird.

Das Lebenselixier einer idealen Familie ist und bleibt die Liebe und der Respekt. Aus ihnen erblüht alles. Aus ihnen wächst das ideale Bewusstsein.

Was ist ideales Bewusstsein?

Ideales Bewusstsein ist dann, wenn sich ein Mensch, Erwachsener oder Kind, seinem wirklichen Ich, wer er ist, bewusst ist. Das ist jemand, der aus seiner inneren Liebe zu sich selbst lebt und im Einklang mit sich selbst ist.

Ein Kleinkind kommt diesem idealen Bewusstsein nahe, wenn es in einer Atmosphäre der Liebe und des Respekts aufwächst. Die

Liebe und der Respekt tragen sein Bewusstsein, verschönern es, erweitern es und lassen es mit dem in ihm liegenden unbegrenzten Ich verschmelzen. Liebe kennt weder Grenzen noch Beschränkungen. Aus der Sicht eines solchen Kindes ist deshalb alles möglich. So wird Bewusstsein geformt, ideales Bewusstsein.

Die Mission einer idealen Familie als Urzelle der Menschheit ist dann erfüllt, wenn der familiäre Nährboden für das Formen von Bewusstsein gesund ist, also mit Liebe erfüllt ist.

5

KINDER

Kinder versetzen mich immer wieder ins Staunen. Dank ihrer Naivität, ihrer natürlichen Unschuld, sowie ihrer Gabe zu träumen und nichts als unmöglich zu betrachten, können sie fantastische Dinge bewirken. Dinge, die für Erwachsene oft Wunschdenken bleiben, weil ihnen Verstand, Intellekt und Vernunft in die Quere kommen.

Kinder sind vielleicht das grösste Geschenk des Universums an das Leben. Kinder sind magisch. Es gibt nichts Schöneres, als in staunende und lachende Kinderaugen zu schauen. Wenn die Welt von kleinen Kindern regiert würde, dann wäre der Planet Erde ein Ort des Friedens, der Freude und des Glücks. Nicht umsonst sagte Jesus: «Werdet wie die kleinen Kinder, um ins Königreich des Himmels zu gelangen!» Kleine Kinder leben aus ihrem Inneren und ihr Inneres ist spontan, rein, intuitiv, ursprünglich, liebevoll, unschuldig und träumerisch.

Deine Kinder sind wie Ton in deinen Händen. Du formst sie und zwar mit deiner inneren Haltung, deinen Gedanken, Gefühlen, Worten und Handlungen. Es ist eine der grössten Lebensaufgaben Kinder beim Aufwachsen und Bewusstwerden zu begleiten und für sie ein Licht zu sein. Für dich ist es gleichzeitig die Chance, Meister von dir selbst zu werden, indem du nur jenen Gedanken Leben einhauchst, die du deinen Kindern schenken möchtest und in ihren Leben manifestiert sehen willst.

Deine Kinder haben dich gewählt, damit du ihnen als Beispiel dienst, wie man das Leben meistert, wie man lernt, sich selbst zu sein und Spass zu haben. Oder ist es genau umgekehrt? Hast du vielleicht deine Kinder gewählt, damit sie *dir* zeigen, was es heisst glücklich zu sein? Damit sie *dich* inspirieren Freude zu zeigen, spontan und intuitiv zu sein und deine Träume zu leben?

Ich möchte dir an dieser Stelle drei Experimente vorstellen, von denen ich glaube, dass sie dich, deine Kinder, deine Familie, deine Weltanschauung und folglich dein Leben verändern können.

1. EXPERIMENT

Wenn du dich mit deinen Kindern austauscht und du ihnen Dinge beibringst, versuche die Worte *nicht* und *kein* zu vermeiden. Anstatt zu sagen *Fall nicht herunter*, *Mach dich nicht nass*, oder *Hab keine Angst*, sagst du: *Halt dich gut fest*, *Bleib trocken*, oder *Hab Vertrauen.* Spürst du den feinen, aber monumentalen Unterschied in diesen Aussagen? Die ersten drei Aussagen implizieren Besorgnis und Angst. Wie du weisst funktioniert das Prinzip *Universum + Zuneigung = Leben!* auch über Impulse der Angst, Besorgnis und Zweifel. Sie hauchen so einer unerwünschten Erfahrung Leben ein. Aller gut gemeinten Absichten zum Trotz sind die ersten drei Aussagen kontraproduktiv, denn aus ihnen leuchtet mit aller Deutlichkeit *herunterfallen*, *nass werden* und *Angst haben* hervor. Ganz anders die zweite Gruppe. Ihre Aussagen sind positiv und drücken das aus, was du dir für deine Kinder wünschst, nämlich dass sie sich *festhalten*, dass sie *trocken bleiben* und *Vertrauen haben.*

Worte sind kraftvoll. Sei achtsam, wie du sie anwendest, welche Energie du in sie projizierst. Deine Kinder lesen diese Energie zwischen den Zeilen. Sie lesen all deine Gefühle, deine Sorgen und Ängste wie auch deine Freuden und dein Glück. Deine Kinder identifizieren sich mit dir, mit deinem ganzen Sein.

Richte deshalb deine Gedanken, sowie deine Worte jederzeit positiv aus, nämlich auf die Erfahrung, die du mit deinen Kindern erleben möchtest. Diese Art sich auszudrücken braucht Achtsamkeit und Disziplin. Der Aufwand lohnt sich, für dich *und* deine Kinder. Denn durch diesen positiven Zugang zeigst du dir und ihnen eine neue, vertrauensvolle und positive Welt.

2. EXPERIMENT

Als Eltern ist man oft versucht seinen Kindern Dinge wie diese zu sagen: *Räum endlich dein Zimmer auf; Iss mit Gabel und Messer; Sprich nicht mit vollem Mund; Schmatze nicht; Kleckere nicht; Schrei nicht so laut; Sei nett zu deiner Schwester; Sei lieb zu deinem Bruder; Lass andere auch mit deinen Spielzeugen spielen; Gib deinen Freunden etwas von deinem Kuchen ab.*

Dass du dich dabei eher als Polizist oder Ordnungshüter fühlst, anstatt wie eine liebevolle Mutter oder wie ein fürsorglicher Vater, erstaunt nicht. Du kannst diese Polizistenrolle loslassen, indem du deinen Kindern, anstatt Anweisungen zu geben, Komplimente schenkst. Komplimente, die aus deiner gegenwärtigen Perspektive wahrscheinlich eher nach Wunschdenken, denn nach Wirklichkeit aussehen. Das ist nachvollziehbar. Lass es für den Moment einfach so stehen, denn du stehst kurz vor einer Bewusstseinsveränderung, deren Auslöser du selbst bist.

Sprich ganz beiläufig zu deinem Kind und sag ihm: «Es macht mich glücklich, dass dein Zimmer so ordentlich aufgeräumt ist. Du bist ein tolles Kind und ich bin stolz auf dich.» Verlass dann den Raum umgehend und wende dich anderen Dingen zu. Dadurch nimmst du deinem Kind die Möglichkeit, dir etwas zu entgegnen. Warte also nicht auf ein Dankeschön, geschweige denn auf Worte des Widersprechens oder der Ungläubigkeit. Lass dich unter keinen Umständen auf eine Diskussion ein, denn das würde deine ganze Arbeit ruinieren. Wiederhole dieses Kompliment einmal täglich während einer Woche.

Darauf widmest du dich einem anderen Thema. Wieder ganz beiläufig sagst du: «Schön, wie nett du heute zu deiner Schwester gewesen bist. Du machst grosse Fortschritte. Das freut mich!» Auch hier wartest du nicht auf eine Antwort. So pflanzt du den positiven Samen direkt ins Bewusstsein deines Sohnes, wo er zu spriessen beginnt. Auch dieses Kompliment wiederholst du täglich, während sieben Tagen. Die Zeit der Ernte, nämlich dass dein Sohn sich mit seiner Schwester *wirklich* gut versteht, kommt bald.

Gehe alle Situationen, in denen du Entwicklungspotenzial siehst, auf diese Weise an. Du wirst erstaunt sein, wie gut es funktioniert.

Es kann sein, dass du dabei mit Gedanken wie diesen konfrontiert wirst: *Was soll das überhaupt? Es ist schlicht nicht wahr, dass das Zimmer ordentlich aufgeräumt ist und dass mein Sohn seine Schwester liebevoll behandelt. Ich kann doch meinen Kindern nichts vormachen. Was werden sie von mir denken, wenn ich ihnen diese Dinge sage? Sie wissen doch selbst, dass ihre Zimmer unordentlich sind, genau wie mein Sohn weiss, dass er seine Schwester nicht immer nett behandelt.*

Es spielt keine Rolle was deine Kinder von dir denken. Es geht darum, was du über dich selbst denkst und dass du verstehst, was du tust. Weil du eine Veränderung bewirken willst, schenkst du deinem Universum einen neuen Zuneigungsimpuls. Wenn du ihm weiterhin alte Zuneigungsimpulse wie *Räum endlich dein Zimmer auf* schenkst, bleibt alles beim Alten. Das Zimmer würde weiterhin unordentlich sein, weil du dem alten Bild Kraft gegeben hast. Erst wenn du deinen Kindern *neue* Zuneigungsimpulse schenkst, geschehen Veränderungen.

Diese Methode hat viele Vorteile. Erstens lernst du Geduld, denn es kann gut sein, dass es etwas Zeit braucht, bis der Samen spriesst. Erlaube dir während dieser Zeit nicht, ins alte Polizisten- und Ordnungshütermuster zurückzufallen. Bleibe am Ball. Der Erfolg *wird* sich einstellen. Zweitens hast du den Samen nicht nur ins Bewusstsein deines Kindes, sondern in dein *eigenes* Bewusstsein gepflanzt. Die daraus entstandene veränderte Sichtweise *in dir selbst* ist der Hauptauslöser für die Veränderung in deinem Kind. Vorher konnte sich dein Kind nicht ändern, da deine Zuneigungsimpulse negativ waren. Dein Kind war von deinen Projektionen gefangen gehalten. Jetzt befreist du es, indem du neue Projektionen ins Leben rufst. Drittens wirst du dich bei dieser Methode viel besser fühlen, als in deinem Polizisten- oder Ordnungshüterdasein. Jene Rolle hat Energie gekostet und dich müde gemacht. Diese neue Strategie *gibt* dir Kraft, denn *du* hast die Zügel selbst in der Hand.

Arlette befand sich in einer Sackgasse aus der sie weder ein noch aus wusste. Das Problem war ihr 12-jähriger Sohn. «Kevin ist nicht ehrlich. Das macht mich traurig und stimmt mich nachdenklich!» sagte Arlette eines Abends während dem Bewusstseinstrainings-Kurs. Miteinander besprachen wir die Lösung, die darauf ausgerichtet war, Kevin einen neuen, positiven Zuneigungsimpuls zu schenken.

Ein paar Wochen später hatte Arlette ein Lächeln im Gesicht, als sie erzählte, was sich zugetragen hatte. «Bestimmt erinnert ihr euch an die Vorkommnisse um meinen Sohn. Nun, da ist tatsächlich ein kleines Wunder geschehen. Nachdem wir im Kurs über die Lösung gesprochen hatten, wie ich Kevin zu einem harmonischen Selbstbild verhelfen könnte, ging ich also nach Hause, um die Ideen sofort in die Praxis umzusetzen. Zwei- bis dreimal pro Woche sagte ich Kevin, was für ein toller Junge er sei und wie glücklich es mich mache, ihm von ganzem Herzen zu vertrauen. Innerhalb weniger Tage konnte ich dann in Kevin markante Veränderungen beobachten. Einerseits wurde unser Verhältnis zueinander besser und andererseits ist er tatsächlich viel ehrlicher geworden. Zusätzlich haben sich sogar seine schulischen Leistungen verbessert. Ich hätte es nicht für möglich gehalten, dass es sich so schnell umsetzen würde. Schon toll!»

Kinder wollen gut sein. Kinder wollen gehorchen. Kinder wollen es richtig machen. Kinder wollen kooperieren. Kinder wollen geschätzt und geliebt sein. Sie brauchen nur die richtigen Impulse, die *du* ihnen gibst, indem du das gewünschte Ideal mit ihnen visualisierst, während du positiv und aufbauend zu ihnen sprichst.

Parapsychologische Experimente haben gezeigt, dass Schlafende sich auf die *bewusst gedachten* Gedanken anderer Menschen, die ohne ihr Wissen neben ihrem Bett sassen, einstimmten. Die Schlafenden adoptierten nämlich jene Gedanken in ihr Bewusstsein und damit in ihre Träume, die so zum Spiegelbild dieser Gedanken wurden. Deine Kinder sind wie diese Schlafenden. Sie nehmen deine Gedanken in ihr Bewusstsein auf und lassen sich von ihnen inspirieren. Das Leben deiner Kinder wird so zum Spiegelbild deiner Gedanken. Dem war schon immer so. Jetzt, da du das weisst, kannst du ihnen ganz bewusst deine positiven Gedanken und Worte zukommen lassen, um ihr Leben positiv, aufbauend und gesund auszurichten.

Stell dir vor, was mit Kindern auf der ganzen Welt geschieht, wenn sie mit positiver Zuneigung überflutet werden. Sie könnten magische Dinge vollbringen und zu grossartigen Menschen heranwachsen, frei jeglicher Beschränkungen. Kannst du dir ausmalen, wenn einem Kind von allem Anfang an, und damit meine ich *von allem Anfang an*, also vom Moment der Geburt oder sogar schon vorher, während es im Bauch seiner Mutter heranwächst, gesagt wird: «Du bist ein wunderbares Kind. Du bist ganz und vollkommen, intelligent, intuitiv, liebenswürdig und gut aussehend. Du kannst alles. Du bist unbegrenzt und frei. Du bist ein Genie. Wir, Mama, Papa und deine Geschwister freuen uns aus ganzem Herzen dich bei uns zu haben. Du bist herzlich willkommen und wir lieben dich!»

3. EXPERIMENT

Was spüren Kinder, denen gesagt wird *Nimm nie Schokolade von Fremden an*? Aus den ängstlichen Schwingungen ihrer Eltern entnehmen sie, dass Fremde, die ihnen Schokolade anbieten gefährlich sind.

Was kannst du als Vater oder Mutter tun, wenn du solche Ängste in dir trägst und die Tendenz besteht sie auf dein Kind zu übertragen?

Was du tun kannst, ist deinem Kind einen neuen Zuneigungsimpuls zu schenken. Du kannst ihm immer wieder sagen, dass es von *allen* Menschen geliebt, geschätzt und respektiert wird. Wenn du diesen Samen – *dein eigener Gedanke* – deinem Kind in seiner Reinheit, also frei von Zweifel und Angst gibst, dann machst du ihm damit das grösste und schönste Geschenk, nämlich dass sein Bewusstsein rein bleibt. Das bedingt jedoch, dass du dich um deine Mentalhygiene kümmerst.

Wie du bei der Dentalhygiene Karies von deinem Mund fernhältst, indem du deine Zähne regelmässig putzt, die Zwischenräume sorgfältig mit Zahnseide säuberst und vielleicht sogar das Zahnfleisch massierst, so hältst du bei der Mentalhygiene jene Gedanken, die deinen Mentalhaushalt verunreinigen könnten, von ihm fern. Sei selektiv betreffend dem, was du in dein Bewusstsein lässt. Sei wählerisch betreffend dem, was du in der Zeitung oder im Internet liest oder im Fernsehen, Radio oder von anderen Menschen hörst. Alle Informationen können sich subtil in deinem Bewusstsein einnisten. Aus einer dieser Informationsquellen ist die Aussage *Nimm nie*

Schokolade von Fremden an hervorgegangen. Irgendwo hast du gehört oder gelesen, dass jemand auf diese Weise ein Kind ins Auto gelockt und missbraucht hat. Sicherlich erkennst du die Dringlichkeit diesen unerwünschten Zuneigungsimpuls in dir mit einem neuen positiven Impuls zu ersetzen, deinem Kind zuliebe, aber auch dir selbst zuliebe. Deshalb kannst du deinem Kind nie zu oft sagen: «*Alle* Menschen lieben, schätzen und respektieren dich!»

Kinder sind wie Elefanten! Nein, nicht wie Elefanten im Porzellanladen! Ganz im Gegenteil, sie sind sehr sensitiv. Was ich meine ist die Tatsache, dass Kinder, genau wie Elefanten, *nie* vergessen! Vor allem nicht Dinge, die ihnen wichtig sind.

Obwohl diese Geschichte etwa 30 Jahre zurückliegt, erinnere ich mich daran, als ob sie gestern passiert wäre. Mein Jugend-Fussballtrainer, den ich sehr mochte und der mich vor allem im mentalen Bereich gefördert hatte, versprach unserer Junioren-Mannschaft, nachdem wir die regionale Meisterschaft im 1. Rang beendet hatten, neue Trikots, und zwar in den Farben orange und violett. Er selbst schwärmte von diesen wunderschönen Trikots. Die ganze Mannschaft freute sich, denn die Trikots, die uns vom Verein zur Verfügung gestellt wurden, waren alt, ausgebeult und hässlich anzusehen. Noch heute, wenn ich mir diese orange-violetten Trikots vorstelle, löst es Freude in mir aus.

Leider nur hielt unser Coach sein Versprechen nicht. Ob es eine Frage des Geldes war wussten wir nicht. Ein paar Mal sprachen wir ihn darauf an, doch er vertröstete uns immer auf später. Die Trikots mussten wir uns wohl oder übel abschminken.

Selbst erwachsene Kinder wie ich vergessen solche Dinge ein Leben lang nicht. Eine solche Verhaltensweise in einem Erwachsenen, kann leicht zu einem prägenden Verhaltensmuster in einem Kind werden. Ein Kind denkt sich nämlich, dass es ganz okay ist Versprechungen nicht einzuhalten, wenn es Erwachsene schliesslich auch tun.

DIE TODKRANKEN FISCHE

Das Faszinierendste an Kindern ist ihre kindliche Naivität und ihr Glauben an das Gute. Diese innere Haltung, Ausdruck ihres reinen Bewusstseins, kann fantastische Dinge bewirken.

Eine Bekannte erzählte mir die folgende Geschichte. Ihre Tochter, damals 12 Jahre alt, war traurig, denn sie musste mit ansehen, wie die Fische im Aquarium, einer nach dem anderen, starben. Die Fische waren an Krebs erkrankt und es gab – aus medizinischer Sicht – nichts was man dagegen tun konnte.

Meine Bekannte hatte beinahe alle Hoffnung aufgegeben, dass einer der Fische überleben würde, als sie einen Gedankenblitz hatte, der sich auf ihre Tochter richtete. Ihr bedeuteten die Fische viel und sie war jemand Aussergewöhnlicher. Ihre Mutter hatte schon immer spezielle Gefühle für sie gehabt, denn sie strahlte etwas überaus Liebenswertes aus, das sie – in dieser Art – in keinem ihrer anderen drei Kinder erkannte. Ihre Tochter war tiefgründig und mit ihrer Fähigkeit zu lieben hatte sie schon das eine oder andere Erlebnis gehabt, das man ohne weiteres als *übernatürlich* bezeichnen konnte.

Nachdem nur noch drei Fische übrig geblieben waren, auch sie vom Krebs befallen, ermutigte meine Bekannte ihre Tochter also *etwas* zu tun, um wenigstens diese Fische vor dem Verenden zu bewahren. Die 12-Jährige wollte es versuchen. Sie sagte ihrer Mutter, dass sie alleine gelassen werden wollte und dass sie erst dann wieder aus ihrem Zimmer kommen würde, wenn sie davon überzeugt wäre, dass diese drei Fische, die letzten verbliebenen, wieder gesund seien.

Ein halber Tag und eine ganze Nacht vergingen. Am darauf folgenden Morgen kam die 12-Jährige aus ihrem Zimmer. Sie umarmte ihre Mutter und sagte: «Jetzt weiss ich, dass diese drei Fische leben werden. Sie sind geheilt!»

Dem war tatsächlich so. Die letzten drei Fische überlebten die schwere Krankheit wie durch ein Wunder. Das 12-jährige Mädchen hatte trotz der niederschmetternden Diagnose nicht aufgegeben. Im Glauben daran, dass ein positiver Zuneigungsimpuls eine Heilung auszulösen vermag, hauchte sie den todkranken Fischen auf wundersame Weise neues Leben ein.

DER SKEPTISCHE SOHN

Patrick ist der 11-jährige Sohn einer Kursteilnehmerin. Seine Mutter erzählte ihm regelmässig von den Bewusstseinstrainings-Workshops, an denen sie teilnahm. Patrick war skeptisch. Ein skeptischer 11-jähriger Junge? Ja, so ist Patrick. Er wirkt reifer als ein 11-Jähriger. Manchmal hat man das Gefühl einem Erwachsenen gegenüber zu stehen, wenn man mit ihm spricht. Er hat einen ausgeprägten Intellekt, einen wachen Verstand und er wirkt sehr vernünftig. Ich weiss nicht, ob ich ihn je als verspielten Jungen gesehen oder kindlich lachen gehört habe.

Seine Mutter erzählte ihm vom mentalen Training und wie sich Umstände, Erfahrungen und Situationen des Lebens durch eine Veränderung des Denkens positiv beeinflussen lassen. Sie selbst hatte sich durch eine veränderte innere Haltung von einer Krankheit geheilt. Das hatte Patrick beeindruckt, obwohl seine Skepsis und Zweifel damit nicht aus der Welt waren.

«Denke positiv und sehe dich selbst gesund,» sagte seine Mutter zu ihm, als die ganze Familie eines Tages mit dem Auto unterwegs war. Patrick litt seit Jahren an Heuschnupfen. Just auf dieser Fahrt hatte er einen Allergieausbruch, den er normalerweise nur medikamentös in den Griff bekam.

«Mama, ich kann nicht glauben, dass mein Heuschnupfen verschwindet, nur indem ich mich jetzt gesund sehe und mein Denken ändere!»

«Hast du es je versucht?» fragte ihn seine Mutter.

«Nein!» antwortete Patrick.

«Na also, dann versuch es doch einfach!» insistierte seine Mutter.

«Okay, ich werde darüber meditieren!» versprach er.

Eine Viertelstunde lang sass Patrick mit geschlossenen Augen in sich ruhend auf dem Rücksitz. Dann brach er sein Schweigen und sagte: «Okay, ich habe meditiert und meinen Körper gesund gesehen. Jetzt ist die Allergie wie weggeblasen. Ohne meine Medikamente. Es geht mir gut. Es hat funktioniert, Mama. Danke!»

DER BÖSE GEIST

Sami ist ein aufgeweckter 6-jähriger Junge aus meiner Nachbarschaft. Seine Augen strahlen etwas Unschuldiges und doch Schelmisches aus. So verhält er sich auch. Seine neuste Masche besteht darin Erwachsenen mitzuteilen welchem Tier sie ähnlich sehen.

«Stefan, du bist ein Känguru!» lachte er mich neulich an.

«Oh,» schmunzelte ich, «das finde ich toll, mir gefallen Kängurus. Hast du gewusst wie schnell Kängurus rennen können, und dass Känguru Mamas so etwas wie einen Snuggly haben, in dem sie ihre Babys tragen?» fragte ich Sami.

Samis schelmischer Gesichtsausdruck verwandelte sich augenblicklich in kindliches Staunen. Seine kugelrunden blauen Augen wurden immer grösser, als ich ihm sagte, dass Kängurus fast so schnell rennen können wie ein Auto fährt. Ein Lächeln huschte über sein Gesicht, als ich ihm das Geheimnis verriet, wo das Baby Känguru verschwindet, wenn Mama ganz schnell wegrennen muss.

«In einem Beutel in Mamas Bauch?» fragte Sami ungläubig.

Maya, Samis Mama hatte sich in der Zwischenzeit zu uns gesellt.

Sami fuhr fort: «Stefan, hast du gewusst, dass ein böser Geist mich manchmal mitten in der Nacht besuchen kommt?» Ein Anflug von Stolz lag in seiner Stimme und in seinem Gesicht.

«Ja, das ist wirklich nicht lustig. Er schreit dann jeweils wie am Spiess und weckt die ganze Familie auf, während er zu Papa ins Bett rennt. Es wird vor allem dann zu einem Problem für uns, wenn die ganze Familie um 2 Uhr morgens aufwacht. Dann ist es schwierig wieder einschlafen!» seufzte Maya.

«Sag Sami, wie sieht er denn aus, dieser böse Geist?» fragte ich.

«Er hat ein Gesicht, das mir Angst macht!» antwortete Sami.

«Wenn der böse Geist dich das nächste Mal besuchen kommt, dann rede mit ihm, schau ihm direkt in die Augen und sag ihm er solle verschwinden,» riet ich ihm.

Einige Tage später traf ich Sami und seine Mutter wieder. Sami kam geradewegs auf mich zu gerannt, ein Strahlen im Gesicht. «Stefan, der böse Geist ist nicht mehr zu mir gekommen. Ich habe ihn nie mehr gesehen!»

«Ja, das stimmt, und wir schlafen jetzt auch wieder ruhiger!» strahlte Maya.

Monate sind seither vergangen und Sami schläft wieder tief und fest, genau wie seine Eltern und Geschwister. Er setzte die Idee vom «mit dem bösen Geist reden und ihm zu befehlen zu verschwinden» in die Tat um.

In Samis Denken gab es keine Zweifel und keine Gedanken der Logik oder der Vernunft, welche diese simple Lösung hinterfragt hätten. Ein Erwachsener hätte diese Idee wahrscheinlich belächelt und ihr dadurch die Kraft entzogen, weshalb sie für ihn nicht funktioniert hätte. Kinder sind unschuldig, rein, ursprünglich und ungezwungen. Dank Samis kindlichem Glauben manifestierte sich sein Wunsch augenblicklich, ohne dass er den bösen Geist je zum Verschwinden auffordern musste. Allein die Vorstellung, dass *er* es war, der Macht auf den bösen Geist ausüben konnte, liess Samis Traumwelt zu einem Ausdruck des Friedens und der Harmonie werden.

DIE ALLERGIE

Samis 4-jähriger Bruder Florian hatte eine Katzenhaar-Allergie. Sie war sehr unangenehm für ihn und äusserte sich in geschwollenen Augen und einem penetranten Juckreiz. «Dabei liebt Florian Katzen über alles. Es ist mir unerklärlich weshalb er eine Allergie gegen sie entwickelt hat!» sagte Maya, seine Mutter.

Maya entschloss sich trotzdem, den Wunsch ihrer beiden Töchter zu erfüllen und zwei niedlichen kleinen Katzen ein Zuhause zu geben. «Es *muss* eine Lösung geben für Florian und seine Allergie. Hast du einen Vorschlag?» fragte mich Maya anlässlich eines Kurses, den sie bei mir besuchte. Ich versprach darüber nachzudenken.

Als ich Maya das nächste Mal sah, überreichte ich ihr ein Blatt, auf das ich die folgende Affirmation geschrieben hatte:

Florian ist heil und vollkommen und in Harmonie mit seiner Umgebung!

Ich schlug Maya vor sich diesen Satz einzuprägen und sich daran zu erinnern, wann immer sie an Florian dachte. Sie versprach es zu tun.

Es funktionierte. Innerhalb einer einzigen Woche löste sich Florians Allergie auf und er ist seither *heil und vollkommen und in Harmonie mit seiner Umgebung*, sprich den niedlichen kleinen Mitbewohnern. Als ich Maya auf Einzelheiten dieser schnellen Heilung ansprach, erzählte sie mir, wie sie die Affirmation regelmässig mit ihren beiden Töchtern sprach und ihrem 4-Jährigen Sohn immer wieder sagte: «Florian, diese kleinen Katzen tun dir gut!» So war es und so ist es noch heute.

LORIS UND DER POKAL

Daniela war mit ihrem Mann und ihren beiden Söhnen im Skiurlaub. Zum Abschluss ihrer Ferienwoche nahm ihr Jüngster, der 6-jährige Loris, an einem Skirennen teil.

Schon Tage vor dem Rennen war er ganz aufgeregt. «Mama,» sprudelte es aus ihm heraus, «ich möchte dieses Rennen gewinnen. Wie soll ich es bloss anstellen, damit ich mit Bestzeit ins Ziel komme?»

Daniela, die mit den Techniken des mentalen Trainings vertraut ist, wusste was zu tun war. Sie sagte: «Loris, stell dir einfach vor wie du einen Superlauf hinlegst und wie du bei der Siegerehrung zuoberst auf dem Podest stehst, um den Pokal in Empfang zu nehmen!»

Das Gesicht von Loris strahlte, als er das hörte. «Glaubst du, dass der Pokal in unser Auto passen wird? Der ist bestimmt sehr gross und schwer!» ereiferte er sich. Seine Mutter konnte sich ein herzhaftes Lachen nicht verkneifen.

Es war offensichtlich, dass Loris die Bilder, die seine Mama ihm gegeben hatte, bereits verinnerlicht hatte.

Der Tag des Rennens kam. Loris war einer der kleinsten und jüngsten Teilnehmer und hatte auch nicht die besten und schnellsten Skis an den Füssen. Trotzdem kam es so wie *er* es sich vorgestellt hatte. Er erzielte Bestzeit. Zuoberst auf dem Podest stehend, wurde ihm dann der schöne Siegerpokal feierlich überreicht.

Loris Gabe zu träumen und sich zuoberst auf dem Podest zu sehen war sein Erfolgsgeheimnis.

6

NEWCOMERS

Nicht nur Kinder, auch Newcomers versetzen einen beim Bewusstseinstraining ins Staunen. Von Beginn weg sind die meisten von ihnen offen und empfänglich gegenüber dieser neuen Art des Denkens. Ihre Aufgeschlossenheit ermöglicht es ihnen Ziele, Wünsche und Träume ihrer Wahl mit Leichtigkeit in ihrem Leben zu manifestieren. Sie haben eine *Nonchalance*, mit der sie ihrem Schöpfersein scheinbar mühelos Ausdruck verleihen und es zum Wohl und Nutzen ihrer selbst sowie anderer einsetzen.

Thierry schrieb: «Ich möchte mich nochmals herzlich für das bereichernde und wohltuende Seminar bedanken. Es war für mich eine Quelle, aus der ich viel Kraft und ein unglaubliches Glücksgefühl schöpfen durfte und darf. Mit Freude und Dankbarkeit stelle ich fest, wie sich durch die neue Lebenseinstellung der Erfolg bei mir einstellt, jeden Tag und jede Minute. Das Gefühl der inneren Einsamkeit existiert nicht mehr. Und noch etwas muss ich Dir unbedingt erzählen. Seit meinem 15. Lebensjahr litt ich unter Heuschnupfen. Seit einigen Jahren *überlebte* ich den Frühling und den Sommer nur mit Medikamenten, seit zwei Jahren nur mit cortisonhaltigen. Letzten Sonntagabend, an diesem herrlichen Frühlingsabend nach dem Seminar, habe ich mir gesagt, dass ich diese Medikamente nicht mehr brauche. Ich bin nach draussen gegangen und habe so richtig tief und befreit eingeatmet. Und das vor meinem Haus, wo es von Birken – der Alptraum aller Heuschnupfenallergiker – nur so wimmelt. Noch vor einer Woche hätte das den Gebrauch von mindestens einer Tüte Papiertaschentücher bedeutet. Seit diesem Abend weiss ich nicht mehr was Heuschnupfen ist. Es geht mir wunderbar. Ich bin geheilt. Schade für die Pharmaindustrie, sie haben einen Kunden weniger.»

Hélène, eine passionierte Golferin und Marathonläuferin hatte Schwierigkeiten mit ihrem Chef. Ihr ging sein autoritärer und manchmal sogar militärischer Führungsstil gehörig auf die Nerven. Nachdem sie vom Prinzip der Zuneigung gehört hatte, setzte sie sich – aus eigenem Antrieb – auf eine positive Gedankendiät. Diese Diät schrieb ihr vor, nur noch aufbauende Gedanken und Worte in Bezug auf ihren Chef zu äussern, vor sich selbst, aber auch in der Gegenwart anderer. Ihr positiver Zuneigungsimpuls, der sie von nun an begleitete, war: *Ich habe den idealen Chef!* Es ging nicht lange, bis Hélène in ihrem Vorgesetzten Veränderungen bemerkte. Doch wer sich zuerst veränderte, das war Hélène selbst. Sie hatte nämlich ihre Einstellung und ihre Sichtweise gegenüber ihrem Chef verändert. Praktisch aus dem Nichts wurde so aus ihm ein umgänglicher, offener und zu Spässen aufgelegter Mann, der ihre Meinungen und Ideen zu schätzen begann und sogar in seine Entscheidungen einfliessen liess. Einmal, als Hélène am Telefon war und die Türe zu ihrem Büro geschlossen hatte, klebte er vor dem Nachhausegehen einen Zettel mit den Worten *Liebe Hélène, ich wünsche dir einen schönen Abend* an ihre Türe. So etwas hatte er nie zuvor getan.

Sonia, auch sie eine Newcomerin, ging in die Stadt zum Schaufensterbummeln. Dort sah sie eine wunderschöne Tasche, von der sie auf den ersten Blick verzaubert wurde. Die Tasche kostete 300 Schweizer Franken und genau das war der Haken an der Sache. Sonia war arbeitslos und musste mit ihrem Geld haushälterisch umgehen. Deshalb legte sie den Wunsch die Tasche sofort zu kaufen beiseite. Sie dachte sich einfach, *dass es schön wäre diese Woche von irgendwo her 300 Franken zu erhalten*, damit sie sich diese Tasche leisten konnte. *Am nächsten Tag* erhielt sie einen Telefonanruf von einer Filmgesellschaft, die sie anfragte, ob sie die Betreuung von Schauspielern für einen Werbefilm übernehmen wollte. Die Filmgesellschaft offerierte ihr für den eintägigen Einsatz ein Honorar von genau 300 Franken. Sonia nahm das Angebot dankend an. Ihr Wunsch war in Erfüllung gegangen.

Jeder Wunsch, ganz egal um welchen es sich handelt, kann sich erfüllen. Voraussetzung dafür ist die *richtige* innere Haltung. Wünsche sind immer von einer inneren Haltung durchdrungen. Es gibt zwei Arten solcher innerer Haltungen. Einerseits die des *Verlangens*, die sich dadurch ausdrückt, dass sie etwas *um alles in der Welt will und es unbedingt braucht,* und andererseits die der *Nonchalance*, die eine Unbekümmertheit und Lockerheit an den Tag legt: *Ja, es wäre toll, wenn sich dieser Wunsch erfüllen würde. Wenn es passiert, schön und gut. Wenn nicht, dann ist es auch okay.*

Wenn ein Wunsch vom Verlangen geprägt ist, dann bleibt dieser Wunsch meist unerfüllt, weil man sich so stark nach etwas sehnt, das man *nicht* hat. In einem solchen Zuneigungsimpuls können sogar Gefühle des Leidens mitschwingen, weil man im Verlangen verharrt, den Wunsch festhält und es *nicht* fliessen lässt. Das produziert eine Blockade mitten auf den Weg. Bei der Emotion der Nonchalance hingegen ist der Weg oder der Kanal, durch welchen sich der Wunsch manifestiert, offen und frei, weil man den Wunsch losgelassen hat. Das ist der Grund weshalb sich Sonias Wunsch nach ihrer Traumtasche so schnell manifestierte. Ihre kindliche Unbekümmertheit, ihr unbeschwertes Loslassen war ihr Schlüssel zum Erfolg.

Sonias wichtigster Wunsch jedoch, eine neue Arbeitsstelle, ging ein paar Wochen später in Erfüllung. Obwohl ihr Umfeld daran zweifelte, dass sie als 50-Jährige eine interessante, anforderungsreiche und zugleich gut bezahlte Stelle finden würde, wurde für Sonia auch dieser Traum Wirklichkeit. Aus 50 Personen, die sich für die Stelle beworben hatten, wurde sie gewählt. Sonia erhielt sogar ein besseres Gehalt als in ihrem vorhergehenden Job. Auch die Ausbildungskosten zur diplomierten Personalfachfrau wurden von der neuen Firma übernommen. «Eigentlich war ich schon immer gut im Bewusstseinstraining. Ich habe es mein ganzes Leben lang mehr oder weniger bewusst praktiziert. Doch jetzt, dank diesem Kurs, verfüge ich zusätzlich über ein verbessertes Selbstwertgefühl. Deshalb ist mein Leben in einem harmonischen Fluss!» schilderte mir Sonia ihr Glück.

Als Corinne zu mir in den Abendkurs kam, war sie Wochen zuvor aus sage und schreibe 300 Bewerbern für eine Stelle als Programmiererin gewählt worden. «Ich wollte diese Stelle. Ich wusste, dass ich sie kriegen würde. Ich war zwar weniger qualifiziert als andere Bewerber, doch ich hatte dieses Urvertrauen, dass das *meine* neue Stelle ist!» Ich war beeindruckt von Corinnes Fokus und ihrer inneren Überzeugung. Im Verlauf des Kurses zeigte sich, dass Corinne nicht nur Profi im Programmieren von Computersoftware ist, sondern auch im Programmieren ihres Denkens. Sie nimmt sich täglich Zeit fürs Bewusstseinstraining. Die Früchte ihres disziplinierten Übens zeigen sich in ihrem Leben.

Corinne schrieb: «Hallo Stefan. Ich dachte mir, dass es dich vielleicht interessiert, wenn einer deiner Schüler einen Erfolg verbuchen kann. Ich habe ab dem 1. September einen neuen Job! Gesucht habe ich seit etwa 3 Monaten. Ich habe mich mental mit meiner neuen Stelle befasst. Am Anfang gab es Absagen seitens der Firmen oder auch von mir selbst. Doch ich wusste immer, dass die richtige Stelle auf mich wartet. Bei den Vorstellungsgesprächen für meine zukünftige Stelle war ich mental sehr gut vorbereitet. Ich hatte danach ein so gutes Gefühl, dass es einfach klappen musste. Ich habe aus einem Buch mit Affirmationen einen Satz herausgepickt, der mich gleich angesprochen hat und den ich dann vor den Gesprächen jeweils fast eine halbe Stunde lang gedacht habe. Der Satz heisst: *Alles kommt leicht und mühelos zu mir*. Ich nehme mir jeden Tag Zeit fürs Bewusstseinstraining, sei es für eine Entspannungsübung, das Lesen in einem Buch, ein Kapitel aus einem Hörbuch, Affirmationen oder Gebete.» Corinne lebt die Erkenntnis, dass *sie* und niemand sonst Schöpfer ihrer Welt ist.

Das wusste auch Verena, eine gut aussehende und rüstige 65-Jährige, die mit ihrer Tochter Monika an meinem Kurs teilnahm. «Ich hätte es nicht für möglich gehalten, dass meine Mama sich für Entspannungsübungen auf den Boden legt und von diesem Gedankengut so angetan sein würde. Ich wusste, dass sie eine spezielle Frau ist, denn sie ist immerhin meine Mutter. Doch aufgrund ihrer Erziehung hätte ich gedacht, dass sie mit dem einen oder anderen Gedanken ihre liebe Mühe hätte!» Dem war nicht so, ganz im Gegenteil.

In den Kursen lasse ich die Teilnehmer zu Beginn immer von ihren wöchentlichen Highlights erzählen. Eines Abends meldete sich Verena zu Wort. «Ich muss euch allen etwas erzählen!» schmunzelte sie. «Letzten Montagmorgen waren meine Ohren wieder einmal verstopft. Das passiert hin und wieder. Ich lasse sie dann von einem Arzt oder einer Gesundheitsfachangestellten herausspülen, damit ich wieder gut hören kann. Wenn ich es nicht tue, ist mein Gehörvermögen stark beeinträchtigt. An diesem Montag war jedoch niemand erreichbar, der mir hätte helfen können. Dabei wollte ich am Abend unbedingt in die Oper, natürlich nicht mit verstopften Ohren. Da erinnerte ich mich ans mentale Training und die Kraft meiner Gedanken. Ich sagte mir, *dass meine Ohren heute Abend um Punkt 19 Uhr offen sind und ich dann perfekt hören kann!* Am Abend fuhr ich also in die Stadt. Ich betrat das Opernhaus, liess mein Ticket entwerten und setzte mich auf meinen Platz. Meine Ohren waren noch immer verstopft. Es gab keinerlei Anzeichen der Besserung. Dann schaute ich auf meine Uhr – es war exakt 19 Uhr. Genau in jenem Augenblick klickte etwas in meinen Ohren und ich nahm die Welt wieder so wahr, als ob meine Ohren herausgespült worden wären. Ich war erstaunt, wie pünktlich sich meine Ursache umgesetzt hatte. Dass es funktionieren würde, davon war ich überzeugt!»

Dein Körper, eigentlich dein Universum, hört auf dich. Es gibt dir, was du dir wünschst, wenn du eine innere Überzeugung oder eine entspannte Nonchalance ausstrahlst. Verena hätte nicht den ganzen Tag auf die Heilung zu warten brauchen. Sie hätte gleich zu Beginn sagen können: «Meine Ohren sind gerade jetzt offen und ich höre perfekt!» Ihr Universum hätte ihr dann umgehend *offene, perfekt hörende Ohren* geschenkt. Doch 19 Uhr war für sie der *realistische* Zeitpunkt.

Jacqueline bewohnt mit ihrem Mann eine geräumige, ruhige und schöne Wohnung eines Mehrfamilienhauses. Für ihre beiden Autos haben sie Parkplätze in der Tiefgarage. Um Kosten zu sparen, hatte Jacqueline eine Idee. Sie *dachte* sich, dass sie ihren Parkplatz abgeben und stattdessen für ihren Kleinwagen einen Gratisparkplatz mental kreieren könnte. *Gedacht, getan!* Am nächsten Tag rief der Verwalter des Mehrfamilienhauses an und informierte Jacqueline, dass einer der Mieter gerne einen zusätzlichen Parkplatz hätte. Der Verwalter hatte dabei an sie gedacht. Falls sie bereit wäre ihren Platz abzutreten, dann würde er ihr einen etwas kleineren Parkplatz – ideal für ihren Kleinwagen – kostenlos zur Verfügung stellen. Natürlich brauchte Jacqueline keine Bedenkzeit für ihre Entscheidung. Sie willigte sofort ein.

Ursachen oder Zuneigungsimpulse können sich umgehend manifestieren. Vom Moment des Gedankens bis zu dessen Erfüllung braucht wenig bis gar keine Zeit zu verstreichen. Bei Jacqueline dauerte es einen Tag. Bei Verena einige Stunden. Bei Jesus setzten sich seine Worte, man denke nur an seine Heilungen oder an die wundersame Brot- und Fischvermehrung, sofort um. Du denkst jetzt vielleicht, dass es vermessen ist Jacqueline und Verena mit Jesus zu vergleichen. Doch das ist es nicht, denn wie sagte Jesus schon wieder: «Du kannst die Dinge tun, die ich getan habe und sogar noch grössere Dinge, als ich sie tat!»

Das innere Universum, auf welches Jesus seine Zuneigungsimpulse richtete, ist dasselbe Universum, auf welches du deine Impulse projizierst. Jesus war insofern speziell, als er wusste, wer er war. Er war sich seiner in ihm schlummernden mentalen Kraft bewusst. Er wendete sie an. Sein Denken war rein. Du und viele andere Menschen auf der Erde sind sich dieser inneren Kraft ebenfalls bewusst. Mehr und mehr richtet die ganze Menschheit ihre positive Zuneigung auf dieses innere Universum. Es gibt nur dieses eine Universum, das alles in sich trägt und aus dem alles Sein herrührt. Jeder Mensch schöpft aus ihm.

Als Irene sich mit der Kunst des positiven Denkens zu befassen begann, arbeitete sie als medizinische Praxisassistentin in einer Arztpraxis. Eines Tages kam eine ältere Dame mit schmerzverzerrtem Gesicht in die Praxis. «Mein Oberarm tut so weh, ich kann ihn kaum mehr bewegen!» seufzte sie. «Bitte helfen Sie mir!»

Nachdem Irene ihren Arm sorgfältig geröntgt hatte, schaute sich der Arzt die Röntgenaufnahmen an. Sein Gesichtsausdruck drückte Verwunderung aus, denn er konnte auf den Röntgenbildern nichts Ungewöhnliches erkennen. Alles schien normal. Zur Schmerzlinderung wurde der Dame vorsorglich ein Medikament verschrieben, mit der Aufforderung am nächsten Tag zurückzukommen, falls die Schmerzen nicht nachgelassen hatten.

Der Arzt stand vor einem Rätsel. Die Röntgenbilder bewiesen, dass alles in Ordnung war. Doch weshalb hatte die Dame solche Schmerzen? Am späten Nachmittag, kurz vor dem Feierabend, nahm er die Röntgenaufnahmen geistesabwesend nochmals in seine Hände und hielt sie gegen das Licht. Sein Gesicht erbleichte. *Wie konnte er das übersehen haben?* Die Röntgenbilder zeigten eine Fraktur im Oberarmknochen, die nicht hätte eindeutiger sein können. Es gab keine Zweifel, dieser Arm war gebrochen!

Am nächsten Morgen nahm er Irene beiseite und informierte sie über sein gestriges Missgeschick. Er bat sie die Dame anzurufen und ihr mitzuteilen schnellstmöglich zur Praxis zu kommen, da die Röntgenbilder ungültig seien und neue Aufnahmen gemacht werden müssten. Irene tat wie er ihr aufgetragen hatte. Doch zusätzlich, sozusagen als Experiment, dachte sie zu sich selbst: *Ich sehe diese Dame gesund, ganz und vollkommen. Es ist getan!* Dann liess sie es los.

Zwei Stunden später stand die Dame in der Praxis, wo ihr Arm nochmals sorgfältig untersucht und geröntgt wurde. Als Irenes Chef die Aufnahmen studiert hatte, liess er sich mit hochrotem Kopf in seinen Sessel fallen. «Das ist nicht zu glauben!» rief er mit erregter Stimme. «Noch gestern zeigten die Röntgenaufnahmen eine eindeutige Fraktur. Der Knochen *war* gebrochen. Heute zeigt das neue Röntgenbild nichts, überhaupt nichts, das auf einen Bruch hinweist. Etwas stimmt hier nicht. Es ist gerade so, als ob mich jemand verarschen wollte!» Während er sprach, drehte er sich mit einem säuerlichen Gesichtsausdruck zu Irene, die ihre Freude über das gelungene Experiment hinter einer Unschuldsmiene zu verbergen versuchte. Die Versuchung war gross, ihren Chef gerade jetzt mit der Kraft des positiven Denkens bekannt zu machen. Doch der Zeitpunkt erschien ihr ungünstig. Vielmehr genoss sie ihre stille, innere Freude über diese schnelle Heilung.

Barbara lernte ich in Kalifornien kennen. Wir waren Teilnehmer eines interessanten Seminars zum Thema *Bedingungslose Liebe*. An solchen Seminaren geschehen immer wieder Bewusstseinsveränderungen. Dabei werden nicht selten herkömmliche Lebensansichten über Bord geworfen und mit neuen, inspirierenden Ideen ersetzt. Im Alltag ergeben sich danach oft Möglichkeiten das neue Wissen und das Gelernte anzuwenden und in die Praxis umzusetzen. Das kann, ähnlich wie bei Irene, zu faszinierenden Erlebnissen führen.

Nachdem Barbara vom Seminar nach Hause zurückgekehrt war und wieder zu arbeiten begonnen hatte, kam ein Arbeitskollege mit einem traurigen Gesicht in ihr Büro. «Barbara!» seufzte er, «ich bin am Boden zerstört. Meine Frau ist ernsthaft erkrankt. Sie muss sofort operiert werden. Danach braucht sie wahrscheinlich Chemotherapie. Ich habe grosse Angst um sie und um unsere gemeinsame Zukunft. Ich hoffe einfach, dass alles gut wird!»

Im Seminar hatte sich Barbara nicht nur mit Ideen zum Thema der bedingungslosen Liebe auseinander gesetzt, sondern sie hatte auch eine neue Sichtweise gewonnen, was die Kraft ihrer Gedanken betraf. Barbara hatte erkannt, dass Heilung (Ganzsein) im inneren Universum als abrufbare Wirklichkeit bereits existiert und mittels eines Gedankens aktiviert werden kann. Deshalb blieb sie gelassen, als ihr Kollege sein Herz ausschüttete. Barbara hatte ihre Entscheidung gedanklich bereits getroffen. *Ich sehe deine Frau heil, ganz und vollkommen,* dachte sie zu sich selbst, *und es ist so!*

Am Tag vor der Operation untersuchte der behandelnde Arzt den Körper der jungen Frau routinemässig nochmals. Was er entdeckte, machte ihn sprachlos. Der Tumor, der noch vor ein paar Tagen gewuchert hatte, war verschwunden. Die junge Frau wurde aus dem Spital entlassen. Sie war wie durch ein Wunder geheilt.

Natürlich war es kein Wunder, sondern Barbaras kristallklarer Gedanke, der diese Heilung ausgelöst hatte. *Universum + Zuneigung = Leben!* Wenn ein menschliches Bewusstsein einen reinen Gedanken denkt, ohne diesen danach mit Zweifel-, Angst- oder Panikgedanken zunichte zu machen, dann geschehen Dinge, die übernatürlich erscheinen und doch so ganz natürlich sind. Barbara tat nichts anderes, als einen kraftvollen, positiven Zuneigungsimpuls auf das innere Universum zu projizieren.

Das tat auch Monika, Verenas Tochter, als sie einigermassen verdutzt vor einem Bankomat stand, der ihre Bankkarte mit dem kurzen sowie trockenen Vermerk «Ausser Betrieb» zweimal zurückgewiesen hatte. Monika war in Eile, der Bankschalter geschlossen und der nächste Bankomat mehrere Kilometer entfernt. Was nun? Etwas in ihr fragte: *Bin ich Teilnehmerin eines Bewusstseinstrainings-Kurses oder was?* «Also,» sagte sie, mehr zu sich selbst als zum Bankomat, «du funktionierst jetzt!» Sie führte ihre Karte nochmals ein. Tatsächlich liess sie der Bankomat nun ihren Code sowie den gewünschten Betrag eintippen. Nachdem der Bankomat die Karte und den korrekten Geldbetrag ausgespuckt hatte, sah sie den Vermerk «Ausser Betrieb» abermals auf dem Bildschirm aufleuchten. Ein Schmunzeln huschte über Monikas Gesicht.

Eine Maschine, wie ein defekter Bankomat, der von einem Menschen per Gedankenkraft zum Funktionieren gebracht wird?

Mensch und Maschine sowie ihre Wirkung aufeinander ist ein interessantes Thema. Die herkömmliche Meinung ist die, dass Mensch und Maschine getrennt voneinander sind, dass also zwischen einem menschlichen Bewusstsein und einer Maschine keine Verbindung besteht. Dabei besteht eine Maschine, genau wie der menschliche Körper, aus Atomen, also aus derselben Substanz, die jeder physischen Form innewohnt. Doch im Gegensatz zu lebendigen Wesen wie Menschen, Tieren und Pflanzen wurde in so genannt lebloser Materie bisher kein Bewusstsein nachweislich gefunden. Das ist auch nicht nötig. Die Tatsache, dass der Mensch selbst Bewusstsein hat, genügt. Sein Bewusstsein ist der Impulsgeber, der alles Sein durchdringt, auch das von so genannt lebloser Materie. Und genau das ist der springende Punkt. Du als Mensch hast die Fähigkeit auf *alles* positiven Einfluss zu nehmen, denn du bist Schöpfer deiner persönlichen Welt.

Persönlich ist ein Wort, das bestens zu meinem Computer passte, als ich vor vielen Jahren eine neue Stelle als Desktop Publisher angetreten hatte. Es war, als hätte er in der Tat eine eigene Persönlichkeit – eigentlich meine Persönlichkeit! Nicht umsonst war es ein PC, ein Personal Computer also, mit dem ich arbeitete.

Als relativer Neuling im Bereich Grafik und Layout, war ich mit der Anwendung der Software nur flüchtig vertraut. Gerade deshalb war ich bemüht einen guten Job zu machen. Ich arbeitete eifrig und gewissenhaft.

Eines Tages ertönte ein schrilles Piepsen aus meinem PC und die Tastatur sowie die Maus waren blockiert. Meine ganze Arbeit, die ich zuvor nicht gespeichert hatte, war verloren. Ausschalten konnte ich den Computer auch nicht. Es gab nur eine Möglichkeit ihn neu zu starten, nämlich seine Stromzufuhr zu unterbrechen.

Dieses Pieps-Szenario wiederholte sich während den nächsten Tagen mehrere Male. Ein Computertechniker wurde gerufen. Er installierte eine neue Tastatur, eine neue Maus sowie ein neues Motherboard. Ohne Erfolg. Das Piepsen und die verheerenden Nebenerscheinungen blieben. Das Komische an der Geschichte war, dass der Computer in der Werkstatt des Technikers einwandfrei funktionierte. Kein Piepsen, keine blockierte Tastatur, keine blockierte Maus. Als mein Arbeitskollege und ich unsere Computer kurzfristig miteinander tauschten und mein Computer bei ihm ebenfalls ohne Probleme funktionierte, wurde mir klar, dass nicht der Computer, sondern *ich* Ursache dieser Konfusion war.

Der Computer spiegelte meine persönliche Einstellung und die war eine Spur zu eifrig und zu gewissenhaft. Ich wollte es zu gut machen. Das Piepsen und die daraus entstandenen Blockaden gaben mir das Signal einen Gang herunter zu schalten. Genau das tat ich dann auch. Ich entspannte mich. Ich liess los und ging nun alles gelassener an. Und tatsächlich, das unsägliche Piepsen hörte auf. Danach funktionierte mein PC einwandfrei.

All diese aus dem Leben gegriffenen Geschichten zeigen, was für ein riesiges Potenzial im menschlichen Bewusstsein steckt. Dank ihrer unbekümmerten Art können Newcomers dieses Potenzial ungefiltert abrufen und geradezu fantastische Dinge bewirken.

Vielleicht sagst du, dass diese Dinge einfacher tönen, als sie es in Wirklichkeit sind. Und, wenn alles so einfach wäre, dass mehr Menschen so genannte Wunder erleben würden. Nun, diese Dinge *sind* einfach, sofern es dir gelingt dein Bewusstsein rein zu halten. Ein reines Bewusstsein ist ein Bewusstsein, das frei ist von Zweifel, Angst, Panik, Sorge, Schuldgefühlen oder anderen limitierenden inneren Einstellungen. Wenn dein Bewusstsein, wie das von Newcomern, von einer Unbekümmertheit durchflutet ist, dann hält dich nichts davon ab, ähnlich grossartige oder sogar noch fantastischere Dinge zu vollbringen.

Ich verfolge die Welt des Profisports intensiv. Wenn Sportler oder Trainer Interviews geben, ist das aus dem mentalen Blickwinkel sehr aufschlussreich. Die mentale Haltung eines Athleten oder auch eines Coachs kommt meist unverblümt zum Ausdruck. Eine Baseball-Mannschaft aus den USA schwamm während Wochen auf einer Erfolgswelle. Sie gewann praktisch jedes Spiel und war beinahe unschlagbar. Dann sagte ein Spieler in einem Interview: «Unsere Erfolgssträhne wird langsam unheimlich. Wir können nicht erwarten, dass es immer so weitergeht!» Kurz darauf fiel die Mannschaft in ein Loch. Sie begann Spiele gegen schwächere Mannschaften zu verlieren, die sie eigentlich hätte gewinnen müssen. Spieler zogen sich Verletzungen zu, was die Mannschaft zusätzlich handicapierte.

Alles Zufall oder ganz einfach nur Pech? Zufall und Pech gibt es nicht, weder im Sport noch sonst im Leben. Die Zweifel, die im Interview des Spielers zum Vorschein kamen, waren Zuneigungsimpulse oder Ursachen, die Wirkungen produzieren *mussten*. Dinge, sogar Verletzungen, geschahen, damit dieser Zuneigungsimpuls Wirklichkeit wurde. Aus den Worten des Athleten sprachen allerdings nicht nur Zweifel, sondern auch ein zu kleines Selbstbewusstsein gegenüber sich selbst und seiner Mannschaft. Ein Spieler mit einem grossen Vertrauen in die Fähigkeiten seiner Mannschaft hätte gesagt: «Ich bin optimistisch, dass unsere Erfolgsserie bestehen bleibt. Ich sehe keinen Grund weshalb wir nicht weiterhin so perfekt spielen werden, wie wir das bisher getan haben!»

Ein Fussballcoach meinte, man könne aufgrund der dreifachen Belastung – Champions League, Meisterschaft, Cup – von seiner Mannschaft nicht erwarten, dass sie alle Spiele gewinne. Sein Statement war fatal, denn er offerierte seinen Spielern damit eine Ausrede, weshalb Spiele verloren gehen könnten. Diese Einstellung nistete sich in den Köpfen der Spieler ein. Zugleich setzte er einen Zuneigungsimpuls, der bereits im nächsten Spiel seine Wirkung zeigen sollte. Die Mannschaft verlor nämlich jenes Spiel, was ausschlaggebend dafür war, dass die Mannschaft die Meisterschaft nur auf dem 2. Rang beendete.

Bewusstseinstraining hat viel mit Mentalhygiene zu tun. Dazu gehören nicht nur positive Gedanken, sondern auch ein Leben in Übereinstimmung mit deinen innersten persönlichen Werten und Überzeugungen. Gegensätzliche Handlungen können fatale Auswirkungen auf dein Leben haben, denn sie verursachen Schuldgefühle. Schuldgefühle lösen negative Gefühle und womöglich sogar Selbstbestrafung aus, wodurch du dein Leben unbewusst sabotierst.

Ein bekannter, erfolgreicher und sehr beliebter Fussballcoach hatte eine aussereheliche Affäre. Sie flog auf und wurde von den Medien ausgeschlachtet. Als gläubiger Christ war er bekannt für seine moralischen Prinzipien. Er bereute seinen Ausrutscher. Wer darauf die Leistungskurve seiner Mannschaft verfolgte, musste feststellen, dass sie stark nach unten zeigte, dass viele Spiele verloren gingen und dass das Team einiges von seinem Glanz eingebüsst hatte. Es war eine höchst unbefriedigende Entwicklung. Wie kam es so weit? Wie gesagt, Schuldgefühle verlangen nach Bestrafung. Die Niederlagenserie war der Bumerang des Trainers an sich selbst. Er bestrafte sich selbst für das Verletzen seiner innersten Werte und Prinzipien. Und ja, der Bumerang, den er mit seinem Verhalten auslöste, zog so weite Kreise, dass sogar eine ganze Fussballmannschaft in Mitleidenschaft gezogen wurde, im wahrsten Sinne des Wortes.

Siehst du, wie subtil der menschliche Mentalhaushalt funktioniert? Auch *etwas als unerreichbar zu betrachten* oder *sich nicht wert zu fühlen etwas zu bekommen* oder *andere Beschränkungen irgendwelcher Art* sind Stolpersteine auf dem Weg zur Erfüllung deiner Träume, Wünsche und Ziele. Das ändert jedoch nichts an der Tatsache, dass was immer du dir vorstellen und erdenken kannst, du auch erreichen kannst, sofern du über genügend Bewusstsein, Selbstliebe und Selbstvertrauen verfügst.

Eine Frau, deren Gedanken sehr kreativ, erfinderisch und experimentierfreudig waren, parkte ihr Auto auf einem Parkplatz mitten in der Stadt. Da sie kein Kleingeld bei sich hatte, um sich einen Parkschein zu kaufen und sie unter Zeitdruck stand, entschloss sie sich durch die Kraft ihres Gedankens ihr Auto für andere Menschen

– vor allem jedoch für den Parkwächter – unsichtbar zu machen, um so einer allfälligen Busse zu entgehen. Sie war während mehreren Stunden unterwegs. Als sie zu ihrem Auto zurückkehrte, hatte sie tatsächlich keine Busse auf ihrer Windschutzscheibe, stattdessen jedoch das Schreiben eines Autofahrers samt Adresse und Telefon-Nummer, der ihr Vehikel beim Einparkieren touchiert hatte und es mit einer Beule zurückgelassen hatte.

Nichts geschieht je zufällig. Weshalb also passierte der Frau dieses Missgeschick?

Zwei Gründe kommen in Frage. Erstens, die Frau hatte Schuldgefühle ihr Auto ohne Parkschein zu parken. Diese Schuldgefühle haben, ähnlich wie beim Fussballcoach, eine Art Selbstbestrafung ausgelöst. Zweitens, die Frau hatte ihr Auto nicht nur für den Parkwächter, sondern für alle Parkenden unsichtbar gemacht, was zur Kollision führte. In einem dieser beiden Gründe liegt die Ursache für den entstandenen Schaden an ihrem Auto. In Zukunft sollte die Frau, wenn sie sich mit dem Nichtbezahlen der Parkgebühr wirklich harmonisch fühlt, anstatt «Mein Auto ist unsichtbar» die Worte «Von meinem Auto wird keine Notiz genommen» verwenden. Dadurch ist das Auto für jeden sichtbar, jedoch für niemanden interessant genug es genauer *unter die Lupe zu nehmen*. Das sind subtile Feinheiten der Sprache und damit auch des Denkens, die es zu beachten gilt. Man muss sehr spezifisch sein im Umgang mit Zuneigungsimpulsen, damit man genau die Resultate, die man sich wünscht, auch erhält.

Und noch etwas ist von Bedeutung, wenn du mit dem Prinzip *Universum + Zuneigung = Leben!* arbeitest. Schreibe ihm nie vor, über welchen Kanal es deinen Traum in Erfüllung bringen soll. Wenn du beispielsweise mehr Geld in deinem Leben haben möchtest, dann stell dir einfach vor, dass dem so ist. Beschränke den Kanal, durch den dieses Geld zu dir fliesst, nicht auf dein monatliches Gehalt, einen Lottogewinn, eine Erbschaft oder das Glücksspiel. Schenke deinem Universum einfach den Zuneigungsimpuls von Überfluss in deinem Leben und lass es dann los.

Diese Art des Denkens nennt sich konzeptionelles Denken, das Denken in Konzepten also. Es bedeutet, dass du in Ideen denkst, ohne diese Ideen in irgendeiner Weise einzuengen oder zu beschränken. Kinder sind gut in konzeptionellem Denken, weil sie sich der Zusammenhänge des Lebens, so wie sie die Erwachsenen sehen, nicht bewusst sind. Ein Kind hat beispielsweise den Wunsch nach einem Pony. Es denkt also *Pony*. Es visualisiert *Pony*. Es träumt *Pony*. Das ist konzeptionelles Denken, ohne irgendwelche Einschränkung. Wenn ein Erwachsener *Pony* denkt, dann schwingen gleichzeitig Gedanken an die Finanzierung, den zeitlichen Aufwand, das Futter, die Unterkunft und Pflege sowie an andere limitierende Ideen mit. Dieses logische Denken zerstört konzeptionelles Denken.

Würde das Kind in seinem Denken alleine gelassen und würden Erwachsene ihm nicht Limitationen in sein Bewusstsein pflanzen, die sein konzeptionelles Denken sabotieren, dann würden sich seine Träume und Wünsche schnell und einfach erfüllen, denn der Schritt von der Idee zur Erfüllung kann ein ganz kleiner sein, sofern die Idee und deren Ausführung nicht miteinander in Verbindung gebracht werden. Konzeptionelles Denken heisst den Gedanken oder die Idee zu denken und die Umsetzung dem Prinzip *Universum + Zuneigung = Leben!* zu überlassen, ohne sich im Geringsten in das WIE einzumischen. Alles was man zu wissen braucht, ist die Erkenntnis, dass es bereits getan ist.

Wenn man einem Kind also sein konzeptionelles Denken lässt, dann kann das heissen, dass diesem Kind – aus dem Nichts – die Möglichkeit geboten wird, ein Pony zu reiten, wann immer es will, ohne dass ihm das Pony gehört. Dass es weder für Unterhalt und Pflege noch für Futter aufkommen muss. Das Kind darf das Pony einfach nur reiten, wann immer es möchte. Das ist die perfekte Umsetzung eines Wunsches, der auf konzeptionellem Denken basiert.

Roger hatte einen Traum. Er wünschte sich ein neues Motorrad, sein Traum-Motorrad. Seine Augen leuchteten, als er davon sprach. Etwas irritierte mich jedoch an seinen Aussagen. Er sagte, er wolle es sich erst in ein paar Jahren kaufen. Auf die Frage weshalb er seinen Traum erst in einigen Jahren manifestiert sehen wollte, gab er sich anfangs zugeknöpft. «Oh, ich habe bereits ein schönes Motorrad. Es bereitet mir noch immer Vergnügen mit ihm durch die Gegend zu kurven!» Ich gab mich damit nicht zufrieden. Ich wollte der Sache auf den Grund gehen. Schliesslich gab mir Roger zu verstehen, dass er sich das neue Motorrad erst in 5 Jahren leisten könne, und auch nur dann, wenn er bis dahin genügend Geld gespart habe.

Roger hatte sein monatliches Gehalt von allem Anfang an zu seinem Kanal verdonnert. Anstatt sich bedingungslos auf seinen Traum einzulassen, also konzeptionell zu denken und dem Traum so unbeschränktes Leben einzuhauchen, fixierte er sich auf den limitierenden Status quo. Dieser besagte, dass sein Traum-Motorrad a) nur über den Kanal *Geld* und b) basierend auf seiner Lohntüte Wirklichkeit werden konnte. Das Prinzip *Universum + Zuneigung = Leben!* kennt *alle* Möglichkeiten, die es gibt, Träume wahr werden zu lassen. Deshalb ist es das Beste, sich selbst aus der Erfüllung von Träumen herauszuhalten. Wie sagte schon der Amerikanische Dichter und Philosoph Ralph Waldo Emerson: *Let us take our bloated nothingness out of the path of the divine circuits – Lasst uns unser aufgeblasenes Nichts aus dem Pfad der göttlichen Schaltungen herausnehmen.* Kinder und Newcomers leben genau nach dieser Weisheit. Sie träumen mit einer kindlichen Naivität und einer unbekümmerten Nonchalance und lassen das Prinzip die Arbeit tun, ohne sich in den *göttlichen Schaltungen* zu verheddern.

7

LIEBE – PARTNERSCHAFT – SEX

Wie bei allem im Leben geht es auch bei *Liebe – Partnerschaft – Sex* um die Qualität der Zuneigung, mit der du ihnen Leben einhauchst. Liebe ist der kraftvollste Zuneigungsimpuls und die stärkste aller Lebensenergien. Damit deine Partnerschaft von dieser kostbaren Lebensenergie durchflutet wird, bedarf es Pflege, Aufmerksamkeit und Zuwendung. Die Voraussetzung dafür liegt darin, dass jeder Partner *für sich selbst* Liebe und Harmonie *ist* und bereit ist sie mit dem anderen zu teilen. Das ist das Geheimnis einer bereichernden Liebe, einer erfüllenden Beziehung und wunderschönem Sex.

Erinnerst du dich an Monika aus dem Kapitel *Newcomers*? Sie hatte einen defekten Bankomat mit der Aufforderung «du funktionierst jetzt» dazu gebracht ihr das gewünschte Geld auszuhändigen. Neulich rief sie mich von ihrem Handy aus an. «Stefan!» rief sie mit erregter Stimme, «Du wirst nicht glauben, was gerade passiert ist. Ich hatte mich von der Arbeit auf den Nachhauseweg gemacht und lief in Gedanken versunken der Strasse entlang. Meine Gedanken drehten sich um die Frage, ob diejenigen Herausforderungen, die ich in diesem Leben habe, auch Teil meiner Leben in anderen Dimensionen sind. Etwas in mir sagte, dass der Dalai Lama bestimmt eine Antwort auf meine Frage hätte. Nur ein paar Sekunden später bin ich ihm, dem Dalai Lama, begegnet. Er war, wie ich, zu Fuss unterwegs, begleitet von zwei buddhistischen Mönchen. Wie ich hörte, ist er anlässlich einer Vortragsreihe auf Besuch in der Schweiz. Das Ganze war irgendwie surreal. Da dachte ich an ihn und schon stand er vor mir. Unglaublich!»

«Und!» fragte ich Monika, «Hast du dem Dalai Lama deine Frage gestellt?»

«Nein!» antwortete sie halb entschuldigend, halb verteidigend, «Ich hätte seine Antwort, ein Ja, sowieso gekannt!»

Wer einem Mannequin begegnet, wird sich von dem, was es repräsentiert, nämlich seiner *äusseren* Schönheit, angezogen fühlen. Das ist ein natürlicher Vorgang, denn Mannequins *sind* Ikonen der äusseren Schönheit. Sie *verkörpern* Schönheit. Dem Dalai Lama zu begegnen ist indes eine anders gelagerte Erfahrung. Er verkörpert *innere* Schönheit. Eine Begegnung mit ihm beruht auf der Wahrnehmung seiner inneren Kraft, seiner spirituellen Essenz sowie seiner Weisheit. Sehen allein genügt allerdings nicht, um seiner inneren Schönheit zu begegnen. Dazu braucht es mehr, nämlich die Inspiration von Gedanken und Ideen, die man mit ihm austauscht.

Monika hatte den Dalai Lama gesehen und doch hatte sie ihn nicht gesehen. Ihr Inneres bot ihr die vielleicht einmalige Erfahrung an den Dalai Lama nicht nur zu treffen, sondern ihm wirklich zu begegnen. Wenn sie dem Dalai Lama ihre Frage gestellt hätte, wäre ein Dialog zustande gekommen. *Das* wäre die wahre Begegnung gewesen. So begegnete Monika nur seiner Hülle, nicht jedoch seiner spirituellen Essenz, dem, was ihn aussergewöhnlich macht.

Die Frage stellt sich: *Würdest du den erleuchteten Buddha, der nach einer Überlieferung von 563 bis 483 vor Christus gelebt hatte, erkennen, wenn du ihm begegnest?* Vielleicht sähe er anders aus als in deiner Vorstellung. Vielleicht hätte er den Körper einer Frau oder eines Kindes. Würdest du ihn trotzdem erkennen? Wenn ja, dann hast du auf sein Inneres geschaut und seine Erleuchtung erkannt. Das würde bedeuten, dass du selbst ein erleuchteter Buddha bist, denn man erkennt in einem anderen Menschen immer das, was man selbst ist.

Begegnungen solcher Art geschehen häufiger, als man denkt. Es kann gut sein, dass dir, genau wie Monika, schon der eine oder andere Buddha, erleuchtete Seelen, welche die Erkenntnis ihres innersten Seins erlangt haben, über den Weg gelaufen sind. Du hast gespürt, dass sie jemand Spezieller sind, doch du konntest dieses Gefühl nicht einordnen, da du in jenem Moment nicht auf diese Schwingung eingestimmt warst.

Was hat all das nun mit *Liebe – Partnerschaft – Sex* zu tun? Parallel zu deiner Begegnung mit dem erleuchteten Buddha frage ich dich: «Würdest du *deinen* idealen Partner erkennen, wenn du ihm begegnest?»

So wie du den erleuchteten Buddha nur dann erkennst, wenn du selbst ein Buddha *bist*, so erkennst du deinen idealen Partner erst dann, wenn du selbst ein idealer Partner *bist*. Das ist der springende Punkt. Die Lösung liegt also darin, dass du zuerst selbst ein idealer Partner *bist*. Dann wirst du automatisch den idealen Partner in deinem Leben *haben*. Dieser ideale Partner kann dein jetziger Partner sein, oder es kann jemand anders sein. Dein Partner ist immer dein Spiegel. Er verkörpert deine Ideale und er hat dieselbe Resonanz wie du.

So lange du den idealen Partner *haben* möchtest, anstatt zuerst ein idealer Partner zu *sein*, wird für dich keine Partnerschaft wirklich bereichernd und tief befriedigend sein. Die Energie des Verlangens und Forderns, die im *haben wollen* steckt, ist der Grund weshalb Partnerschaften nicht funktionieren. Diese Energie steht im Widerspruch zur *wirklichen* Liebe. Wirkliche Liebe *ist* einfach. Sie *fliesst*. Sie *gibt* von sich selbst. Sie will nichts. Sie fordert nichts. Sie verlangt nichts. John F. Kennedy, ehemaliger Präsident der Vereinigten Staaten, sagte einmal: *Frage nicht, was der Staat für dich tun kann, sondern was du für den Staat tun kannst.* Auf die Liebe bezogen heisst das: *Was kannst du für deine Partnerschaft tun?* Es geht darum zu geben anstatt zu fordern. Darin liegt die Erfüllung. Wenn du selbst ein idealer Partner *bist*, wird deine Partnerschaft für dich perfekt sein. Wenn du *wirklich* liebst, indem du Liebe *bist* und Liebe *gibst*, wirst du von einer solchen Aura der Liebe umhüllt sein, dass jeder, der in deine Nähe kommt sofort in diese Aura eintaucht und nichts weiter will, als in diesem Meer der Liebe zu verweilen! Auch dein Partner wird dann Liebe *sein*.

Früher gab es so genannte arrangierte Ehen, die basierend auf einer Abmachung zwischen den Eltern des Bräutigams und der Braut, zustande kamen. Die Braut und der Bräutigam wurden vor vollendete Tatsachen gestellt und in den Hafen der Ehe geschickt, mit der Aufforderung sich gegenseitig lieben zu lernen. Was nach unserem gesellschaftlich geprägten Empfinden als abwegig erscheint, ist womöglich eine der spirituellsten Erfahrungen, die es überhaupt gibt – jemanden lieben zu *lernen*!

Noch heute gibt es Kulturen, in denen diese Form der Eheschliessung praktiziert wird. Das Hochzeitspaar sieht sich dabei nicht selten zum ersten Mal vor dem Traualtar. Auch die Ehe der amerikanischen Filmschauspielerin Grace Kelly mit Fürst Rainier von Monaco galt als *arrangiert*. Sie war, zumindest am Anfang, keine Romanze. Grace Kelly meinte dazu lapidar: «Ich werde lernen ihn zu lieben!» Ob sie es tatsächlich lernte und ob die Ehe dieser beiden Berühmtheiten eine glückliche Ehe war, bleibt Spekulation. Es ist jedenfalls nicht erwiesen, dass arrangierte Ehen weniger glücklich sind, als andere. Immerhin sind sie mit einer klaren Mission ausgestattet, die vielen anderen Ehen abhanden gekommen zu sein scheint, nämlich der Mission der Liebe – *Ich werde lernen ihn oder sie zu lieben!*

Wie liebt man *wirklich*? Wäre es nicht toll, wenn Schulen auf der ganzen Welt ein Unterrichtsfach ins Leben rufen würden, das sich mit dem Thema *Liebe* befasst? Natürlich bräuchte es dazu Lehrer, die Liebe leben oder Liebe sind. Eigentlich wären Eltern dazu prädestiniert ihren Kindern die Kunst des Liebens durch ihr Beispiel vorzuleben. Kein einfaches Unterfangen, denn ihre Eltern gaben ihnen in Sachen Liebe ebenfalls wenig Anschauungsunterricht.

Natürlich bietet das Leben genügend Lektionen zum Thema Liebe. Viele davon jedoch mit der Hammermethode, die einen geradezu nötigt die Liebe neu zu definieren – nämlich loszulassen und zu lieben ohne zu fordern, anstatt zu klammern, zu besitzen oder zu urteilen! Doch weshalb sollte man auf das Leben und seine Herausforderungen warten? Weshalb nicht das Leben und die Liebe selbst in die Hand nehmen und *bewusst lernen zu lieben* anstatt auf schmerzvolle Weise zu erfahren, was Liebe *wirklich* bedeutet?

Wirklich zu lieben hat eine Menge damit zu tun, dich selbst zu sein. Wenn du dich selbst bist, bist du in Harmonie und im Frieden mit dir. Dann bist du glücklich, ausgeglichen, gelassen und mit Freude erfüllt. Eigentlich schwingst du dann mit Liebe. Wenn du dich selbst bist, dann denkst du glückliche Gedanken, sprichst positiv und tust du das, was du gut kannst und dir Spass macht; dann lebst du deine Talente und Fähigkeiten aus, oder besser noch, du lebst deine Berufung. Das setzt in deinem Körper Glücksgefühle frei. Wenn du deinem Partner in dieser Energie begegnest, wirst du sie auf ihn projizieren und ihn aus dieser Energie, *deiner* Liebe, lieben.

Solltest du Unzufriedenheit oder Disharmonie in dir verspüren, dann projizierst du auch diese Energie auf deinen Partner. Er spürt das und denkt, dass du ihn nicht mehr liebst. Das stimmt auch, zumindest für den Augenblick. Es ist dir dann nämlich nicht möglich ihn zu lieben, weil du dich selbst nicht liebst. Deine Beziehung zu dir selbst projiziert sich immer auf deine Partnerschaft. Das Fundament einer intakten Partnerschaft ist deshalb die Liebe jedes Partners zu sich selbst.

Der einzige Weg wirklich lieben zu lernen ist der zur Liebe zu werden. Wenn du die drei nachfolgenden Grundsätze lebst, tauchst du ein in die Liebe.

- Liebe so wie *du* gerne geliebt werden möchtest!
- Sei der Partner, den *du* gerne hättest!
- Sei der Liebhaber, mit dem *du* gerne Sex haben würdest!

Überlege dir, wie du geliebt werden möchtest, wie dein Partner und wie der schönste Sex für dich sein sollte!

Du wünschst dir, dass dein Partner dich mit Achtung und Respekt behandelt. Seine Achtung und sein Respekt zeigen sich in seinen Gedanken, Worten und Handlungen dir gegenüber. Meistens wird ein Mann seine Partnerin übrigens so behandeln, wie er seine Mutter behandelt und eine Frau ihren Partner so wie ihren Vater.

Du wünschst dir, dass er dir seine Liebe zeigt und sie dich spüren lässt mit seinen Berührungen, Blicken, Gesten, Küssen und Umarmungen – seiner Körpersprache also. Sowie mit kleinen Aufmerksamkeiten – Briefe, Blumen, Geschenke oder sonstige Überraschungen – die von seinem Herzen kommen. Sie geben dir das Gefühl geschätzt und geliebt zu werden.

Du wünschst dir von deinem Partner zu spüren, dass er dich als Person attraktiv findet und sich auch von dir als Frau oder Mann angezogen fühlt. Das zeigt sich beispielsweise darin, wie sein Gesicht strahlt und seine Augen glänzen, wenn er im Kreis anderer von dir spricht.

Du wünschst dir, dich in der Gegenwart deines Partners wohl und geboren zu fühlen, ob ihr miteinander sprecht, diskutiert, zusammen schweigt, herumblödelt oder lacht.

Du wünschst dir, dass dein Partner dich immer wieder neu fasziniert. Dass er dich überrascht mit spontanen Ausflügen, Abenteuern in der Natur, sportlichen Aktivitäten, Konzerten oder romantischen Essen bei Kerzenlicht. Dass du seinen Verführungskünsten erliegst und ihr ungeplanten, leidenschaftlichen und prickelnden Sex habt. Du wünschst dir überhaupt, dass dein Partner es versteht eure Partnerschaft aufregend, lebendig und kreativ zu gestalten.

Es ist dir jedoch auch ein Anliegen, dass sich dein Partner Zeit mit sich selbst gönnt. Nur er allein. Dass er seine anderen Freundschaften pflegt. Das erhält eure Partnerschaft lebendig. Und dass er jederzeit sich selbst ist, ohne dir etwas vorzuspielen oder eine Maske zu tragen.

Vor allem aber wünschst du dir, dass dein Partner interessant ist, kein Langweiler. Dass er jemand ist, der am Leben interessiert ist und vor Ideen sprüht. Dass er mit dir kommuniziert, dir seine Zuneigung schenkt, verbal, gefühlsmässig und körperlich, ohne dich dabei einzuengen oder zu besitzen. Dass er an dir und deinem Leben Interesse zeigt. Dass er sich für dich als Person interessiert, wer du bist, was du tust, was dich interessiert und bewegt. Du möchtest an ihm einen wahren Freund, einen Kumpel und zugleich deinen Lover und Liebsten haben.

Und der Sex, wie sollte der sein? Mal du in der Rolle des Verführers, dann du, der verführt wird. Mal leidenschaftlicher Sex, wo dein Partner dich nimmt, dann wieder eher sanft und zart, je nach Stimmung. Immer jedoch kreativ, erfinderisch, verspielt, meistens mit einem schönen Vorspiel, dazu passendem Kerzenlicht, romantischer Musik und vielleicht einer schönen Massage. Mit einem Gefühl von Lust und Leidenschaft vermischt mit Liebe, Zärtlichkeit und Geborgenheit und immer darauf ausgerichtet Vergnügen und Spass zu bereiten. Dann das Nachspiel oder ein zweites Vorspiel, je nachdem. Jedenfalls nicht auf die Seite drehen, Kerze aus und einschlafen, sondern schöne Nähe und Streicheleinheiten. Gegenseitiges inneres Eintauchen. Gefühle zeigen. Verschmelzen. Ach ja, beim Sex zu lachen ist auch wunderbar. Frei, ungehemmt, losgelöst.

Wenn du für dich selbst festgelegt hast, wie du geliebt werden möchtest, wie dein Partner sein sollte, und was für dich schöner Sex ist, dann *liebe du genau so* und *sei du dieser Partner und Liebhaber,* den du dir wünschst! Wenn du das umzusetzen vermagst, dann liebst du *wirklich*, weil du ins Sein des Liebenden und Gebenden eingetaucht bist. Darin hat nur Liebe Platz. Die eigentliche Erfüllung liegt darin, dass *du* jetzt liebst und zur Liebe geworden bist. Und weil Liebe nur Liebe anzieht, wird dich dein jetziger Partner auf dieselbe Weise lieben, oder du wirst jemanden treffen, der dich so liebt.

Im Leben und auch in einer Partnerschaft zählt nur das, was man gegeben und nicht was man empfangen hat. Wer nur empfängt, der möchte immer noch mehr empfangen. Wer nur gibt, der hat immer noch mehr zu geben, weil seine innere Quelle durch das Geben aktiviert wird. Im Geben steckt eine riesige Kraft. *Richtiges* Geben macht einen nicht leer, sondern erfüllt. Nur das Geben mit einer Erwartungshaltung – dass es geschätzt wird, beim Empfangenden ankommt oder etwas von ihm zurückkommt – kann leer machen und zwar dann, wenn diese Erwartungen nicht erfüllt werden. Lerne zu geben, ohne Bedingungen oder Erwartungen daran zu knüpfen. Gib aus Freude zu geben oder weil es dich glücklich macht.

Wenn du jemanden *wirklich* liebst, bedeutet das, dass du eins mit ihm bist. Du und dein Partner, ihr seid miteinander verschmolzen. In diesem Verschmolzensein gibt es keine gegenseitigen Berührungspunkte und keine Schatten, die ihr aufeinander werft; denn wie gesagt, ihr seid Eins. Einssein oder Verschmolzensein kann sich nicht berühren, denn dazu braucht es zwei. Genauso wie es zwei benötigt, um einen Schatten aufeinander zu werfen. Dinge wie gegenseitiges Konkurrenzverhalten, Eifersucht, Abhängigkeit, Überlegenheit oder Dominanz wären solche Berührungspunkte oder solche Schatten. Diese Dinge sind nicht Teil des Einsseins. Sie verkörpern Trennung und Gespaltensein. Andererseits bedeuten Einssein und Verschmolzensein auch nicht, dass du deine Individualität aufgibst und von deinem Partner abhängig bist. Oder dass du mit ihm symbiotisch vereint und ohne ihn leer und verloren bist. Ganz im Gegenteil. Einssein und Verschmolzensein bedeuten, dass du dir näher bist denn je, dass du Liebe bist und du deinen Partner urteilslos und ohne Vorbehalte oder Bedingungen liebst.

Liebe existiert dann, wenn sich zwischen zwei Menschen die Grenzen auflösen, die Barrieren verschwinden und Gefühle des Getrenntseins in Gefühle des Verschmolzenseins und Einsseins transformiert werden. Dann erst leuchtet wirkliche Liebe hervor. Es kann gut sein, dass du dieses Gefühl während einer sexuellen Erfahrung erlebst, weil du ins Jetzt und Hier eintauchst und vom Gestern und Morgen loslässt. Im Jetzt und Hier liegt der Schlüssel zum Verschmolzensein. Dort existieren keine Sorgen und keine Ängste, kein Urteilen, kein Besitzanspruch und keine Bedingungen. Diese negativen Dinge haben ihre Existenz in der Vergangenheit oder in der Zukunft. Sex ist eine herrliche Plattform, auf der du dich losgelöst und ungehemmt im Jetzt und Hier erleben kannst. Deshalb kann Sex eine wunderschöne, das Bewusstsein erweiternde, spirituelle Erfahrung sein.

Verliebtheit kann dasselbe auslösen. Man sagt, dass Liebe oder Verliebtheit blind macht. Eigentlich ist es genau umgekehrt. Erst Liebe und Verliebtheit öffnen einem die Augen für die Wirklichkeit und die innere Schönheit eines anderen Menschen. Erst dann sieht man einen anderen Menschen wie er *wirklich* ist. Deshalb macht einen nicht Verliebtheit, also falling in love, sondern *falling out of love* blind. Mit anderen Worten, wer den Zauber und die Schönheit eines anderen Menschen nicht mehr wahrnimmt, ist erblindet.

Nachfolgend vier intime Fragen an dich:

Könntest du dich, wenn du jemand anderer wärst, in dich verlieben?

Würdest du dich, wenn du jemand anderer wärst, als Partner wählen?

Würdest du dich, wenn du jemand anderer wärst, lieben?

Würdest du, wenn du jemand anderer wärst, mit dir Sex haben wollen?

Sei ehrlich mit dir selbst, wenn du diese Fragen beantwortest. Schau dir dabei in dein Herz. Wenn du jede dieser Fragen mit einem

«Ja» beantworten kannst, dann bist du bereit für deinen idealen Partner. Wenn du bei einer dieser Fragen Zögern, Bedenken, Zweifel oder ein «Nein» verspürst, heisst das, dass du dich in jenem Bereich noch nicht als idealen Partner siehst. Keine Bange, das lässt sich ändern.

Du änderst das, indem du dir deiner guten Eigenschaften bewusst wirst. Sag dir so oft du kannst: «Ich habe mich gern!» Sag es jeden Tag, jede Stunde und jede Minute, wann immer du daran denkst. Diese Affirmation hat es in sich. Sie bringt dich zum Strahlen und lässt die positiven Facetten deiner Persönlichkeit zum Vorschein kommen.

Eine Frau erzählte mir, wie sie in einem psychischen Tief war und sich schlecht fühlte. Dann erinnerte sie sich an die Kraft der Affirmationen und ging auf einen einstündigen Waldspaziergang, während dem sie das Mantra *Ich habe mich gern* mit Enthusiasmus sprach und sang. «Es war wie Tag und Nacht, als ich meine Übung beendet hatte. Ich fühlte mich wie neu geboren!»

Bald einmal wirst du sagen können: «Ja, ich könnte mich, wenn ich jemand anderer wäre, in mich verlieben. Ja, ich würde mich, wenn ich jemand anderer wäre, als Partner wählen. Ich gefalle mir. Ich bin ein guter, grosszügiger, spontaner, herzlicher, liebenswürdiger, humorvoller Mensch. Ich fühle mich wohl in meiner Gegenwart. Es ist leicht mich gern zu haben. Ja, ich würde mich, wenn ich jemand anderer wäre, lieben. Ich bin ein feinfühliger, attraktiver, leidenschaftlicher, einfühlsamer Mensch, voller Fantasie, Spontaneität und Warmherzigkeit. Und ja, ich würde, wenn ich jemand anderer wäre, gerne mit mir Sex haben wollen. Ich bin ein kreativer und romantischer Liebhaber!»

Worauf schaust *du* bei einem potenziellen Partner? Ist es das Antlitz seiner Hülle, also sein Körper, der dich verzaubert und fasziniert? Oder fühlst du dich von dem, was er äusserlich repräsentiert – Geld, Macht, Ansehen – angezogen? Oder ist er ein Kunstwerk, das alles, Körper, Geist und Seele, beinhaltet und dich deshalb in seinen Bann zieht?

Erst wenn du *wirklich* liebst und du deinen Partner aufgrund dessen wie *deine* Seele schwingt, auswählst, wirst du eine erfüllende Partnerschaft erfahren.

Um den idealen Partner *von sich aus* zu wählen, muss man sich selbst sehr gut kennen. Wer bist du? Wie weisst du, ob du mit deinem Partner zusammenleben oder ob du alleine für dich selbst leben möchtest? Ob du heiraten möchtest oder nicht? Ob du Kinder haben möchtest oder nicht? Du *glaubst* es zu wissen! Doch sind deine Ahnungen wirklich deine tiefsten, inneren Überzeugungen oder sind sie die Wünsche deiner Eltern oder der Gesellschaft, welche sie, als du noch klein warst, subtil in dein Bewusstsein gepflanzt haben? Du *denkst*, dass es deine Wünsche sind. Vielleicht sind sie es tatsächlich, vielleicht aber auch nicht. Es gibt niemanden, der das weiss, ausser deinem Inneren. Nur dein Inneres ist unbeeinflussbar. Es weiss haargenau, wer und was zu dir passt, ohne vom Filter gesellschaftlicher oder familiärer Normen beeinflusst zu sein.

Deshalb ist es am Besten, wenn du dein beeinflussbares Selbst, oder wie es Ralph Waldo Emerson nannte – dein aufgeblasenes Selbst – aus dem Pfad der göttlichen Schaltungen herausnimmst und das Erschaffen deines idealen Partners deinem Inneren respektive dem Prinzip *Universum + Zuneigung = Leben!* überlässt.

Vertraue deinem in dir schlummernden Universum und deiner Zuneigung. Sie manifestieren den idealen Partner in dein Leben. Er existiert bereits, mit all seinen zu dir passenden Facetten. Wie gesagt, es könnte dein jetziger Partner sein, der sich zu verändern beginnt und zu deinem idealen Partner wird, innerlich *und* äusserlich, weil *du* dich verändert hast.

Ja, nicht nur innere Veränderungen, auch äusserliche, also körperliche Veränderungen, können leicht geschehen! In den USA wurde ein Experiment durchgeführt, bei dem Frauen ihren Brustumfang mittels Selbsthypnose um bis zu fünf Zentimeter erweiterten. In einem anderen Experiment hatten Sportler, anstatt ins Krafttraining zu gehen, die Muskelmasse ihrer Oberarme durch tägliches Visualisieren vergrössert.

Wenn also Menschen wie du und ich körperliche Veränderungen per Gedankenkraft herbeiführen können, dann stell dir vor zu was das Prinzip *Universum + Zuneigung = Leben!* fähig ist. Sicherlich kann es den idealen Partner in dein Leben kreieren. Und wie gesagt, es könnte sogar dein jetziger Partner sein, innerlich *und* äusserlich verändert!

Wenn du mit einem Partner zusammen bist, mit dem du eigentlich glücklich und zufrieden bist, der jedoch die eine oder andere *schlechte* Gewohnheit hat, wie beispielsweise übermässig zu rauchen, zu viel zu trinken oder unordentlich zu sein, dann kannst du das so angehen wie mit deinen Kindern. Sag ihm, dass du es schätzt wie ordentlich er jetzt ist. Oder dass du ihn bewunderst, wie er der Meister seiner Gewohnheiten ist. Tu das, ohne auf eine Antwort zu warten oder dich auf eine Diskussion einzulassen. *Oder*, du kannst ganz einfach sagen, dass du den idealen Partner hast oder dass du in der idealen Partnerschaft lebst, auch wenn das unter Umständen bedeuten könnte, dass du deinen jetzigen Partner loszulassen hast. Davon könntest du vorübergehend emotionale Entzugserscheinungen erleiden.

Mein Schwager war ein starker Raucher, was meiner Schwester überhaupt nicht gefiel. Sie redete ihm ins Gewissen und sagte: «Hör zu Schatz, ich möchte, dass du mit dem Rauchen aufhörst. Ich möchte keinen Mann, der frühzeitig stirbt und mich mit den Kindern allein lässt. Ich habe dich zur Akupunktur angemeldet!»

Mein Schwager war nicht gerade erfreut darüber, denn *er* hatte nicht die Absicht mit dem Rauchen aufzuhören. Dem Familienfrieden zuliebe versprach er jedoch zur Akupunkturbehandlung zu gehen. Bevor er in die Praxis eintrat, rauchte er genüsslich, ohne es zu wissen, seine *letzte* Zigarette. Denn nach nur einer Behandlung war er vom Rauchen geheilt. Seitdem sind mehr als 10 Jahre vergangen und er hat in der Zwischenzeit keine einzige Zigarette mehr geraucht. Meinem Schwager war wohl nicht bewusst, dass es auch *sein* Wunsch gewesen sein musste, mit dem Rauchen aufzuhören, denn ansonsten hätte die Behandlung nicht diese bleibende Wirkung erzielt. Meine Schwester war der Katalysator, diejenige, die in meinem Schwager eine Reaktion bewirkte, indem sie ihm den Spiegel seines Inneren vor sein Gesicht hielt.

Nur dein Inneres kennt deine tiefsten Wünsche und Vorlieben. Es kennt dich und zwar sehr genau, denn es *ist* dich. Lass deshalb los. Höre auf zu suchen. Frage dich nicht, wenn du Frauen oder Männer triffst oder kennen lernst, ob es sie oder er ist. Vertraue deinem Inneren. Vertraue dem Prinzip *Universum + Zuneigung = Leben!* Es richtet es für dich, wenn du sagst und auch meinst: «Ich habe den idealen Partner!» Dieser Partner wird dann in dein Leben treten. Es wird jemand sein, der in jeder Hinsicht *wirklich* zu dir passt. Du und dein Partner, ihr werdet eine wunderbare gegenseitige Resonanz verspüren, vielleicht auf eine Weise, wie du es nie zuvor erlebt hast. Das hat damit zu tun, dass die Wahl deiner bisherigen Partner aus *deinem* eingeschränkten Bewusstsein heraus statt gefunden hat.

Vielleicht waren es einseitig intellektuelle, statusträchtige oder körperliche Punkte, die dich an deinen bisherigen Partnern fasziniert haben. Doch mit der Zeit hatte immer etwas oder sogar vieles gefehlt! Deine Partnerschaften waren nie abgerundet, harmonisch und wirklich glücklich! Erst jetzt, indem du das Prinzip, sowie dein inneres Selbst mit einbeziehst, gibst du deiner idealen Partnerschaft eine Chance sich in deinem Leben zu manifestieren.

Die Liebe bleibt so lange ein Mysterium, bis du sie entschlüsselst, indem du zu lieben lernst und zwar so, wie *du* gerne geliebt werden möchtest. Dann ist die Liebe kein Mysterium mehr, sondern deine neue Lebensenergie.

Was macht diese Lebensenergie aus?

Ein Strauss schöner Blumen, ein Candlelight Dinner, herrlich riechende Duftessenzen und bezaubernde Hintergrundmusik in einem geschmackvoll eingerichteten Zuhause sollten eigentlich den perfekten Rahmen bilden für einen romantischen Abend, bei dem sich ein Liebespaar rundum wohl fühlt. Doch wenn die tiefe Herzenszuneigung füreinander fehlt oder wenn eine Disharmonie irgendwelcher Art in der Luft schwebt, kann ein noch so schönes äusseres Ambiente vorhanden sein, der Abend wird beim Paar ein Gefühl der Leere hinterlassen. Umgekehrt kann ein äusserlich noch so bescheidenes Ambiente von einem Liebespaar, das sich aus tiefstem Herzen liebt, achtet und respektiert, in eine zauberhafte Atmosphäre verwandelt werden. Jeder, der in die Nähe dieses charismatischen

Paares kommt, wird sich wie magnetisch von deren Ausstrahlung – ihrer Lebensenergie – angezogen fühlen.

Diese Herzenszuneigung ist das A und O jeder erfüllenden Liebesbeziehung. Zwei Liebende, die eins sind und sich in der Gegenwart des anderen wohl fühlen, weder eingeengt noch ignoriert, auch in Momenten des stillen Gegenübersitzens, und echte Zuneigung füreinander spüren, ohne den anderen verändern, einengen oder besitzen zu wollen, schwingen miteinander aus dieser Herzenszuneigung. Ihre Zeit des Teilens ist so reich und intensiv, dass es nicht eine Frage der Quantität ihrer Begegnungen ist. Was zählt ist das Austauschen von Herzlichkeit und Liebe, aufrichtige Zuneigung und das Interesse gegenüber seinem Partner und dessen Leben und dem daraus geborenen Gefühl der Geborgenheit, des Wohlseins und der Harmonie. Sex und Zärtlichkeit schweissen diese beiden Liebenden genauso zusammen, wie ihr Humor und ihr Lachen, die kreativen, abwechslungsreichen und aufregenden gemeinsamen Aktivitäten, sowie ihre offene Kommunikation. Das macht die Lebensenergie zweier Liebenden aus.

Liebe – Partnerschaft – Sex dieser Art existiert nicht nur als Leinwandprojektion in der Traumfabrik Hollywood. *Liebe – Partnerschaft – Sex* dieser Art existiert als reelle Möglichkeit in deinem inneren Universum. Wenn du deine Gedanken, Worte und Handlungen auf diese in dir existierende Wirklichkeit projizierst, dann wird die Liebe deines Lebens nicht nur ein Traum bleiben, sondern Realität sein.

8

BEWUSSTSEIN

Alles im Leben basiert auf Bewusstsein. Was immer du erlebst hat seinen Ursprung in deinem Bewusstsein. Also in deinem Denken, deinem Glauben und in deinen inneren Überzeugungen, die du – bewusst oder unbewusst – auf dein Universum projizierst. Ob du gesund bist oder krank, ob du im Überfluss lebst oder in Bescheidenheit, ob du glücklich bist oder unglücklich, es ist eine Frage deines Bewusstseins.

Was sind beispielsweise deine Gedanken und welches deine Gefühle, die dich begleiten, wenn du mit dem Auto in die Stadt fährst? Glaubst du, dass du leicht und schnell einen Parkplatz findest? Oder denkst du, dass es schwierig wird, weil du es in der Vergangenheit so erlebt hast und dir diese Sichtweise auch von deinen Freunden und den Medien immer wieder einfiltriert wird? Mit welchem *Bewusstsein* fährst du also in die Stadt?

Wenn du denkst, dass es schwierig ist einen Parkplatz zu finden, und erst noch zu einer Zeit, während der sowieso jedermann unterwegs ist, dann wirst du Mühe haben einen zu finden. Wenn du dir jedoch, bevor du losfährst, sagst, dass du leicht und schnell einen Parkplatz findest, oder dass er *bereits* auf dich wartet, dann wirst du ihn mit Leichtigkeit finden! So funktioniert Bewusstsein.

Jeder Mensch hat Bewusstsein. So wie kein Mensch auf der Erde aussieht wie ein anderer, so unterschiedlich ist auch das Bewusstsein der Menschen. Bewusstsein ist die Summe der Gedanken und Einstellungen und den daraus resultierenden Mustern und inneren Überzeugungen eines Menschen. Aufgrund dessen, wie das Leben vieler Menschen aussieht, ist es offensichtlich, dass sie sich als Lenker ihres Bewusstseins gedanklich und gefühlsmässig hauptsächlich in der Vergangenheit aufhalten. Sie richten nämlich ihre mentale Aufmerksamkeit immer wieder auf bereits Erlebtes und Erfahrenes. Das erklärt weshalb sich ihre Erfahrungen in Lebensbereichen wie Familie, Partnerschaft, Beruf, Gesundheit oder Finanzen ständig wiederholen.

Der Mensch ist ein Wiederholungstäter, sprich ein Wiederholungsdenker, der in seinem Verhalten konditioniert ist und seine Aufmerksamkeit hauptsächlich auf äussere Erscheinungsformen richtet. Das hat zur Folge, dass er dem inneren Universum, welches mit seinen unbegrenzten Möglichkeiten in ihm liegt, wenig bis gar keine Beachtung schenkt. Dabei wäre es einfach diesen Möglichkeiten Leben einzuhauchen, wenn er sich seinem Inneren und seiner Macht als Schöpfer bewusst wäre. Die Bewusstheit aktiver Schöpfer seines Lebens zu sein beginnt dann in ihm zu wachsen, wenn er sein Denken konsequent ändert und er nicht mehr auf negative Erscheinungsformen und auf seine Vergangenheit schielt, sondern auf seine Unendlichkeit, auf diese in ihm schlummernden Möglichkeiten, auf das was er *wirklich* will.

Genau darin besteht jedoch die Schwierigkeit... das Denken in diese neuen, *ungewohnten* Bahnen zu lenken. Der Gedanke beispielsweise, dass das Innere genau so real ist wie das Äussere oder sogar noch realer, ist ein neuer Gedanke. Neu deshalb, weil du ein Leben lang darauf konditioniert wurdest, nur dem Äusseren Beachtung zu schenken. Das zu ändern braucht Bewusstheit und Hingabe. Genau wie du als Eltern gegenüber deinen Kindern Bewusstheit, Liebe und Hingabe brauchst, damit das Familienleben harmonisch, friedlich und in geordneten Bahnen verläuft, so brauchst du gegenüber deinen Gedanken Bewusstheit, Liebe und Hingabe, damit sie nicht mehr in die Vergangenheit schweifen, sondern ihr Zuhause im Jetzt und Hier, im inneren Möglichkeitsdenken, finden.

Gehirnforscher sagen, dass ein Objekt, welches man im Äusseren wahrnimmt, im Gehirn denselben Impuls auslöst, wie wenn man sich das Objekt nur bildlich vorstellt. Das Gehirn macht keinen Unterschied zwischen äusserer Wahrnehmung und innerer Vorstellung, zwischen einer Blume also, die du in deinem Garten stehend, bewunderst und derselben Blume, die du dir mit geschlossenen Augen, auf dem Sofa sitzend, bildlich vorstellst. Das Innere und das Äussere sind – aus der Sicht des Gehirns – gleichermassen real.

Weil äussere Wahrnehmung und innere Vorstellung für das Gehirn tatsächlich dasselbe sind, eröffnet das dem menschlichen Leben ungeahnte, neue Möglichkeiten. Es bedeutet, dass du nicht wie bis an hin nur über deine äussere Wahrnehmung Dinge in deinem Körper, in deinen Erfahrungen und in deinem Leben auszulösen vermagst, sondern dass du dieselben Dinge *über deine innere Vorstellung* ins Leben rufen kannst. Bisher hat jedoch ganz klar die äussere Wahrnehmung dein Leben dominiert. Sie hat in deinem Gehirn immer wieder für Impulse gesorgt, die dem entsprechende Informationen mittels Hormonen in deinen Körper gesendet haben. Impulse wie Angst oder Stress beispielsweise, haben das Hormon Adrenalin ausgeschüttet. Glücksgefühle produzierten das Hormon Endorphin. Vielleicht das kraftvollste aller Hormone ist jedoch nicht ein körperliches sondern ein geistiges Hormon, das *Glaubenshormon.* So nenne ich dieses Bewusstseinshormon, das im Gehirn ausgeschüttet wird, wenn man an etwas glaubt oder von etwas überzeugt ist.

Wenn du zum Beispiel eine Pille gegen Kopfweh schluckst, dann löst das in deinem Gehirn *über die äussere Wahrnehmung* einen Impuls aus, der dieses Glaubenshormon ausschüttet. Du siehst *Pille,* berührst *Pille,* schluckst *Pille* und denkst *Pille* und schon *glaubst* du daran, dass sie dir das Kopfweh nimmt. Allein diese Gedankenimpulse und das dadurch produzierte Glaubenshormon genügen, damit dein Kopfweh verschwindet.

Dasselbe Glaubenshormon kannst du auslösen, indem du deine Augen schliesst und *in deiner Vorstellung* eine Pille gegen Kopfweh schluckst. Du kannst damit dieselbe Reaktion erzeugen, wie wenn du die Pille über die Wahrnehmung deiner fünf Sinne zu dir nimmst. Aber nur, wenn du daran glaubst, dass äussere Wahrnehmung und innere Vorstellung identisch sind. Dein Gehirn glaubt das bereits. Und du? Glaubst du daran?

Glaube lässt sich kultivieren. Er wächst über das tägliche Üben und Praktizieren. Beispielsweise indem du dir *in deiner Vorstellung* einen Parkplatz in der Stadt *visualisierst,* bevor du mit dem Auto losfährst. Oder indem du dir deine Kinder, deinen Partner, dein Zuhause, deinen Körper und dein Leben so *vorstellst*, wie du sie gerne hättest. Tägliches Praktizieren fördert diesen inneren Glauben. Er wird dadurch stärker und stärker und mündet schliesslich im *inneren Wissen*, dass *es* getan ist. Dieses innere Wissen fühlt sich so an, als ob eine Tür ins Schloss fällt oder wie wenn etwas in dir klickt. Du hast dann dieses entspannte Gefühl der inneren Überzeugung, diesen durch nichts zu erschütternden Glauben, dass es so ist, wie du es dir wünschst und vorstellst.

In letzter Konsequenz wirst du sogar die *geistige* Pille nicht mehr brauchen. Du wirst nämlich lernen dich über *die innere Vorstellung* auf dein Heilsein, auf deine Ganzheit und Vollkommenheit auszurichten. Natürlich basiert auch das auf Glaubenshormonen, die *du* auslöst. Selbst bei der Pille, die du über die äussere Wahrnehmung schluckst, brauchst du Glaubenshormone, damit die Heilung eintritt. *Du* bist es, der die Produktion dieser Glaubenshormone in deinem Gehirn auslöst. *Du* gibst der Pille die Heilkraft. Es ist nicht die Pille selbst, die dich heilt. Wenn es die Pille wäre, dann würde es immer und überall und bei jedem Menschen funktionieren. Doch das tut es nicht! Es ist das, was du auf die Pille projizierst, der Glaube daran. Das macht den Unterschied aus.

Glaubenshormone sind geistige *Placebos*. Ein Placebo ist ein Medikament, das einem Patienten gegeben wird, ohne ihm mitzuteilen, dass es ein *leeres* Medikament ist, ein Medikament also, das keinen chemischen Wirkstoff beinhaltet. Weil der Patient jedoch *glaubt*, dass er ein wirksames Medikament zu sich genommen hat, verschwinden seine Schmerzen. Die Heilung beruht also einzig und allein auf seiner inneren Vorstellung, auf seinem Glauben. Mehr zu Placebos in einem nachfolgenden Kapitel.

Das menschliche Auge wäre in seiner Wahrnehmung eigentlich so rein und neutral wie die Linse einer Kamera. Eine Kamera registriert alles, jedes noch so kleine Detail. Nichts entgeht ihr. Sie hat gegen nichts, das sie wahrnimmt Einwände. Sie beurteilt auch nichts, weder auf positive, noch auf negative Weise. Das menschliche Auge hingegen tut das, genauer gesagt, das Gehirn tut das. Die Informationen, die das Auge wahrnimmt, werden nämlich an das Gehirn weitergeleitet, wo sie verarbeitet werden. Das Gehirn ist wie ein Filter, der diese Informationen analysiert, beurteilt, vergleicht, interpretiert und aussortiert. Jede Analyse, jede Beurteilung und jeder Vergleich, das Aussortieren dieser Informationen mit eingeschlossen, beruht auf vorgängig Erlebtem und Erfahrenem, also auf der Vergangenheit. Das macht das Gehirn zu diesem Filter und damit zu einer Quelle für Fehlinterpretationen, denn es verfälscht die reine und neutrale Wahrnehmung des menschlichen Auges basierend auf seiner eigenen Vergangenheit. Diese gefilterten Informationen nennt man dann *subjektive Wahrnehmung*. Sie ist dafür verantwortlich, dass zwei Menschen, die denselben Unfall beobachten, ihn *anders schildern*, genauso wie zwei Angestellte ihren Chef *anders sehen*, obwohl er einund derselbe Mensch ist. In Tat und Wahrheit sieht man deshalb mit dem Gehirn oder dem Bewusstsein und nicht mit dem Auge.

Bewusstsein ist also das Produkt vergangener Erfahrungen, die man in sich selbst gedanklich am Leben erhalten hat. Hätte man die Fähigkeit die Vergangenheit auszublenden, zu vergessen oder loszulassen, dann würde reines, unbeschränktes und strahlendes Jetzt-Bewusstsein hervorleuchten.

Die Bibel erzählt die Geschichte eines Herrschers, der, bevor er sich auf eine ausgedehnte Reise begab, drei seiner Sklaven zu sich rief. Während seiner Abwesenheit vertraute er ihnen sein Vermögen an. Dem ersten Sklaven gab er fünf Talente, was einem Geldbetrag von 100 Jahren Arbeit entsprach. Der zweite Sklave erhielt zwei Talente und der Dritte eines.

Der Sklave mit den fünf Talenten begann sofort mit dem Vermögen seines Meisters zu handeln. Er verdreifachte das Guthaben. Der Sklave mit den zwei Talenten machte ebenfalls einen Gewinn daraus. Er konnte das Geld verdoppeln. Der dritte Sklave hingegen grub ein Loch und versteckte darin das Vermögen seines Herrn.

Als der Herrscher von seiner Reise nach Hause zurückkehrte, war er neugierig, was mit seinem Geld geschehen war. Zuerst kam der Sklave, dem er fünf Talente anvertraut hatte. Er überbrachte ihm zusätzliche zehn Talente, also 15 insgesamt. Der Herrscher war hoch erfreut und sagte: «Hervorragend, du hast das Wenige, das ich dir anvertraut habe, zuverlässig verwaltet. Zur Belohnung werde ich dir grössere Verantwortung übertragen. Sei willkommen an meinem Fest!»

Dann kam der Sklave, dem er zwei Talente gegeben hatte. Er überreichte ihm zwei weitere Talente, worüber sich der Meister ebenfalls freute und sagte: «Sehr schön, du hast das Wenige, das ich dir anvertraut habe, zuverlässig verwaltet. Zur Belohnung werde ich dir grössere Verantwortung übertragen. Sei willkommen an meinem Fest!»

Schliesslich kam der Sklave, dem er ein Talent anvertraut hatte. «Herr,» sagte dieser, «ich wusste, dass du ein strenger Mann bist. Du forderst Gewinn, auch dort, wo du nichts angelegt hast, und du willst ernten, wo du nicht gesät hast. Das machte mir Angst. So vergrub ich dein Vermögen in der Erde. Hier hast du es zurück!» Der Herrscher wurde wütend und schimpfte: «Du träger Sklave, warum um Himmels willen hast du mein Geld nicht wenigstens auf die Bank gebracht? Dort hätte es immerhin Zinsen abgeworfen!» Erzürnt nahm er ihm das Talent weg und schenkte es dem Sklaven, der die zehn Talente erworben hatte.

Was hat diese Geschichte nun mit Bewusstsein zu tun? Sie hat *nur* mit Bewusstsein zu tun. Der dritte Sklave hatte ein hortendes, ängstliches Bewusstsein. Es war ihm lieber das Wenige, das sein Herr ihm gab, zu verwalten, statt das Risiko einzugehen, es zu verlieren. Deshalb vergrub er das Geld. Dieser Sklave war ein Sklave seines konditionierten Denkens und wohl auch seiner Vergangenheit. Ganz anders die anderen beiden Sklaven. Ihr Geld-Bewusstsein war offen, frei und rein und *nicht* von Angst, sondern von Freude und Unbeschwertheit geprägt. Deshalb war es für sie ein Leichtes das Geld nicht nur zu verwalten, sondern sogar zu vermehren.

«Wer hat, dem wird gegeben, und er wird im Überfluss haben. Wer nicht hat, dem wird auch noch das Wenige, das er hat, weggenommen!» Dieses Zitat aus der Bibel zeigt, wie Bewusstsein funktioniert. Wer hat, der richtet seine Zuneigung automatisch auf das, was er hat. Dadurch wächst sein Vermögen. Wer nichts oder wenig hat, richtet seine Zuneigung ebenfalls darauf. Dadurch wächst sein Mangel, was gleichbedeutend ist mit dem Verlust des Wenigen, das er hat. *Wie im Inneren, so im Äusseren!*

In Buenos Aires, der Hauptstadt Argentiniens leben und schlafen die Obdachlosen, wie an anderen Orten auf der Welt, vorwiegend auf der Strasse. Vor einigen Jahren war ihr Hauptquartier in der Nähe des Flughafens. Dort, wo die reichen Touristen landeten, sahen sie die besten Einnahmequellen, um nach Geld und Nahrung zu betteln. Den Politikern war das ein Dorn im Auge. Im Wissen, dass der erste Eindruck ein bleibender ist, suchten sie nach einem Ausweg, den Touristen nicht bereits am Flughafen das Gefühl zu vermitteln, dass Argentinien ein verarmtes, herunter gewirtschaftetes Land ist. Weil in Kürze auch Neuwahlen stattfanden, passte es vortrefflich in ihre politische Strategie den Bettlern und Obdachlosen in der Nähe des Flughafens Wohnsiedlungen zu bauen und kostenlos zur Verfügung zu stellen. Sie erhofften sich dadurch ein verbessertes Image bei der Bevölkerung mit dem Nebeneffekt, das Schlafen und Betteln im Flughafengelände einzudämmen.

Tatsächlich sah man kaum noch schlafende Obdachlose im Flughafengelände. Doch die Wohnsiedlungen, die zu Beginn ganz hübsch anzusehen waren, verlotterten und verarmten schnell. Alles war rasch wieder beim Alten und das Problem vom verarmten Image Argentiniens weiterhin ungelöst, denn der erste Eindruck, den die Touristen bei ihrer Ankunft in Buenos Aires erhielten, war der Anblick der schäbigen Wohnsiedlungen.

Dieses Beispiel zeigt, wie Bewusstsein funktioniert. Gib einem innerlich verarmten Menschen ein schönes Zuhause und er wird es zum Spiegelbild seines Bewusstseins machen. Genauso wie du einem Menschen, der sich selbst und seiner Welt mit Liebe und Respekt begegnet, eine einfache Wohnung geben kannst, die er binnen Kürze in ein wunderschönes Zuhause mit charismatischer Ausstrahlung verwandelt. Bewusstsein, die innere Einstellung also, durchdringt das Äussere und macht es so zu seinem Spiegelbild.

Erst wenn der Mensch damit beginnt seine *beschränkenden* Erfahrungen, seine Vergangenheit also, loszulassen, indem er aufhört darüber zu sinnieren und sich zu beklagen, wenn er also seine Zuneigung nicht mehr den äusseren Mangelerscheinungen schenkt, und sich stattdessen den inneren Möglichkeiten zuwendet, dem, was er wirklich erleben möchte, dann geschehen Veränderungen. Es gilt deshalb den Fokus auf das innere, unsichtbare und *in der Vorstellung* existierende Universum zu richten, damit es sich in der äusseren, sichtbaren Welt der Wahrnehmung manifestiert.

Christina befasst sich seit vielen Jahren mit der Förderung ihres Bewusstseins. Zusammen mit ihrem Freund bewohnt sie eine schöne, geräumige 6-Zimmer-Wohnung. Aus der herkömmlichen Sicht ist ihr Zuhause mit einem ziemlich grossen Aufwand fürs Reinemachen verbunden... aus der *herkömmlichen* Sicht! Neulich jedoch erzählte mir Christina, dass sie diese Sicht über Bord geworfen habe. Ihre neue Sichtweise bestehe nun darin ihr Zuhause *über die innere Vorstellung* sauber zu *sehen*. Seit sie das tue, sei ihre Wohnung viel sauberer und sie müsse bedeutend weniger Zeit fürs Reinemachen aufwenden.

Sauberkeit, eine Bewusstseinsfrage? Ja! *Alles* ist eine Frage des Bewusstseins. Es gibt keinen Lebensaspekt, der nicht auf Bewusstsein beruht.

Bewusstsein entwickelt und verändert sich ständig, dein eigenes, aber auch das der Menschheit. Vor ein paar hundert Jahren dachten die Menschen, dass die Erde flach sei wie eine Scheibe. Sie hatten Todesangst davor mit ihren Schiffen über den Rand dieser imaginären Scheibe hinauszusegeln. Heute weiss die Menschheit nicht nur, dass die Erde rund ist und dass man mit Schiffen um die Weltmeere segeln kann, sondern sie ist sich auch dessen bewusst, dass die Sonne nur ein Stern und die Erde nur ein Planet unter vielen sind. Neue Erkenntnisse erschaffen neues Bewusstsein. So verändert sich Bewusstsein mit dem Verlauf der Zeit.

Deine Eltern hatten grossen Einfluss auf dein Bewusstsein. Ganz bestimmt haben sie dich als Kind darauf hingewiesen, dass das Berühren einer heissen Herdplatte schmerzhaft ist. Das hat in dir *Bewusstsein* ausgelöst. Vielleicht wolltest du, so wie ich, selber herausfinden, ob das wirklich stimmt, ob das Berühren einer heissen Herdplatte *tatsächlich* weh tut. Mir jedenfalls erging es so. Ich wollte es aus eigener Erfahrung erleben... und es *tat* weh! Diese Erkenntnis *über die eigene Erfahrung* erschuf prägendes Bewusstsein in mir.

Feuerlaufen andererseits war noch bis vor ein paar Jahren nur etwas für Yogis, Fakire oder Shaolin Mönche. Heute kann jedermann, während eines Wochenendseminars, lernen über glühende Kohlen zu gehen, ohne sich dabei die Füsse zu verbrennen. Die Feuerlauf-Technik besteht darin, dein Bewusstsein davon zu überzeugen, dass du *nicht* über glühend heisse Kohlen, sondern über kühles, feuchtes Moos gehst. Diese innere Vorstellung bewirkt, dass du unversehrt über ein Bett glühender Kohlen gehen kannst! Der Weltrekord im Feuerlaufen liegt übrigens bei 222 Metern.

Unweigerlich drängt sich hier die Frage auf: *Ist das Berühren von Feuer nun schmerzhaft oder nicht?* Wer hat Recht? Eltern, die sagen, dass eine heisse Herdplatte zu berühren Verbrennungen verursacht, oder Feuerläufer, die beweisen, dass über glühend heisse Kohlen zu gehen keine Verbrennungen nach sich ziehen muss?

Beide, Eltern *und* Feuerläufer haben Recht. *Feuer zu berühren tut weh und tut nicht weh!* Die ultimative Wahrheit betreffend Feuer hat nichts mit einer physikalischen Gesetzmässigkeit zu tun, sondern mit Glaube, Überzeugung und Einstellung. Letztendlich ist es *dein* Bewusstsein, das darüber bestimmt, ob die Berührung mit Feuer weh tut oder nicht.

Ein psychologisches Experiment wurde durchgeführt. Einer Versuchsperson wurden die Augen verbunden, nachdem ihr zuvor ein rötlich glühendes, heisses Messer gezeigt wurde. Dann wurde der Person das heisse Messer nahe an die Stirne gehalten, damit sie die Hitze, die vom Messer ausstrahlte, spüren konnte. Anschliessend wurde sie mit einem Eiswürfel an der Stirne berührt. Dabei passierte etwas Verblüffendes! Dort, wo die Person mit dem Eiswürfel berührt wurde, zeigte sich, wie aus dem Nichts, eine Hautverbrennung. Gerade so, als ob die Haut mit dem glühend heissen Messer und nicht mit einem Eiswürfel berührt worden wäre. *In der Vorstellung* der ahnungslosen Versuchsperson geschah natürlich genau das.

Siehst du, was Vorstellung, Glaube und Gedanke auszulösen vermögen!

Wenn alles eine Frage der Vorstellung, des Glaubens und Denkens ist, könnte man dann auch übers Wasser gehen? Bisher weiss man nur von einem Menschen, der das konnte! Es würde mich nicht erstaunen, wenn auch die Kunst übers Wasser zu gehen, bald an Workshops gelernt werden könnte. Erfolgreich übers Wasser zu gehen, also nicht einzusinken, beruht auf dem gleichen Prinzip wie Feuerlaufen. Nenne das Wasser bei einem anderen Namen, einem feststofflichen notabene, und du wirst, Kraft deiner inneren Vorstellung, wie Jesus übers Wasser gehen.

Früher gab es Regenmacher, eigentliche Schamanen, Medizinmänner oder Heiler, die mittels Gebeten den Regen heraufbeschwören konnten, damit während Zeiten der Trockenheit die Felder grün blieben. Solche Regenmacher gibt es noch heute. Auch du hast die Fähigkeit ein Regenmacher zu sein. *Nicht nur das!* Du kannst ein Sonnenmacher, ein Windmacher, ein Wolkenmacher oder was immer du wählst, sein. Das ist kein Witz! Ein Bauer in Amerika sorgte sich um seine immer dürrer und trockener werdenden Felder. Es hatte lange nicht geregnet und er war drauf und dran seine Ernte zu verlieren. In seiner Not fing er an zu beten. Er betete für Regen, damit seine Felder wieder grün und üppig würden. Tatsächlich begann es bald darauf zu regnen und seine Felder wurden grün. Die seiner Nachbarn blieben jedoch trocken und dürr. Der sanfte Regen ergoss sich nämlich nur über seine Felder, da er nur Regen für *seine* Felder visualisiert hatte.

Siehst du wie spezifisch und wie genau Bewusstsein arbeitet? Du kannst dasselbe tun wie dieser Bauer. Wenn du Regen willst, dann stell dir vor, dass es regnet. Wenn du blauen Himmel und Sonnenschein möchtest, dann stell es dir vor, selbst dann, wenn die äussere Erscheinungsform momentan eine andere ist. Bewusstsein bedeutet über die Erscheinungsform – ein bedeckter Himmel – hinweg zu sehen, sie zu ignorieren und den blauen Himmel einschliesslich Sonnenschein zu visualisieren. Sei verspielt wie ein Kind oder wie ein Newcomer, wenn du das tust. Dann funktioniert es am Besten.

Als ich heute mein Zuhause verliess, um mit meinem Fahrrad am Ufer des Greifensees entlang zu fahren, war der Himmel bedeckt. Schwarze Regenwolken hingen bedrohlich über dem See. Deshalb stellte ich mir vor, wie sich über mir ein riesiges blaues Fenster öffnet, aus der mir die Sonne ihre wärmenden Strahlen schickt. Genauso war es *für mich.* Auf meinem ganzen Weg hatte ich Sonnenschein. In allen anderen Richtungen war der Himmel jedoch weiterhin mit Wolken verhangen. Auch am Greifensee wurden einige Leute vom Regen überrascht. Nicht nur das, sogar Hagel prasselte vereinzelt nieder, wie mir erzählt wurde. Sonnenschein, Regen, Hagel... alles zur selben Zeit und praktisch am selben Ort? *Ja!* Im inneren Universum schlummern alle Möglichkeiten *gleichzeitig* nebeneinander. Ein *aktiver* Schöpfer kann Sonnenschein inmitten eines Regen- oder Hagelgewitters erleben, und umgekehrt.

Wenn du mit Bewusstheit durch das Leben gehst, kann das also bedeuten, dass *du*, im Vergleich zu anderen Menschen, die sich am selben Ort aufhalten, eine andere Wirklichkeit erlebst. Bewusstheit bedeutet, dass du vom passiven zum aktiven Schöpfer mutierst und nicht mehr wie ein Herbstblatt im Wind hierhin und dorthin getragen wirst, sondern zum Steuermann deines Lebens wirst, indem du dich deinem Inneren zuwendest und deinen Gedanken liebevolle Disziplin auferlegst. Dann geschehen solche Dinge ganz natürlich.

Ein Flugzeugabsturz im Gebiet des Amazonas sorgte vor vielen Jahren für Schlagzeilen. Dabei wurden alle Passagiere, ausser einem kleinen Mädchen, getötet. Es überlebte den Absturz wie durch ein Wunder. Nicht nur das! Das kleine Mädchen wurde ein paar Tage später auch von Rettungsmannschaften gefunden und das in einem schwer zugänglichen Gebiet des Dschungels, in dem es leicht wilden Tieren hätte zum Opfer fallen können. Drei Dinge mussten also zusammenpassen, damit dieses Mädchen mit dem Leben davonkam. Erstens, den Flugzeugabsturz zu überleben. Zweitens, *nicht* den wilden Tieren zum Opfer zu fallen. Und drittens, in diesem riesigen Dschungel überhaupt gefunden zu werden.

Doch eigentlich brauchte es nur eines, nämlich *ihre Entscheidung zu leben.* Ganz offensichtlich trug dieses kleine Mädchen das Todesszenario nicht in ihrem Bewusstsein. Sonst hätte eines der drei *Hindernisse* ihren sicheren Tod bedeutet. Auch dieses Mädchen befand sich zur selben Zeit am selben Ort und erlebte eine andere Wirklichkeit als die restlichen Passagiere, weil *sie* sich *für* das Leben entschieden hatte.

Bewusstsein ist ungemein kraftvoll, wenn eine innere Überzeugung aus ihm schwingt. In Amerika wurde ein Experiment durchgeführt, an dem 4000 Meditierende teilnahmen. Die Aufgabe der Meditierenden bestand darin für den Frieden zu meditieren und zwar für ein als besonders gewalttätig geltendes Wohnviertel in Washington DC. Was die Polizei nie für möglich gehalten hatte, traf innerhalb weniger Monate ein. Die Kriminalitätsrate dieses Bezirks sank nämlich um satte 25%.

Diese Meditierenden meditierten also *für* etwas und nicht *gegen* etwas, nämlich *für* Frieden und nicht *gegen* Kriminalität. Wer *gegen* die Verschmutzung der Meere, *gegen* die globale Erwärmung, *gegen* das Ozonloch, *gegen* die Umweltverschmutzung, *gegen* das Abholzen der Regenwälder, *gegen* korrupte Regierungen, *gegen* Hunger und Armut, *gegen* die Globalisierung oder *gegen* Krieg ist, der schenkt diesen unerwünschten Dingen durch seine mentale Aufmerksamkeit und seinen Widerstand kraftvolle Zuneigungsimpulse, die diese Zustände nur noch verstärken. Die Meditierenden meditierten *für* den Frieden und hauchten so jenem Zustand, den sie manifestiert sehen wollten Leben ein.

Wenn dir diese Dinge am Herzen liegen, dann benütze deine Vorstellungskraft und meditiere *für* saubere Meere, *für* ein ausgeglichenes Klima auf der Erde, *für* eine intakte Ozonschicht, *für* eine harmonische Umwelt, *für* aufgeforstete Regenwälder, *für* ehrliche Regierungen weltweit, *für* Wohlstand auf der ganzen Welt, *für* Arbeit für jedermann, *für* den Frieden.

Du sagst: «Was, *ich* kann diese Dinge mit meinen Gedanken verändern? Wie soll das funktionieren, wenn egozentrische Wirtschaftsbosse, selbstsüchtige Regierungen und andere Menschen diese schrecklichen Dinge tun!» Oh, tun sie diese Dinge in deinem Bewusstsein? Wenn ja, dann unterstützt *du* sie dabei, indem du ihnen mental deine Aufmerksamkeit schenkst.

Es braucht grosse Gedankendisziplin und eine Umkehr deiner Denkgewohnheiten auf das, was *du* erleben möchtest, damit du *deine* Ziele erreichst. Du kannst es schaffen, denn deine Gedanken sind kraftvoll. Deine Worte ebenfalls. Und deine Vorstellungskraft kann Berge versetzen.

Kato Hoki, Oberpriester eines Tempels in Japan, betete an den Ufern des Fujiwara-Damms, damit dem Wasser des Sees, das als schmutzig und leblos diagnostiziert wurde, durch seine Gedanken der Schönheit, des Friedens und Glücks wieder Leben eingehaucht würde. Nach der mentalen Behandlung durch den Priester wurde das Wasser abermals getestet. Das Resultat verblüffte. Nach Hokis einstündigem Gebet war das Wasser wieder klar, rein und schön.

Du kannst dasselbe tun wie dieser Priester. In dir liegt die Kraft um Meer, Luft, Klima, Ozonschicht, Umwelt, Regenwald, Regierung, Arbeit und Weltfrieden ausgeglichen, harmonisch und ganz zu sehen. Dazu brauchst du nicht, wie Regierungen es handhaben, in den Krieg zu ziehen, um den Frieden zu sichern... was für ein Widerspruch! Dein Krieg *gegen* dies und das ist jetzt deinem inneren Frieden gewichen, der die Dinge so sieht, wie *du* sie sehen möchtest.

Der japanische Forscher Dr. Masaru Emoto bestätigte das Experiment des Priesters Kato Hoki insofern, als er eine interessante Entdeckung machte, was die Kraft von Gedanken und Gefühlen anbelangt. Er fotografierte Wasserkristalle, die sich in gefrorenem Wasser gebildet hatten, nachdem das Wasser zuvor positiven *oder* negativen Gedanken und Gefühlen ausgesetzt worden war. Jene Wasserkristalle, die negativen Empfindungen – *du machst mich krank*, *Dummkopf*, oder auch *Heavy Metal Musik* – ausgesetzt wurden, formten unvollständige, asymmetrische Muster mit dumpfen Farben, während die Kristalle, denen positive Gefühle – *Liebe*, *Dankbarkeit* oder *Mozart Symphonien* – geschenkt wurden, leuchtende, schön geformte und farbenfrohe Muster, ähnlich einer Schneeflocke, formten.

Kannst du dir vorstellen, was Gedanken und Gefühle in deinem Körper – er besteht zu 70% aus Wasser – in deinem Bewusstsein und in deinem Leben auslösen können, wenn nur schon mikroskopisch kleine Wasserkristalle eine solche Resonanz zeigen.

Jacqueline hatte eine Idee, die sie sogleich in die Tat umsetzte. Im Wissen, dass ihr Körper hauptsächlich aus Wasser besteht und bei Dr. Emotos Experimenten Etiketten mit positiven oder negativen Worten auf Flaschen, die mit Wasser gefüllt waren, geklebt wurden und besagte Ergebnisse hervorbrachten, entschloss sie sich die folgenden drei Affirmationen in grossen Lettern auf ihre Matratze zu schreiben:

Ich habe mich gern!
Ich bin göttliche Ordnung!
Ich bin Frieden!

Eine kluger Gedanke, denn der Mensch verbringt beinahe einen Drittel seines Lebens im Bett. Wenn dabei Körper und Bewusstsein drei positiven Affirmationen wie diesen ausgesetzt sind, umso besser.

Auch das Phänomen *Findhorn* ist ein Ausdruck von Bewusstsein. Dort, im Nordosten Schottlands, in einem kargen und rauen Klima, gründeten Peter und Eileen Caddy sowie Dorothy MacLean im Jahr 1962 das Findhorn-Zentrum. Auf einem sandigen und unfruchtbaren Boden, einer ehemaligen Abfallhalde legten sie ohne Vorkenntnisse einen Garten an, der sich in seiner Fruchtbarkeit einzigartig entwickelte. Eine Supervegetation gedieh, ein eigentliches *Gartenwunder*, das die Welt in Erstaunen versetzte. Gartenbauexperten, Agrarwissenschaftler und Biologen wurden auf den *Wundergarten Schottlands* aufmerksam, denn was dort geschah widersprach allen Regeln der Gartenbaukunst. Bodenproben führten zu keinem logischen Ergebnis. Es gab und gibt keine *wissenschaftliche* Erklärung für das Phänomen Findhorn, denn es beruht auf demselben Prinzip wie die Wasserkristalle von Dr. Emoto – Liebe, Zuneigung, *Bewusstsein*!

So genannte Wunder sind nichts weiter, als Manifestationen eines Zuneigungsimpulses – Bewusstsein, Glaube, innere Überzeugung! Findhorn ist das Resultat vom Glauben an die innere Stimme und von der Umsetzung einer Vision, die Eileen Caddy klar und deutlich in sich erkannt hatte.

Eigenes Erfahren und Erleben sind die wohl eindrücklichsten Kräfte, die Bewusstseinsveränderungen hervorrufen. Daraus wachsen Glaube und innere Überzeugung. Sie steuern Bewusstsein! Selbst Erlebtes oder Erfahrenes wie Findhorn, die Wasserkristalle, ein Feuerlaufseminar, das Berühren einer heissen Herdplatte oder Christinas saubere Wohnung prägen sich stark ins Bewusstsein. Obwohl nur Kolumbus und seine Schiffsleute *aus eigener Erfahrung* realisierten, dass die Erde keine Scheibe, sondern eine Kugel ist, wurde dieses überlieferte Wissen zum neuen Menschheitsbewusstsein. Auch heute, dank der medialen Informationsflut, gibt es rasante Bewusstseinsveränderungen. Man denke nur an das Wissen, das einem beispielsweise im Bereich der Ernährung zugänglich gemacht wird. Tatsache ist aber auch, dass sich diese Erkenntnisse beinahe täglich ändern. Einmal ist Fleisch gesund und dann wieder nicht. Einmal ist die Trennkost das Mass aller Dinge, dann die Atkins-Diät. Dann die Diät, die nur auf Kohlehydrate setzt und schliesslich diejenige, die auf Rohkost baut. Auf diese Weise kann sich ein allgemein gültiges Bewusstsein nur schwer etablieren. Und das ist gut so!

Je weniger sich dein Bewusstsein auf äusseres Wissen und Informationen aus den Medien abstützt, desto besser. Vertraue vielmehr auf *dein* Gefühl, *deine* innere Stimme und auf *deine* innere Überzeugung! Wenn Kolumbus nicht auf *sein* Gefühl, *seine* innere Stimme und auf *seine* innere Überzeugung gehört hätte, wäre er kaum auf seine abenteuerliche Reise, die das Bewusstsein der Welt veränderte, aufgebrochen. Hätte er auf das *allgemein gültige Wissen* gehört oder wäre er selbst überzeugt gewesen, dass die Erde eine Scheibe ist, dann hätte er seine Expedition wohl gar nicht erst gestartet.

Erst wenn du auf dein Inneres hörst, wirst du wirklich unabhängig. Das bedingt, dass du dich von Abhängigkeiten im Äusseren so gut wie möglich löst. Dein Körper beispielsweise, ist wie eine riesige Apotheke. Er produziert alles, was er an lebensnotwendigen Substanzen braucht – Enzyme, Mineralien, Spurenelemente, Vitamine, Hormone, Sekrete und Flüssigkeiten – aus sich selbst, wenn man ihn denn lässt. Das heisst, wenn man *ihn*, diesen Tempel, der Ort in welchem dein Bewusstsein zuhause ist, mit Respekt und Liebe behandelt und in ihm eine Atmosphäre der Gelassenheit, des Friedens und der Harmonie kreiert. In einer solchen Atmosphäre funktionieren die Produktion, das Aussenden und die Verarbeitung aller lebensnotwendigen Körpersubstanzen einwandfrei. Man würde *nie* krank werden, wenn man mental *immer* im Einklang mit sich selbst wäre. Doch jedes Mal, wenn man sich sorgt, wenn man Angst hat oder sich Hass, Wut, Stress oder Disharmonie im Körper ausbreiten, schliessen sich die Drüsen, die Produktionsstätten der Körpersubstanzen. Dadurch wird deren Zufuhr zu den Billionen von Körperzellen unterbrochen. Krankheiten sind die Folge. Deshalb müssen diese Substanzen dem Körper, mittels Medikamenten, künstlich zugeführt werden. Wenn man seinen Körper sich selbst überlassen könnte und man in einer Atmosphäre bedingungsloser Liebe leben würde, dann wäre alles im Fluss.

Der Körper gewöhnt sich mit der Zeit an diese Ersatzsubstanzen. Daraus entsteht eine Abhängigkeit, wodurch seine Fähigkeit diese Substanzen aus sich selbst zu produzieren, verkümmert. Der Ausweg aus dieser Sackgasse besteht darin, den Mentalhaushalt, der Schlüssel zu einem glücklichen Leben, auszubalancieren. Dadurch wird der Körper die Produktion, das Aussenden und die Verarbeitung seiner eigenen Substanzen von selbst wieder aufnehmen.

Ein gesunder Mentalhaushalt ist das A und O eines gesunden und erfüllten Lebens. Verlass dich deshalb vermehrt auf deine Instinkte. Vertrau deinem Gefühl. Es ist dein Glaube, der zählt. Er ist die ultimative Kraft in deinem Bewusstsein. Dein Glaube *ist* Bewusstsein!

Damit sich Bewusstsein im menschlichen Leben enthüllt, bedarf es Demut, Offenheit und Aufgeschlossenheit. Kleinkinder erfüllen diese Voraussetzungen weitgehend. Sie sind gegenüber dem Leben offen, an Neuem interessiert und fasziniert davon. Sie besitzen die Fähigkeit zu staunen und den Zauber im Leben zu erkennen. Erwachsene hingegen haben tendenziell die Einstellung, bereits alles zu wissen. Dieser Mangel an Demut hat zur Folge, dass sie glauben, nichts mehr Neues lernen zu können. Das verursacht eine Trennung vom Leben. Es schliesst die Türen zu neuen Erfahrungen und zu neuem Bewusstsein. Erst Demut, Offenheit und Aufgeschlossenheit bringen das Staunen, die Freude und das Bewusstsein ins Erwachsenenleben zurück; Bewusstsein, das schon immer unter der Oberfläche existierte.

Diese Aufgeschlossenheit und dieses Vertrauen ins eigene Selbst erlauben dir Menschen, Situationen und Erfahrungen, die das Leben an dich heranträgt als das zu erkennen, was sie sind... Möglichkeiten Bewusstsein zu enthüllen, sowie dir selbst und damit der Unendlichkeit näher zu kommen. Es mag nicht immer einfach sein, diese zuweilen herausfordernden Menschen, Situationen und Erfahrungen willkommen zu heissen. Vielleicht würdest du lieber vor ihnen davon rennen. Doch sie sind nicht ohne Grund in deinem Leben. Jede dieser Herausforderungen hat ein Geschenk für dich. Doch erst wenn du die Herausforderung annimmst, indem du seine unattraktive Verpackung öffnest, wirst du das Geschenk als solches erkennen. Erst wenn du dich der Herausforderung stellst und du über diese Schwelle schreitest, wird das unter der Oberfläche schlummernde Bewusstsein in dir zum Leben erwachen.

Ich war ein 13-jähriger Teenager, als mir mein Deutschlehrer eröffnete, dass er mich auserkoren hatte, anlässlich eines Schultheaters, die Rolle des Erzählers zu spielen. Ich sah in dieser Rolle *damals* alles andere als ein Geschenk. Ganz im Gegenteil! Ich sah nur eine ausgesprochen unattraktive Verpackung, denn das Theaterstück war bestimmt zwei Stunden lang und der Text, den ich auswendig zu lernen hatte, dementsprechend umfangreich. Doch das Schlimmste überhaupt war die Tatsache, dass die Aufführung vor mehreren hundert Zuschauern stattfand. Das bereitete mir Bauchschmerzen, denn als Teenager war ich eher schüchtern. Deshalb war mir diese Rolle im Rampenlicht unangenehm. Auch in der Schule hatte ich mich nie wohl gefühlt, einen Vortrag vor der ganzen Klasse zu halten. Nicht, dass ich vom rhetorischen Standpunkt überfordert gewesen wäre. Nein, es ging um das öffentliche Vortragen vor anderen, um Hemmungen also!

Ob mein Deutschlehrer von meinem Unbehagen wusste und mir die Rolle deshalb aufbrummte, weiss ich nicht. Mir selbst ist heute sonnenklar, weshalb dieses *Geschenk* in mein Leben kam. Ich wollte meine Hemmungen überwinden. Die Theaterbühne gab mir die Möglichkeit dazu.

Die Aufführung verlief gut und mein Unbehagen war relativ schnell verflogen, genau wie meine Hemmungen. Es half mir in meine Rolle einzutauchen, darin aufzugehen und mich selbst sowie auch das Publikum zu vergessen. Am Ende kam ich gestärkt daraus hervor. Ich hatte erkannt, dass ich über genügend Selbstvertrauen verfügte, um alleine auf der Bühne zu stehen und vor anderen Menschen zu sprechen. Dieses Selbstvertrauen war nicht etwas, das ich mir erarbeitet hatte. Es hatte *bereits* existiert. Doch erst während der Aufführung wurde ich mir dessen bewusst. Zuvor war ich hypnotisiert von meiner Vergangenheit.

Zu Beginn, als mich mein Lehrer mit der Rolle konfrontiert hatte, hätte ich liebend gerne *Nein danke!* dazu gesagt. Doch etwas in mir liess das nicht zu. Ich wollte dieses Geschenk, trotz der unattraktiven Verpackung. Auch du kannst dich dafür entscheiden die Menschen, Situationen und Erfahrungen deines Lebens anzunehmen. Versuche dich nicht gegen sie zu wehren. Versuche keinen Widerstand zu leisten. Fliesse mit dem Leben und sei dir jederzeit bewusst, dass ein Geschenk, *Bewusstsein*, auf dich wartet.

Üben, Erfahren und Erleben geben dir das Gefühl, dass du dein Bewusstsein über Entwicklungsprozesse kontinuierlich erweiterst. Diese Ansicht ist populär und weit verbreitet. Eigentlich müsste das Erlangen von Bewusstsein nicht über Entwicklungsprozesse stattfinden, denn unendliches Bewusstsein existiert bereits in dir! Du könntest dich gerade jetzt vollumfänglich darauf einstimmen. So wie Sonnenschein, Regen und Hagel im Jetzt und Hier existieren, so schlummert auch unendliches Bewusstsein im Jetzt und Hier. Kolumbus Schifffahrt zum äussersten Rand der Scheibe und darüber hinaus, schien eine neue Erkenntnis zu sein, das sein Bewusstsein und das der Menschheit veränderte. Doch die Erde *war* schon immer rund. Das Wissen, dass dem so ist, existierte *bereits* im unendlichen Bewusstsein. Intuitiv war sich Kolumbus dessen bewusst. Doch erst der Beweis, den Kolumbus erbrachte, schuf auch das Vertrauen der Menschheit in diese Erkenntnis. Zuvor war sie in einem Netz des Aberglaubens gefangen. Wer sich intuitiv auf das Bewusstsein, dass die Erde rund ist, einstimmte und sich öffentlich dazu bekannte, riskierte sogar, auf dem Scheiterhaufen verbrannt zu werden.

Soweit ich mich an meine Kindheit zurück erinnere, spielte ich immer Fussball. Es war die einzige Sportart, die man in dem Dorf, in dem ich aufwuchs, von Frühling bis Spätherbst ausüben konnte. Zu Beginn spielte ich im Tor, dann in der Verteidigung und schliesslich als Stürmer. Das war zu der Zeit, als ich alt genug war dem Fussballverein beizutreten. Wir hatten einen Coach, der genau so war, wie seine Trainings, nämlich locker, bequem, nett und sympathisch! Wir mussten nie Kondition büffeln. Er liess uns spielen, Fussball spielen. Wir hatten eine Menge Spass.

Während Meisterschaftsspielen wurde aus dem lockeren Coach jedoch ein motivierender, um nicht zu sagen ein energischer. Von der Seitenlinie aus feuerte er uns lautstark an. Unverblümte Kritik gehörte ebenfalls zu seinem Repertoire. Auch ich war davon betroffen. «Steffi, nicht so zaghaft!» war sein Standardspruch. Er hatte Recht damit, denn auf der Position als Flügelstürmer, auf der er mich spielen liess, mangelte es mir an Durchsetzungsvermögen. Zudem kriegte ich selten brauchbare Pässe von meinen Mitspielern.

Dann, eines Tages, liess mich der Coach im Mittelfeld spielen. Das war mein Durchbruch. Mein Spiel explodierte förmlich. Durch die vielen Ballkontakte konnte ich dem Spiel meinen Stempel aufdrücken. Eine regelrechte Verwandlung geschah mit mir. Alles Zaghafte war verflogen. Der Coach strahlte und ich war glücklich.

Es war nicht so, dass ich in nur einem Spiel gelernt hatte, Fussball zu spielen. Was ich jedoch brauchte war ein *Katalysator*, jemanden wie meinen Coach, der in mir eine Reaktion auslöste. Der Positionswechsel vom Sturm ins Mittelfeld bewirkte das. Es brachte den Glauben und das *Bewusstsein*, dass ich Fussball spielen konnte, zum Vorschein.

Mit Hilfe eines Katalysators, das kann ein Mensch, eine Situation oder eine Erfahrung sein, lässt sich die Maske des Nichtkönnens oder Nichtwissens abstreifen. Die darunter verborgene Wirklichkeit, *unbeschränktes Bewusstsein*, leuchtet dann aus dir hervor. Alles existiert bereits unter dieser Maske. Du *bist* bereits gesund. Du *bist* bereits erfolgreich, kreativ, liebenswürdig, humorvoll, wohlhabend, intelligent, weise und erleuchtet. Du *bist* bereits all das, was du zu sein wünschst, denn du bist eins mit deinem inneren Universum. Dieses Bewusstsein ist dein Geburtsrecht, *wer du bist.* Die Zeit dich damit zu vereinen ist jetzt.

Kreiere jeden Tag *bewusst*, indem du dir deine Partnerschaft, deine Kinder, deinen Körper, deinen Job, dein Leben mit all seinen Facetten so vorstellst, wie *du* sie gerne möchtest. Wie gesagt, die Unendlichkeit und Unbegrenztheit aller Möglichkeiten liegen *bereits* in dir. *Du* bist der Impulsgeber, der ihnen als *aktiver* Schöpfer Leben einhaucht.

9

KÖRPER

Dein Körper ist wie eine Leinwand, auf die sich der Film deines Bewusstseins projiziert. Welcher Film auch immer sich in deinem Bewusstsein abspielt, dein Körper hört, sieht und fühlt mit, denn Körper und Bewusstsein sind eins. Dein Körper hat nicht nur Bewusstsein, dein Körper *ist* Bewusstsein.

Wenn du beispielsweise Gefühle der Traurigkeit *als Teil deines Films* in deinem Bewusstsein zulässt, dann sind auch die Zellen deines Körpers mit Traurigkeit infiziert. Wird dir dann, mitten in deine Traurigkeit hinein, mitgeteilt, dass du im Lotto eine Million Euro gewonnen hast, dann wirst du von einem Moment zum anderen überglücklich sein. Auch die Zellen deines Körpers werden vor Freude vibrieren. Du kriegst Gänsehaut und könntest die ganze Welt umarmen. Wenn du zuvor Kopfweh gehabt hast, weil du deinen Körper mit Gefühlen der Traurigkeit missbraucht hast, dann ist dieses Kopfweh – durch deine veränderte innere Haltung, *den neuen Filmausschnitt* – wie weggeblasen. Siehst du wie Körper und Bewusstsein miteinander verbunden sind! Sie *sind* eins.

Der Mensch schenkt seinem Körper – oberflächlich betrachtet – grosse Aufmerksamkeit. Wellness ist heutzutage in aller Munde, genauso wie gesunde Ernährung oder ausreichende Bewegung. Wer einem wichtigen Menschen begegnet, sei es die Königin von England, der Papst, der zukünftige Chef oder ein interessantes Date, der versucht durch gute Manieren, einem dezenten Make-up sowie schönen Kleidern *auf der Körperebene* einen guten Eindruck zu hinterlassen. *Kleider machen Leute* ist ein beliebtes Sprichwort. Man denkt, dass man andere Menschen *über den Körper* beeindrucken könne. Dem ist nur bedingt so, denn Manieren, Make-up und Kleider stellen ein eher wackliges Kartenhaus dar, das beim kleinsten Windstoss in sich zusammenstürzt. Sie sind zwar Schritte in die richtige Richtung und an sich noble Zeichen der Aufmerksamkeit und des Respekts gegenüber der Person, mit der man sich trifft. Sie tragen auch zum ersten Eindruck einer Begegnung bei, doch wenn unter dieser schönen äusseren Fassade der innere Mensch – das Selbst – nicht mit der Verpackung mitzuhalten vermag, dann verblasst dieser erste Augenschein schnell.

Wer stattdessen zuerst sein inneres Selbst zum Leuchten bringt, dessen äussere Fassade wird von alleine anziehend wirken, weil sich das Innere im Äusseren spiegelt. Du wirst automatisch gute Manieren haben, die allerdings nicht wie einem Hund antrainiert sind, sondern aus der Liebe und dem Respekt deines Herzens gewachsen sind. Die Kleider, die du trägst, werden an dir auf natürliche Weise geschmackvoll und attraktiv aussehen, weil du aus der Schönheit deines Inneren strahlst, ungeachtet dessen, ob du nach der neuesten Mode angezogen bist oder nicht. Make-up kannst du tragen oder auch nicht, denn mit deinem Charisma wirst du nichts zu überdecken haben, weder Lachfalten noch sonstige Anzeichen deiner Reife. Im Gegenteil, Lachfalten und andere Schönheitsmerkmale werden dein Charisma sogar noch akzentuieren.

Genauso wie ein bleibender Eindruck einem Menschen gegenüber *nicht* über den Körper erzeugt wird, so beeindruckt man auch seinen eigenen Körper nicht *über den Körper*. Der menschliche Körper funktioniert *nicht* über das Äussere, sondern *über das Innere*, über das Bewusstsein. Wellness, Ernährung und Bewegung sind *äussere* Zeichen der Aufmerksamkeit und Wertschätzung, die zwar im Körper durchaus positive Wirkungen auszulösen vermögen, doch sie erreichen den Körper nicht in seiner Tiefe, in seinem Bewusstsein. Dazu braucht es *innere* Impulse. Nur du kannst deinem Körper diese inneren Impulse der Liebe, Wertschätzung und Aufmerksamkeit schenken.

Wenn du deinem Körper begegnest – und du begegnest ihm jeden Moment deines Lebens – welche Impulse der Aufmerksamkeit schenkst du ihm dann, äussere oder innere? Die äusseren Impulse der Wertschätzung sind zwar angenehm für ihn, doch dein Körper *durchschaut* diese oberflächlichen Versuche Freundschaft mit ihm zu schliessen. Auf deine inneren Impulse kommt es an. Deine *inneren* Schwingungen sind es, auf die dein Körper reagiert. Durch sie gewinnst du seine lebenslange Freundschaft.

Statt äusserer Wellness schenkst du deinem Körper *innere* Wellness, nämlich gute, positive und Bewusstsein erweiternde Gedanken sowie Gefühle der Freude, des Friedens und Glücks. Von solchen Zuneigungsimpulsen lebt und ernährt sich dein Körper. Natürlich mag er auch Impulse der äusseren Wellness, doch wenn sie nur dem Stressabbau, der Ruhefindung, Entspannung oder Heilung dienen, dann bleibt es bei der Symptombekämpfung. Die eigentliche Ursache von Stress, Unruhe, Verspannung oder Krankheit – negatives Denken und Fühlen – wird durch äussere Wellness nie permanent beseitigt. Überhaupt hat Heilung nichts mit der Beseitigung einer Ursache zu tun. Heilung findet nur über eine neue Ursache – neue positive Gedanken- und Gefühlsmuster – statt. Wirkliche Wellness ist deshalb *innere* Wellness. Durch sie stärkst du deinen Gedanken- und Gefühlshaushalt, was letztendlich ausschlaggebend ist für das Gleichgewicht, den Frieden, das Glück und die Harmonie, sprich die Gesundheit deines Körpers.

Auch gesunde Ernährung ist nur ein schönes *äusseres* Zeichen der Wertschätzung gegenüber deinem Körper. Studien haben nämlich ergeben, dass Menschen, die darauf bedacht sind, sich gesund zu ernähren und ungesundes Essen von sich fernzuhalten, seltsamerweise mehr zu Krankheiten neigen, als Menschen, die diesen Dingen keine grosse Beachtung schenken.

Weshalb?

Alles ist wie immer eine Frage des Bewusstseins. Menschen, die ihr Denken mit negativen Informationen – Gedanken an unreines Wasser, verschmutzte Luft oder ungesundes Essen – *verunreinigen*, pflanzen genau diese Limitationen in ihr Bewusstsein. Die Aufmerksamkeit, die sie diesen Dingen schenken – eigentlich ihr innerer Widerstand – bewirkt genau das Gegenteil dessen, was sich wünschen. Anstatt Gesundheit erfahren sie – als Folge ihrer mentalen Fehlprogrammierung – Krankheit, und das trotz *gesunder* Ernährung. Jesus hatte dazu die passenden Worte: «Nicht das, was in deinen Mund hineingeht verunreinigt dich, sondern das, was aus deinem Mund herauskommt!»

Gesunde Ernährung findet im Kopf statt. So wie sich Gefühle der Sorge oder Angst von Eltern auf die Kinder übertragen, so überträgst du die Resonanzen deines Bewusstseins auf deinen Körper. Mache es zur Gewohnheit, bevor du etwas isst, zu sagen: «Dieses Essen ist gesund für meinen Körper und mit Liebe gefüllt!»

In einem Experiment wurden Kaninchen mit einem Virus infiziert, dann in zwei Gruppen unterteilt und voneinander abgesondert. Beide Gruppen wurden in den folgenden Tagen wie gewohnt gefüttert und gepflegt, mit dem Unterschied, dass einer Gruppe die übliche Zuwendung in Form von Streicheleinheiten und liebevollen Worten komplett entzogen wurde.

Bei der darauf folgenden medizinischen Untersuchung stellte sich heraus, dass jene Kaninchen, denen die Zuwendung entzogen wurde, nicht über genügend Abwehrkräfte verfügten, dem Virus Stand zu halten. Der Virus brach aus und sie wurden krank. Jene Kaninchen, die wie gewohnt liebevolle Zuneigung erhielten, waren resistent genug, den Virus abzuwehren.

Wenn also positive mentale Impulse – wie Streicheleinheiten und liebevolle Worte – bewirken, dass Kaninchen, trotz Virusinfizierung, gesund bleiben, dann sollte deine positive und liebevolle Einstellung gegenüber dir selbst, deinem Körper und dem Essen, das du zu dir nimmst zweifelsohne bewirken, dass das Essen dir gut tut, selbst dann, wenn es nicht aus biologisch-dynamischem Anbau stammt.

Das ideale Körpergewicht ist in der heutigen Gesellschaft ein ebenso wichtiges Thema wie der ideale Lebenspartner. Damit du deinen idealen Partner erkennst, wenn er in dein Leben kommt, *bist* du zuerst ein idealer Partner. Das bedeutet, dass du zu deinem eigenen Freund wirst, dass du dich selber liebst, dass du im Frieden mit dir selbst bist und du dir harmonische und glückliche Gedanken und Gefühle schenkst. Dadurch wirst du zu einem Menschen mit Charisma und dein idealer Partner wird, in der gleichen Resonanz schwingend wie du, in dein Leben treten.

Damit dein idealer Körper nun in dein Leben kommt – natürlich derselbe Körper, den du jetzt hast, jedoch ein anderer Ausdruck davon – tust du dasselbe, wie mit deinem idealen Partner. Du *bist* zuerst ein idealer Partner... und zwar der ideale Partner deines Körpers.

Was bedeutet es der ideale Partner deines Körpers zu sein?

Stell dir vor du seiest dein Körper und könntest dir wünschen, wie sich das Bewusstsein, das in deinem Körper wohnt dir gegenüber verhält! Was würdest du dir wünschen?

Nun, du würdest dir wünschen, dass dieses Bewusstsein dein Freund ist. Dass es dich als Körper bedingungslos liebt, ohne dich in irgendeiner Weise negativ zu beurteilen. Dass es dir in allen Lebenslagen aus dem Blickwinkel dieser bedingungslosen Liebe begegnet. Dass du als Körper diesem Bewusstsein gefällst und dass es dich bewundert. Dass es dir seine positiven Gedanken und Gefühle sowie seinen Frieden, sein Glück und seine Harmonie schenkt. Dass es dich mit lieben Worten und sonstigen Aufmerksamkeiten hin und wieder überrascht und dass es dir bei allem, was es sagt oder tut, zeigt, wie sehr es dich lieb hat.

Bist du ein solcher Partner, der seinen Körper auf diese Weise liebt? Wenn ja, super! Wenn nein, dann kannst du noch heute damit beginnen ihn so zu lieben. Dein Körper verdient es von dir geliebt zu werden, denn er ist ein Wunderwerk. Wenn du nachvollziehen könntest, wie grossartig, nein wie fantastisch er in sich selbst funktioniert, dann wäre allein diese Erkenntnis ein solches Zeichen deiner Wertschätzung, dass du gar nicht anders könntest, als ihn aus ganzem Herzen zu lieben.

Du bist ein ganzes Leben lang mit deinem Körper zusammen. Das ist eine Tatsache, an der es nichts zu rütteln gibt. Daran wird sich nichts ändern, solange du dein Zuhause auf der Erde hast. Du kannst jetzt damit beginnen, deinem Körper sein bestmögliches Zuhause zu geben, damit er sich wohl und geborgen fühlt. Er wird sich bei dir mit einem gesunden, strahlenden Körper bedanken, der dir jede erdenkliche Freude schenkt.

Wenn du zum Freund deines Körpers wirst, ihm mit Wertschätzung begegnest und ihn wirklich liebst, dann garantiere ich dir, dass diese Freundschaft etwas Grossartiges in dein Leben bringt, nämlich Gesundheit. Dein Körper wird gesund und glücklich sein, weil du ihm *den* einzig heilenden Impuls geschenkt hast, den es gibt, nämlich deine Liebe!

Doch nicht nur in deinem Körper wird etwas geschehen. Auch in dir selbst, in deinem Bewusstsein wird eine Veränderung passieren, eine mentale Veränderung. Wenn du zuvor unausgeglichene Essgewohnheiten gehabt hast – als Folge von Angst, Eifersucht, Selbstmitleid oder einem Mangel an Selbstliebe – dann wird dein innerer Wandel deine Essgewohnheiten ausbalancieren. Du wirst im Einklang mit deinem inneren Selbst leben, frei von allen Kompensationsmechanismen.

Jede Freundschaft, so auch die zu deinem Körper, braucht genügend Aufmerksamkeit, Pflege und Zeit. Der Zeit- und Qualitätsfaktor ist von Bedeutung. Bis du lernst deinem Körper gefühlsmässig nahe zu sein und bis die Freundschaft zu ihm reife Früchte trägt, auch was deine Essgewohnheiten betrifft, mag etwas Zeit verstreichen. In dieser Übergangsphase kannst du deinem Körper eine positive Unterstützung sein, indem du dir vor jeder Mahlzeit sagst: «Ich bin Meister meiner Essgewohnheiten!»

Ein Seminarteilnehmer sprach diese Affirmation kurz vor dem Mittagessen, so wie ich es ihm empfohlen hatte. Die Wirkung verblüffte ihn. «Es ist interessant, was dieser Satz bei mir ausgelöst hat. Wie du siehst, konnte ich nur die Hälfte meiner Pizza essen, nachdem ich mir gesagt hatte, dass ich *Meister meiner Essgewohnheiten* sei. Normalerweise hätte ich die ganze Pizza spielend aufgegessen. Doch heute, nachdem ich mich positiv programmiert hatte, ging das plötzlich nicht mehr!»

Dein Körper hört auf jeden Gedanken, jedes Gefühl und jedes Wort, das du aussendest. Schliesslich seid ihr eins, du und dein Körper. Du *bist* dein Körper. Deine Gedanken und Worte, die du sprichst, beeinflussen ihn. Er orientiert sich an ihnen. Sie sind sein Treibstoff. Deshalb ist dein Körper *nicht was du isst, sondern was du denkst, fühlst oder sagst.*

Doch wie schenkst du nun deinem Körper deine Zuneigung?

Beginne mit dem schönsten Ritual, das sich zwei Liebende täglich schenken, einer Umarmung. Umarme deinen Körper und sage ihm: «Ich habe dich gern!» Wenn du das tust und dabei dieselbe Liebe mitschwingt, die du deinem Liebsten oder deinen Kindern schenkst, dann bist du bereits der Freund deines Körpers.

Schätze und liebe deinen Körper also, nicht nur die äussere Hülle, sondern auch sein Innenleben, sprich seine Organe, Muskeln, Gelenke, Knochen sowie sein vegetatives Nervensystem. Dein Körper ist ein absolutes Wunder. Sprich zu ihm ohne Hemmungen oder Gefühle der Reserviertheit und sag ihm: «Du gefällst mir. Du bist ein wunderbarer Freund, gesund, perfekt und voller Liebe!»

Während einer Entspannungsübung, die der Vorbereitung einer Mentalreise diente, liess ich die auf weichen Matten liegenden Teilnehmer ein kleines weisses Licht in ihrem Körper visualisieren. Dann sollten sie sich vorstellen, wie dieses Licht heller und grösser wird und wie letztendlich ihr ganzer Körper, jede einzelne Zelle von diesem hellen Licht durchflutet ist. Als wir von der Mentalreise zurückkehrten und ich die Teilnehmer von ihren Erlebnissen erzählen liess, sagte Beatrice folgendes: «Es war unbeschreiblich schön. Während der Entspannungsübung mit dem immer grösser und heller werdenden Licht wurde mein Körper zu einem weissen Licht. Ein herrliches Gefühl der Glückseligkeit durchströmte mich. Wenn der Himmel so ist, wie in meiner persönlichen Erfahrung, dann werde ich von jetzt an *ein gutes Mädchen* sein. Ich wünsche mir nichts mehr, als immer in diesem inneren Zustand des Glücks zu sein!»

Ich fragte Beatrice nicht, ob ihre Aussage über *den Himmel und das gute Mädchen* ironisch gemeint war, oder ob sie tatsächlich an diesen Himmel einschliesslich der *Eintrittskarte* – ein gutes Mädchen sein – glaubte. Der Himmel ist nichts weiter als ein Bewusstseinszustand im Jetzt und Hier. Beatrice tauchte in dieses Bewusstsein ein und erlebte in sich selbst diese Gefühle der Glückseligkeit. Genau wie sie kannst auch du deinen Körper ins Licht tauchen und in ihm diese Glücksgefühle auslösen.

Wie dein Zuhause, so ist auch dein Körper empfänglich für Liebe. Nimm dir täglich ein paar Minuten Zeit und setz dich ruhig hin. Schliesse deine Augen und atme langsam tief ein und wieder aus.

Erwecke dann in dir Gefühle der Liebe und schenke sie deinem Körper. Stell dir vor wie dein ganzer Körper mit Liebe gefüllt ist. Das wird in dir ein wunderbares Gefühl auslösen. Liebe eben. Dein Körper sehnt sich danach und dankt es dir.

Dein Körper – das Zuhause deines Bewusstseins – hat in der Tat Parallelen zu deinem weltlichen Zuhause. Wie dein weltliches Zuhause, so kannst du auch deinen Körper mit Lachen erfüllen. Gönne dir täglich fünf Minuten herzhaften Lachens; dessen gesundheitsfördernde und heilende Wirkung ist ja bestens bekannt.

Körperliche Bewegung ist ebenfalls ein schöner Impuls der Wertschätzung und der Freundschaft gegenüber dem Körper. Sie fördert seine Gesundheit sowie auch dessen Beweglichkeit und Elastizität. Die gedankliche und gefühlsmässige Beweglichkeit ist jedoch ein noch viel wichtigerer Träger der Gesundheit. Wer in seinen Gedanken und Gefühlen sowie in seinem Verhalten beweglich ist, also nicht in alten Denk-, Gefühls- und Verhaltensmustern verharrt, sondern neue, Bewusstsein erweiternde Gedanken, Gefühle und Verhaltensweisen annimmt und lebt, der bleibt geistig beweglich und schenkt damit seinem Körper die vielleicht beste Elastizität, Geschmeidigkeit und Beweglichkeit. Die gedankliche und gefühlsmässige Beweglichkeit hat eine heilsame Wirkung auf ihn. Ein Körper ist immer so geschmeidig und elastisch wie das Bewusstsein seines Schöpfers, das in ihm wohnt.

Dein Körper ist wie dein Kind. Auch er ist Ton in deinen Händen. Du formst ihn durch dein Bewusstsein. Nicht nur seine Gesundheit liegt in deinen Händen, auch sein Aussehen kannst du erwiesenermassen beeinflussen. Sei kreativ und kreiere dein Aussehen nach deiner persönlichen Vorstellung. Visualisiere dich so, wie du sein möchtest.

Eine gesunde, positive innere Einstellung gegenüber dir selbst, deinem Körper und deiner selbst erschaffenen Welt kann Wunder bewirken. Gesundheit, Glücksgefühle, Gelassenheit, Harmonie und Frieden resultieren daraus. Genauso gut können negative Gedanken das pure Gegenteil auslösen.

Roberto Baggio, während vielen Jahren einer der weltbesten Fussballer, hatte eine schwere Knieverletzung. Gerissene Kreuzbänder, wie Roberto Baggio sie hatte, gehören zu den schwersten und langwierigsten Verletzungen, die es für einen Sportler gibt. Früher waren solche Verletzungen gleichbedeutend mit dem Karrierenende. Heute kann jeder Sportler, der über genügend Willen verfügt und die Bereitschaft hat sich durch Aufbautrainings in den bezahlten Sport zurückzuquälen, mit einem erfolgreichen Comeback rechnen. Roberto Baggios Comeback war insofern interessant, als er, nach seiner Operation, ungewöhnlich schnell wieder Fussball auf höchstem Niveau spielen konnte. Für viele war seine rasche Genesung ein Wunder. Darauf angesprochen antwortete der überzeugte Buddhist, dass er während der Heilung gedanklich und gefühlsmässig intensiv mit seinem Knie kommunizierte und ihm viel Liebe und Zuneigung schenkte.

Nicht nur Baggios Knie, sondern jede Zelle seines Körpers horchte mit und reagierte auf die liebevollen Gedanken und Gefühle, die Baggio ihnen schenkte. Ein Körper ist glücklich und gesund, wenn das Bewusstsein – sein Schöpfer, *du* – ihm Signale der Liebe und Zuversicht sowie des Friedens und Glücklichseins sendest. Ein Körper ist immer das Spiegelbild des inneren Menschen. Man kann seinem Körper eigentlich kein kostbareres Geschenk machen, als innerlich glücklich und zufrieden zu sein.

Vor vielen Jahren konnte eine amerikanische Raumfähre aufgrund einer technischen Panne nicht auf der Erde landen. Die NASA arbeitete fieberhaft, konnte jedoch das Problem weder lokalisieren noch eine Lösung finden. Erst als der Moderator einer Fernsehstation seine Zuschauer aufforderte, sich vor ihrem geistigen Auge die perfekte Landung vorzustellen, konnte die Raumfähre dort landen, wo sie zu landen hatte. Selbst im Nachhinein, nachdem die NASA verschiedenste Untersuchungen und Abklärungen durchgeführt hatte, kam sie dem Problem nicht auf die Spur. Trotzdem geschah das Wunder. Die Vorstellungskraft unzähliger Fernsehzuschauer war der Auslöser.

Dieses Ereignis unterliegt demselben Prinzip wie die Geschichte der 4000 Meditierenden, die erfolgreich für den Frieden eines kriminellen Wohnviertels in Washington DC meditiert hatten. Wenn viele

Menschen sich auf *eine* Idee oder *einen* Gedanken fokussieren, schwingt eine Kraft mit, die solch grossartige Dinge bewirken kann.

Neulich schaute ich mir am Fernsehen ein Fussballspiel an. Als kurz vor der Halbzeit das Spiel noch immer 0:0 stand, sagte der Fernsehkommentator: «Und jetzt noch ein Tor für die Schweiz so kurz vor der Pause. Das wäre es!» Beim nächsten Freistoss geschah tatsächlich das 1:0 für die Schweiz.

Derselbe Kommentator kommentierte ein paar Tage später ein Fussballspiel, bei dem es kurz vor Schluss 0:0 stand. Dieses Mal wies er darauf hin, dass diese Schweizer Klubmannschaft häufig Tore in den Schlussminuten kassiere und dass es heute hoffentlich nicht so komme. Aus seinen Worten waren spürbare Emotionen der Angst und des Zweifels herauszuhören. Und dann geschah das für ihn Unfassbare. Ein unberechtigter Strafstoss wurde auf seltsame Weise gegen die Schweizer Mannschaft verhängt. Sie verlor das Spiel.

In beiden Spielen war dieser Kommentator ein Katalysator, der bei einem Millionenpublikum einen gedanklichen und gefühlsmässigen Impuls auslöste, der zu einem Tor führte. Wenn Millionen von Menschen dasselbe denken und fühlen ist das eine Kraft, die einen Ball ins Tor tragen kann. Der Fussballkommentator tat dasselbe wie sein amerikanischer Kollege mit seinen Zuschauern und der Raumfähre. Er forderte sie geradezu auf ein Ereignis zu visualisieren. Er war es, der Millionen von Zuschauern den Gedanken *Tor* in ihr Bewusstsein pflanzte. Die Zuschauer liessen es beide Male mit sich geschehen.

Dein Körper funktioniert genauso. So wie Millionen von Fernsehzuschauern auf den Kommentator hören und sich von ihm gedankliche und gefühlsmässige Ursachen in ihr Bewusstsein pflanzen lassen, so hören die Billionen von Körperzellen mit, wenn du Gedanken denkst oder Worte sprichst. Das führt zu Wirkungen in deinem Körper, in deinem Leben und in deiner Welt.

Es ist offensichtlich, dass Materie vom Bewusstsein gesteuert und beeinflusst wird. Bewusstsein ist das Steuermodul des menschlichen Lebens. Wenn eine Depression das Immunsystem schwächt und Verliebtheit es stärkt, wenn Verzweiflung oder Hoffnungslosigkeit das Risiko für einen Herzinfarkt oder Krebs erhöht, während Freude oder Erfüllung die Gesundheit erwiesenermassen fördert, und nur schon die Erinnerung an Stress im Körper einen Ausstoss destruktiver Hormone bewirkt, dann ist unschwer zu erkennen, wie sehr das menschliche Leben vom Bewusstsein, vom inneren Menschen also, abhängt.

Da Bewusstsein alles Leben durchflutet, unterliegt auch der Prozess des Alterns inneren Mechanismen. In diesem Zusammenhang haben Wissenschaftler herausgefunden, dass eine menschliche Körperzelle nicht altert, wenn sie mit den nötigen Nährstoffen versorgt wird und *getrennt vom Bewusstsein* existiert, in einem Reagenzglas beispielsweise.

Ein Wissenschaftler führte ein Experiment an sich selbst durch. Er entnahm sich einen Anteil Lymphflüssigkeit aus seinem Körper und injizierte sich Jahre später einen Teil davon. Etwas Erstaunliches geschah. Sein Körper, der aus biologischer Sicht *normal* gealtert hatte, verwandelte sich äusserlich wieder in den Körper aus der Zeit, als er ihm die Lymphflüssigkeit entnommen hatte. Doch nur für kurze Zeit. Innerhalb weniger Wochen verflüchtigte sich sein Aussehen wieder zu dem seines biologischen Alters. Der Wissenschaftler führte dieses Experiment mehrere Male durch, immer mit demselben Resultat.

Was steckt hinter dieser Entdeckung?

Man kann davon ausgehen, dass die Lymphflüssigkeit selbst oder etwas, das in ihr enthalten ist, den Prozess des Alterns steuert. Die Lymphflüssigkeit ist wohl eine Art Informationsträger. Basierend auf den Informationen, die sie erhält, sendet sie Impulse in den Körper, was den Prozess des Alterns auslöst. Wenn eine Zelle – wie im Labor bewiesen – ewig leben und nicht altern würde, wenn Bewusstsein sie nicht daran hindern würde, dann liegt der Stein des Weisen ganz offensichtlich in einer Wandlung des Bewusstseins.

Kollektives Bewusstsein sagt über den menschlichen Körper, dass er im Alter zwischen 25 und 35 in der Blüte seines Lebens ist. Es sagt auch, dass man im Alter von etwa 40 Jahren die ersten grauen Haare hat, eine Brille braucht und zu Übergewicht neigt. Das sind Ideen, die einen unbewussten, jedoch nicht zu unterschätzenden Einfluss haben. Die Lymphflüssigkeit speichert nämlich diese Informationen und passt sie, basierend auf den mentalen Impulsen, die sie vom Bewusstsein empfängt, dauernd an. Gleichzeitig werden diese Impulse als Signale in die Körperzellen geschickt, wo sie die verschiedensten Prozesse einleiten. Nur so ist zu erklären, weshalb ein 50-Jähriger – nachdem er sich die vor 25 Jahren entnommene Lymphflüssigkeit injiziert – wenn auch nur für kurze Zeit, wieder wie ein 25-Jähriger aussieht. Die im Alter von 25 Jahren assoziierten und in der Lymphflüssigkeit gespeicherten Informationen gaben dem 50-jährigen Körper einen neuen Impuls, der zu einer kurzfristigen Verjüngung führte. Weshalb nicht zu einer dauerhaften Verjüngung? Ganz einfach weil *mit der Zeit* die Impulse und Assoziationen des 50-jährigen Körperbewohners wieder so dominant wurden, dass die Impulse des 25-Jährigen – eigentlich seiner Lymphflüssigkeit – ihren Einfluss verloren.

Das Problem, wenn man so will, liegt also im kollektiven Bewusstsein, das besagt, dass *man* altert, dass sich die Zellen abnützen und Krankheiten daraus resultieren und dass letztendlich jeder Mensch demselben Schicksal unterworfen ist, nämlich dem Tod. Dieses kollektive Weltbild wird Kindern bereits früh vermittelt.

Ich war 5 Jahre alt, als ein Nachbar und guter Freund meiner Eltern starb. Der Mann war mir vertraut. Er war Inhaber eines Baugeschäfts und nahm mich als kleinen Jungen – in Absprache mit meinen Eltern – manchmal auf die Baustellen, die er zu besuchen hatte, mit. Er hatte zwei erwachsene Töchter, aber leider keinen Sohn; so sehr sich seine Frau und er einen Sohn auch gewünscht hatten. Ich war für ihn wohl so etwas wie ein Ersatzsohn.

Sein plötzliches *nicht mehr da sein* beschäftigte mich. Meine Mutter spürte das und erklärte mir, dass jeder Mensch einmal sterben müsse und dass es Teil des Lebens sei. Ich weiss noch ganz genau, dass ich ihr nicht glaubte. Ich war *innerlich* überzeugt, dass ich für immer leben würde.

Vielleicht schmunzelst du jetzt und denkst, dass ein 5-Jähriger kaum innere Überzeugungen hat und schon gar nicht bezüglich Fragen zu Leben, Tod und Unsterblichkeit! Nun, ich bin mir sicher, dass Kleinkinder, wenn sie die Worte und das intellektuelle Verständnis hätten sich auszudrücken, aus einem tiefen inneren Gefühl heraus dasselbe sagen würden, nämlich dass sie für immer leben. Wer weiss, vielleicht würden sie uns noch mit ganz anderen Überzeugungen und Erkenntnissen überraschen. Man darf nie vergessen, woher Kinder kommen. Sie kommen – wie du und ich – vom Leben selbst, aus seiner ursprünglichen Essenz. Wenn es Menschen gibt, die noch mit diesem Ursprung verbunden sind, dann wohl Kinder. Sie sind dem Ursprung allen Seins, was Zeit und Erinnerung betrifft, am Nächsten. Das Bewusstsein von Kindern ist gerade deshalb in vielen Dingen noch rein, unberührt und ursprünglich und nicht von der kollektiven Weltanschauung beeinflusst.

Woher sonst, wenn nicht aus meinem Inneren, kam *meine* intuitive Überzeugung, dass *ich* ewig leben würde? Es gab niemanden in meiner Welt – ausser mir selbst – der mir dieses innere Wissen hätte schenken können.

Altert der Mensch vielleicht nur weil er denkt, dass er zu altern hat? Stirbt der Mensch vielleicht bloss, weil er denkt, dass er zu sterben hat? Unterliegt das ganze Schauspiel des menschlichen Daseins in der Tat nur einem Missverständnis, einer Fehlinformation, die uns über Generationen von Generationen einfiltriert wurde? Ist die ganze menschliche Gesellschaft einfach nur hypnotisiert von kollektiven Denk- und Glaubensmustern?

Wenn ein Mann unter Hypnose genüsslich eine Zitrone isst, nachdem ihm der Hypnotiseur gesagt hat, es wäre ein saftiger, süsser Pfirsich oder wenn eine Frau, die nicht Klavier spielen kann, unter Hypnose plötzlich zur Virtuosin wird, dann ist der Gedanke nicht einmal so abwegig, dass der Mensch in einer Art Massenhypnose lebt, nachdem er zuvor über einen Zeitraum von Jahrtausenden einer Gehirnwäsche unterzogen wurde. Der Mann, der die Zitrone ass oder die Frau, die zur Pianistin wurde, wussten, währenddem sie diese ungewöhnlichen Dinge taten, *nicht*, dass sie unter Hypnose standen. Genauso weiss der Mensch nicht, dass er in vielerlei Hinsicht in einem Zustand der Hypnose lebt.

Der Mensch leidet eigentlich nicht unter Krankheiten oder sonstigen Limitationen, sondern unter einer Hypnose. All seine Beschränkungen, Krankheiten und letztendlich auch der Tod sind nur

Folgeerscheinungen seiner Selbsthypnose. Diese Hypnose ist der wahre Grund für seine mangelnde Erkenntnis dessen, *wer er ist.* Nicht umsonst lautet das übereinstimmende Credo aller Philosophen: «Erkenne dich selbst!»

Dein Körper, dein Leben, dein Dasein hängt davon ab, wer du glaubst zu sein. Wer du glaubst zu sein, hängt von deinem Bewusstsein ab. Du bist das Unendliche, das Leben und als solches unbeschränkt. Beginne damit, dir, deinem Körper und deinem Leben Gedanken, Gefühle und Überzeugungen der Unendlichkeit zu schenken. Sag dir, deinem Leben und auch deinem Körper, dass du ewig jung bist, vital und voller Lebensfreude. Wenn du willst, kannst du dich für immer in *deinem* idealen Alter sehen, 20, 25 oder 30 Jahre jung. Es ist *deine* Entscheidung, wie alt oder wie jung du dich siehst. Mit neuen Einstellungen und inneren Überzeugungen wie diesen erweckst du dich aus deinem Tiefschlaf, wodurch du in deiner strahlenden Wirklichkeit vor dir stehst.

10

SPIEGEL

Eine der am schwersten zu akzeptierenden Tatsachen ist die, dass alles, was du erlebst, siehst, hörst oder auf sonstige Weise in dein Gewahrsein kommt, ein Spiegel von dir selbst ist. Jeder Mensch, den du triffst, alle Erlebnisse, die du hast, alle Beobachtungen, die du machst, alles, absolut alles, das in irgendeiner Form in deiner Wahrnehmung existiert, ist *dein* Spiegel. Dem ist so, weil du mit allem eins bist und es auf dieser Welt nur dich gibt.

«Wie, nur mich?» fragst du. «Es gibt doch 6,5 Milliarden anderer Menschen auf der Erde. Und ich bin ich und du bist du, und er hier ist er und sie dort ist sie. Wie kannst du *mich* sein, wenn *ich* doch mich bin? Und wie kann ich *dich* sein, wenn *du* doch dich bist?»

Das Ganze ist eine Frage des Standpunkts. Für dich gibt es nur eine Welt, nämlich *deine* Welt und *deine* Wahrnehmung dieser Welt, zu der all die Dinge gehören, denen du dir bewusst bist. Dinge, denen du dir nicht bewusst bist, sind offensichtlich nicht Teil deiner Wahrnehmung und somit nicht Teil *deiner* Welt. Für mich gibt es ebenfalls nur eine Welt, nämlich *meine* Welt und *meine* Wahrnehmung dieser Welt. Du und ich, wir haben also beide unsere individuelle Welt. Du bist das Zentrum dieser Welt. Deine Welt dreht sich um dich. Sie ist deine Bühne, auf der *du* der Regisseur bist. Alles unterliegt *deiner* Regie. Du bestimmst wer welche Rolle wie spielt. Alle Fäden laufen bei dir zusammen. Insofern gibt es nur dich in deinem Leben. Du bist *der* Schöpfer deiner persönlichen Welt.

Das tönt nach einem riesigen Egotrip. Oberflächlich betrachtet mag dem so sein. Doch dieses Buch, bereits dieses Kapitel, wird dir zeigen, dass es um weit mehr geht. Du wirst sehen, dass deine Gedanken, Gefühle, Worte und Handlungen eine unmittelbare Wirkung auf dich und dein Leben sowie auf alles und jeden in deiner persönlichen Welt ausüben. Weil du mit allem eins bist und es in deiner Welt nur dich gibt, ist dein Leben eine Art Bumerang, der immer wieder auf dich zurückfliegt. Das relativiert diesen scheinbaren Egotrip.

Wenn du und ich *unabhängig voneinander* in einer identischen Welt, in zwei parallelen Universen sozusagen, leben würden – derselbe Körper, derselbe Partner, dieselben Kinder, derselbe Job bei derselben Firma, dieselben Hobbys, dasselbe Leben – ohne dass wir jedoch ein Klon voneinander wären, dann stimmst du mir sicherlich zu, dass das noch lange nicht bedeutet, dass wir unsere *äusserlich* identische Welt auch *innerlich* identisch wahrnehmen. Wir hätten andere Erfahrungen mit uns selbst und unserer Familie, mit der Zeit auch anders aussehende Körper sowie unterschiedliche Positionen innerhalb der Firma, weil wir *in uns selbst* verschieden sind, und demzufolge unsere Welt – durch den jeweiligen Filter unserer Vergangenheit, unseres Gemütszustands und Bewusstseins – anders sehen. Insofern würden aus dieser zu Beginn identischen Welt zwei verschiedene Welten, weil wir unterschiedliche Dinge auf sie projizieren.

Du, genau wie ich, betrachtest deine Welt durch *deine* Augen, als Spiegel deines eigenen Selbst. Du hast nicht die Fähigkeit einen anderen Menschen so zu sehen, wie er *wirklich* ist, weil du immer nur dich selbst in ihm reflektiert siehst. Insofern siehst du dich selbst oder einen Aspekt von dir, wenn du einem anderen Menschen begegnest. Was immer du in der Person siehst – Schönheit, Liebe, Freude, Glück, Frieden, Intelligenz *oder* Dummheit, Disharmonie, Traurigkeit, Angst, Unbehagen, Hässlichkeit – bist du in jenem Augenblick *in dir selbst*. Innerlich hast du dich nämlich auf deren Schwingung eingestimmt. Das macht dich zu dem, was du siehst.

Hunde sind gute Spiegel. Sie reflektieren die Gemütsverfassung eines Menschen vortrefflich. Wenn jemand glücklich ist oder Hunde mag, dann spüren es diese und wedeln mit dem Schwanz. Auch wenn jemand vor Hunden Angst hat oder eine Disharmonie ausstrahlt, reagieren sie darauf. Sie werden die Person anbellen oder, wenn sie sich von den Schwingungen bedroht fühlen, sogar beissen.

Wenn du zwei Angestellte über ihre Sympathien für ihren Chef befragst, kann es gut sein, dass du zwei gegenteilige Meinungen erhältst. Eine Angestellte wird ihren Chef mögen und gerne für ihn arbeiten, während die andere das Gegenteil empfindet. Dabei ist dieser Chef immer derselbe. Wieso also diese Diskrepanz auf der Sympathieskala? Der Grund ist der, dass beide ihren Chef durch ihre individuellen Augen und den Filter ihres Bewusstseins betrachten. Sie sehen ihren eigenen Spiegel, den sie mögen oder eben nicht mögen. Du siehst wie subjektiv das menschliche Leben eigentlich ist. Es gibt keine wirklich objektive Betrachtungsweise.

Inneres und Äusseres sind untrennbar miteinander verbunden. Basierend auf deinem Inneren, sprich deinem Bewusstsein, betrachtest du die Welt *dort draussen* nicht nur, sondern du erschaffst sie auch aufgrund dessen, *wie* du sie betrachtest. Deine gedankliche Einstellung haucht ihr genau jene Qualität ein, die sie *für dich* hat. Deine Sichtweise ist somit gleichzeitig dein Zuneigungsimpuls, mit der du sie zum Leben erweckst.

Zwischen der Welt in dir und der Welt dort draussen gibt es immer einen Spiegeleffekt. Dieser Spiegel lügt nie! Genau genommen gibt es diese Welt dort draussen gar nicht, denn es ist die Welt in dir, die *wirklich* lebt, pulsiert und *ist*. Das dort draussen ist *nur* eine Reflektion dessen, was sich in deinem Inneren abspielt. Das dort draussen ist wie der Spiegel in deinem Badezimmer. Die Wirklichkeit bist *du* und *nicht der Spiegel*, in dem du dich siehst.

Man sagt, dass Neugeborene und Kleinkinder diese beiden Welten, innere *und* äussere, nicht getrennt voneinander erleben. Für sie existiert nur eine Welt, nämlich *ihre* Welt. Für sie ist alles eins, ein Ausdruck ihres universellen Bewusstseins, das weder ein Ich noch ein Du kennt und schon gar nicht Objekte *dort draussen*. Diese Erkenntnis kommt nicht überraschend, denn Neugeborene und Kleinkinder sehen die Dinge noch wie sie *wirklich* sind. Aus der Sicht eines Neugeborenen ist alles – Krippe, Spielzeuge, Gesichter von Mama, Papa und Geschwistern – ein Ausdruck seines Inneren, weder getrennt, noch ausserhalb von sich selbst, sondern *eins*.

Erst später kommt der Moment, wo dieses Ur-Bewusstsein, dieser Zustand des Einsseins vom dualistischen Bewusstsein des Menschseins verdrängt wird. Dieser Augenblick der Trennung vom universellen Bewusstsein, vom Meer des Einsseins ist gleichzeitig die Geburt des illusionären Ich und die Erfindung des Du. Plötzlich hört das Ich beim eigenen Körper, beim eigenen Denken und Fühlen auf und alles darüber hinaus gehört dann zum Du, zur Welt *dort draussen.*

SPIEGELUNGEN

Kennst du das? Du wachst am Morgen auf und fühlst dich grossartig. Du hast ein richtig gutes Gefühl in dir. Du liebst das Leben und könntest die ganze Welt umarmen. Dann stehst du auf und tanzt in deinen Tag. Die Menschen, die du triffst sind so glücklich wie du selbst. Bestens gelaunt strahlen sie dich an. Sie machen dir schöne Komplimente und genau wie du sind sie voller Lebensfreude. In diesen Augenblicken möchten sie nichts mehr als für immer und ewig zu leben. Genau wie du!

Weshalb spiegeln diese Menschen dein Inneres so haargenau? Sie tun es, weil sie auf deiner Bühne stehen und heute in deinem Theaterstück eine Rolle spielen. Genau wie du – aus ihrer Sicht – auf ihrer Bühne stehst und in ihrem Theaterstück mitspielst.

Ein Szenenwechsel! Wie sieht die Bühne eines Menschen aus, der andere bestiehlt? Ein solcher Mensch schwingt im Bewusstsein von Diebstahl. Was *er* tut, nämlich zu stehlen, wird er – genau wie du als glücklicher, ins Leben verliebter Mensch – automatisch auf seine Welt projizieren. Er denkt, dass es *dort draussen* Menschen gibt, die *ihn* bestehlen wollen. Er projiziert diese Sichtweise sogar auf Menschen, die in ihrem Wesen grundehrlich und absolut vertrauenswürdig sind. Er kann nicht anders, weil er Menschen nur aufgrund dessen, *wie er selbst ist*, wahrzunehmen vermag. Weil er die Menschen dort draussen *so* sieht und er Schöpfer seiner Welt ist, wird er diesen Spiegel in seiner Welt erschaffen. Das heisst, er wird Menschen auf seiner Lebensbühne vorfinden, die *sein* Spiel, *ihr* Spiel des Diebstahls mit ihm spielen wollen.

Siehst du, wie Spiegelkonzept und Schöpferprinzip miteinander verknüpft sind? Man erschafft sich seine Welt immer aufgrund seiner inneren Wahrnehmung, aus dem Bild, das man von sich selber hat.

Ein Mann hatte die charakteristische Eigenheit, sich immer nur für Freundinnen oder Frauen anderer Männer zu interessieren. Er verliebte sich nie in Frauen, die *wirklich* bereit für eine Beziehung gewesen wären. Einige Zeit verstrich. Dann verliebte er sich, nachdem seine Avancen gegenüber *vergebenen* Frauen nicht von Erfolg gekrönt waren, endlich in eine Frau, die wie er bereit war für eine Beziehung. Die beiden verbrachten eine schöne Zeit miteinander. Nur etwas überschattete ihre Beziehung. Immer wieder sah er sich damit konfrontiert, wie andere Männer an seiner Freundin Interesse zeigten. Zumindest interpretierte er es so.

Die Männer *spiegelten* sein Bewusstsein, nämlich an *vergebenen* Frauen interessiert zu sein. Der Gedanke war noch immer in ihm, was bewirkte, dass andere Männer diese innere Überzeugung auf *seiner* Lebensbühne spiegelten.

Manchmal sind die Spiegelungen weniger offensichtlich und viel subtiler. Wenn jemand beispielsweise um Geld betrogen wird, könnte man eigentlich davon ausgehen, dass dieser Jemand a) *eine Ursache dafür in Bewegung gesetzt hat*, und b) *eine Spiegelung seines inneren Selbst erfährt*. So weit so gut!

Dass er um Geld betrogen wurde bedeutet, dass er dafür eine Ursache in Bewegung gesetzt hat. Nichts geschieht bekanntlich zufällig. Angst, Zweifel oder auch eine innere Konfusion können Auslöser einer solchen Erfahrung sein. Doch wie steht es um Punkt b)? Heisst das nun, dass dieser Jemand ebenfalls ein Geldbetrüger ist, weil Betrug als Spiegel in seine Welt kam? Vielleicht, ja. Es kann jedoch sein, dass dieser Mensch in Geldangelegenheiten ehrlich ist. Dafür hat er andere betrügerische Bewusstseinsfacetten. Vielleicht betrügt er seine Frau. Vielleicht stiehlt er die Zeit, die er – aus seiner Sicht – mit seiner Familie verbringen sollte, für sein Geschäft.

Die Welt *ist* ein Spiegel. Diese Tatsache nimmt einem den Wind aus den Segeln, andere für sein Leben verantwortlich zu machen. Jeder Mensch ist Schöpfer seiner eigenen Welt. Man kann deshalb nicht mit dem Zeigefinger auf andere zeigen, denn Mittelfinger, Ringfinger und kleiner Finger zeigen automatisch auf einen selbst zurück!

11

BEWUSSTE ENTSCHEIDUNG

Sich innerlich mit einer Klarheit und Bewusstheit *für* etwas zu entscheiden, ist vielleicht der kraftvollste Zuneigungsimpuls, den es gibt. Wenn du eine Entscheidung *für* etwas mit aller Deutlichkeit triffst, dann lässt dies deinem Bewusstsein und damit dem Prinzip *Universum + Zuneigung = Leben!* keinen Spielraum für Wirkungen, die konträr zu deiner getroffenen Entscheidung stehen.

Als Eltern deiner Kinder hast du bestimmt schon viele Male solche *bewusste* Entscheidungen getroffen. Entscheidungen, die du deinen Kindern mit einer derartigen Deutlichkeit und Klarheit kommuniziert hast, dass nicht die geringsten Zweifel, Widerstände oder Diskussionen seitens der Kinder aufkeimten. Du hattest *deine* Entscheidung getroffen. Basta!

Du hattest beispielsweise genug vom Lärm oder der Unordnung, die deine Kinder veranstalteten und du warst einem Wutausbruch sehr nahe. Doch statt deinen Emotionen freien Lauf zu lassen, hast du sie kanalisiert. Mit einer nicht zu überbietenden Bestimmtheit, die ihre Wirkung bei deinen Sprösslingen nicht verfehlte, sagtest du: «Kinder, jetzt ist genug. Ihr seid jetzt ruhig und ihr räumt diese Unordnung auf. Ihr habt eine halbe Stunde Zeit dafür!»

Wenn du deinen Kindern diese Dinge mit einer Bestimmtheit und Abgeklärtheit kommunizierst, die nichts anderes zulässt, als das was *du* sagst, dann muss daraus eine positive Wirkung hervorgehen. Du kannst dabei neben deinen Worten, die eigentlich überzeugend genug sein sollten, auch deine Körpersprache einsetzen. Dadurch vermittelst du deinen Kindern zusätzliche Impulse, die ihnen deine Botschaft klar und deutlich vor Augen führt.

Du kannst lernen diese Bestimmtheit und Abgeklärtheit sowie dieses Gefühl der bewussten Entscheidung nicht nur gegenüber deinen Kindern zu praktizieren, sondern sie auch in Bezug auf deine Ziele, Wünsche und Träume anzuwenden. Eine klare, bewusste innere Entscheidung *für* etwas, ist der Schlüssel zur erfolgreichen Verwirklichung deiner Herzenswünsche, was immer sie sein mögen.

IDEALE PARTNERIN

Im Fernsehen sah ich die Sendung *Nachtcafé*. Das Thema dieser wöchentlichen Diskussionsrunde hiess «Schicksalshafte Begegnungen». Zu Gast war ein bekannter deutscher Schauspieler, der erzählte, wie er nach vielen Enttäuschungen *genug* hatte von mittelmässigen Liebesbeziehungen. Er hatte keine Lust mehr, sich mit weniger als der idealen Partnerschaft zufrieden zu geben. Innerlich traf er deshalb die Entscheidung *seine ideale Partnerin* kennen zu lernen.

Ein paar Tage später luden ihn Freunde an eine Party ein. Er wollte eigentlich lieber zuhause bleiben. Erst nach langem Hin und Her gab er schliesslich dem Drängen seiner Freunde nach. Auf der Party traf er viele Leute, Frauen und Männer, mit denen er sich amüsiert unterhielt. Es war ein gelungenes Fest.

Am nächsten Tag erhielt er einen Anruf von einer Frau, die ebenfalls auf der Party gewesen war und sich kurz mit ihm unterhalten hatte. Obwohl er sich nicht mehr an sie erinnern konnte, redeten sie vier Stunden lang miteinander am Telefon. Am nächsten Tag telefonierten sie abermals, diesmal während sieben Stunden und am darauf folgenden Tag nochmals sieben Stunden. Sie verstanden sich auf Anhieb grossartig. Nach nur zwei Wochen zogen sie in eine gemeinsame Wohnung und heirateten bald darauf. Heute, 14 Jahre später, sind sie noch immer ein glückliches Paar. Eigentlicher Auslöser für die *bewusste* Entscheidung des Schauspielers seine ideale Partnerin zu treffen, waren die vielen Enttäuschungen in seinem Liebesleben.

Wenn es dir gelingt einen Zuneigungsimpuls mit einer solchen Bestimmtheit auf dein inneres Universum zu projizieren, ein Impuls, der etwas Gegensätzlichem keinen Spielraum lässt, weil es *in deinem*

Denken gar nicht existiert, dann ist die Erfüllung deines Herzenswunsches bereits Tatsache!

Wenn also in deinem Denken bezüglich dessen, *was* du willst eine solche Klarheit herrscht, ohne es durch das *wie*, *wer* oder *wo* einzuschränken, dann wird dein Wunsch, wie der des Schauspielers, in Erfüllung gehen. Er plante nicht *wie* oder *wo* er seine ideale Partnerin treffen würde, geschweige denn *wer* sie sein sollte. Das überliess er intelligenterweise dem Prinzip von Ursache und Wirkung, seiner inneren Führung. Deine Intuition lenkt auch dich, wenn du dich von ihr lenken lässt.

FIEBERFREI

Rahel lag seit über einer Woche mit Grippe und 40 Grad Fieber im Bett. Es ödete sie an. Sie war es Leid nur herumzuhängen, Musik zu hören, zu lesen oder zu schlafen. Eines Morgens, es war ihr zehnter Tag im Bett, sagte sie zu ihrem Freund, der soeben ihre Temperatur gemessen hatte und noch immer keine Besserung feststellen konnte: «Christoph, ich stehe jetzt auf, Fieber hin oder her. Ich habe die Nase voll vom Kranksein. Ich bin *jetzt* gesund. Basta!»

Gesagt, getan! Am Nachmittag fühlte sie sich schon besser und als sie am Abend ihre Körpertemperatur überprüfte, war das Fieber verschwunden.

Siehst du welche Kraft in einer *bewussten* Entscheidung steckt! Negativ angehauchte Emotionen, wie sie Rahel nach 10 Tagen des Krankseins im Bett verspürte, können zum positiven Auslöser einer klaren Entscheidung, ohne Wenn und Aber, werden.

ALLER VORAUSSAGEN ZUM TROTZ

Vor vielen Jahren arbeitete ich als Grafiker und Desktop Publisher in der Marketing- und Publikationsabteilung einer amerikanischen Firma in der Schweiz. Die schwierige wirtschaftliche Lage veranlasste die Firma mehreren Angestellten zu kündigen. Ausser einem Mitarbeiter waren alle davon Betroffenen ein oder zwei Jahre vor der Pensionierung. Deshalb war die Kündigung für sie kein Trauma, sondern in gewisser Weise sogar ein Segen. Einem 57-jährigen Mitarbeiter jedoch, der noch acht Arbeitsjahre vor sich gehabt hätte, schmeckte es gar nicht.

Ich ging ihn an seinem letzten Arbeitstag in seinem Büro besuchen. Aus seinem säuerlichen Gesichtsausdruck war Traurigkeit und Selbstmitleid herauszulesen. Frustriert seufzte er: «Für mich wird es unmöglich sein einen neuen Job zu finden. Schau dir die wirtschaftliche Situation doch an, Entlassungen hier, Einsparungen dort. Es sieht wirklich schlecht aus. Abgesehen davon, wer will schon einen 57-Jährigen anstellen? Wenn eine Firma die Wahl zwischen einem 30-Jährigen und mir hat, dann wählen sie ihn, ganz klar. Ich würde genauso entscheiden.»

Ich setzte mich auf einen Stuhl neben ihn und antwortete: «Hör auf dir Sorgen zu machen. Es gibt für alles eine Lösung. Was auch immer die Welt über die Wirtschaftslage denkt oder sagt, hat nichts mit dir zu tun. Du bist gesund und vital. Du schaust jünger als ein 57-Jähriger und du hast 30 Jahre Erfahrung in diesem Business. Das ist viel wert. Wer weiss, welche Türe sich für dich öffnen wird! Erlaube deinen Emotionen nicht, dich in eine negative Richtung zu drängen. Glaube an dich. Du wirst sehen, eine Türe *wird* sich für dich öffnen!»

Einen Monat später nahmen Mitarbeiter unserer Abteilung an einem internationalen Glastechnologieforum teil. Auf wen trafen sie dort? Natürlich auf unseren 57-jährigen Freund, der einen neuen Job gefunden hatte und vor Zufriedenheit strahlte. Die neue Anstellung war nicht nur besser auf seine Fähigkeiten zugeschnitten, sie gab ihm auch grössere Freiheiten und erst noch mehr Lohn.

Ganz offensichtlich hatte unser Freund die negativen Gedanken an sein Alter und die wirtschaftliche Lage beiseite geschoben und stattdessen *in sich selbst* die bewusste Entscheidung *für* eine neue und interessante Arbeitsstelle getroffen.

UNMÖGLICHES MÖGLICH GEMACHT

Ein Mann fuhr von San Diego nach Los Angeles, um dort einen Vortrag zu halten, als seinem Auto plötzlich der Motor versagte. Mit Müh und Not schaffte er es seinen Wagen von der mehrspurigen Autobahn auf den Pannenstreifen zu manövrieren. Dort öffnete er die

Motorhaube seines Wagens um zu sehen, was passiert war. Nichts Auffälliges war zu entdecken. Der Mann hatte keine Ahnung weshalb der Motor versagt hatte. Doch eines wusste er nur zu genau… hunderte von Zuhörern würden an diesem sonnigen Morgen in Los Angeles auf ihn und seinen Vortrag warten, wenn er nicht rechtzeitig dort erscheinen würde. Er konnte und wollte sie nicht im Stich lassen.

Nachdem er die Motorhaube wieder geschlossen hatte, wandte er sich an sein Auto. Mit einem Tonfall, aus dem Bestimmtheit sprach, redete er zu seinem Wagen: «Schau, du funktionierst jetzt und bringst mich rechtzeitig zu meinem Vortrag nach Los Angeles, okay!»

Dann stieg er in sein Auto, drehte den Zündungsschlüssel und tatsächlich... der Motor sprang an! Er kam rechtzeitig in Los Angeles an und hatte sogar noch Zeit seinen Wagen zu einer Reparaturwerkstatt zu fahren, wo er ihn überprüfen liess.

Als der Mann nach dem Vortrag und anschliessendem Mittagessen sein Automobil in der Garage abholen wollte, forderte ihn der Werkstattleiter auf, ihm in sein Büro zu folgen. Von seinem Tisch nahm er ein dünnes, längliches Stück Metall, das kurios aussah. Schmunzelnd sagte er: «Also wirklich, Ihr Auto hätte nicht mehr funktionieren dürfen. Es ist mir ein Rätsel, wie Sie überhaupt hierher gefahren sind. Dieses Stück Metall hier, das wie ein Kunstwerk aussieht, das waren einmal Drähte aus dem Motor ihres Wagens. Sie sind jetzt ineinander verschmolzen. Es grenzt an ein Wunder, nein es *ist* ein Wunder, dass sie so hierher fahren konnten!»

Genau wie Monika mit dem Bankomat aus dem Kapitel *Newcomers*, so gab dieser Mann innerlich nicht klein bei, als sein Motor versagte. Er verschwendete keine unnötige Zeit und Gedanken daran, dass sein Auto nicht mehr funktionieren würde oder er seinen Vortrag verpassen könnte. Im Gegenteil, sein Zuneigungsimpuls war lösungsorientiert und seine Entscheidung glasklar. «Du funktionierst jetzt und bringst mich rechtzeitig zu meinem Vortrag nach Los Angeles!» Er hatte seine Entscheidung *in sich selbst* getroffen. Sie war durch nichts zu beeinflussen.

In einer bewussten Entscheidung, die im Inneren getroffen wird und eine solche Klarheit und Deutlichkeit an den Tag legt, liegt der Schlüssel zum Erfolg.

12

PHÖNIX AUS DER ASCHE

Das Leben ist voller Botschaften, äusserer *und* innerer. Es gibt offensichtliche Botschaften und solche, die eher subtil und nicht auf den ersten Blick zu erkennen sind. Letztendlich ist es eine Frage der eigenen, inneren Resonanz, ob man die Botschaften erkennt oder nicht. Wenn man in derselben Resonanz schwingt wie sie, dann erkennt man sie selbst dann, wenn sie noch so gut *verkleidet* daherkommen.

Die Verkleidung kann eine Wirtschaftskolumne aus der Zeitung sein, in der du *zwischen den Zeilen* eine Botschaft wahrnimmst, die allein dir gilt und ganz persönlich an dich und dein Leben gerichtet ist. Oder eine Begegnung mit einem anderen Menschen in der du eine Botschaft entdeckst, die dein Leben auf positive Weise inspiriert. Oder ein kunstvoll verkleideter Actionfilm, aus dem du philosophische Ideen oder Szenen bedingungsloser Liebe subtil hervorschimmern siehst. Das Erkennen solcher Botschaften beruht immer auf *deiner* eigenen, inneren Resonanz.

Rein zufällig kommt nie etwas in dein Leben. Deine innere Resonanz ist der dafür verantwortliche Impuls. Wie du weisst, liegt das unendliche Lebenspotenzial in dir. Du bist eins mit diesem in dir schlummernden Universum und demzufolge eins mit *allen* Möglichkeiten, den begrenzten *und* den unbegrenzten. Gesundheit, Wohlstand, Kreativität, Erfüllung, Frieden, Liebe und Erfolg in ihrer Unbegrenztheit sind der wahre Ausdruck dessen, *wer du bist.* Weil deine Sensoren jedoch nur auf einen Teil dieses Ganzen ausgestreckt sind, lebst du nur einen Bruchteil deines wirklichen Potenzials, auch wenn es in seiner Unendlichkeit in dir existiert. Der Grund dafür liegt darin, dass du dich den anderen Aspekten noch nicht geöffnet hast. Erst wenn du dein Bewusstsein erweiterst, werden sich *alle* unbegrenzten Möglichkeiten des Menschseins vor deinen Augen enthüllen.

Als ich als kleiner Junge mit meinen Eltern und Geschwistern bei einer Tante zu Besuch war, erzählte sie eine faszinierende Geschichte, die ich bis heute nicht vergessen habe. Eine Nachbarin hatte einen Traum. In diesem Traum sah sie die Lottozahlen, an welche sie sich am Morgen danach erinnerte. Also schrieb sie die Zahlen auf und setzte in der nächsten Lotterie auf sie. Ihre Zahlen waren Volltreffer und sie gewann eine hübsche Summe Geld.

Diese Frau hatte sich dem unendlichen Bewusstsein *über ihre Träume* geöffnet. Dieses Bewusstsein weiss alles und kennt alle Lösungen. Seine Botschaften können auch in dein Leben treten, wenn du offen und empfänglich für sie bist. Nebst Träumen sind *erster Gedanke*, *Meditation*, *Innenschau* sowie *Intuition* die Kanäle, durch die dieses Bewusstsein zu dir fliesst.

Von den letzten 20 Jahren meines Lebens verbrachte ich neun in der Hochwüste Südkaliforniens, wo ich an der University of Healing mentales Training und Metaphysik studierte. Wer in Amerika auf dem Land wohnt, ist auf ein Auto angewiesen. Deshalb entschloss ich mich eins zu kaufen. Als ich darüber nachdachte, welches Automobil mir gefallen würde, versank ich ungeplant in eine Meditation. Während sich meine Gedanken um mein neues Auto drehten, sah ich mit geschlossenen Augen das Bild eines hellblauen Kleinwagens vor mir. Als ich am nächsten Morgen nach San Diego fuhr, um mich nach einem Auto umzusehen, hatte ich meine Vision aus der Meditation bereits wieder vergessen. Trotzdem stach mir ein Wagen, ein hellblauer Mitsubishi Colt, sofort ins Auge. Ich machte eine Testfahrt und wusste sofort… das ist er!

Vor einigen Jahren erschuf ich die *Illusion* einer Erkältung. Das Unangenehme daran war, dass mir die Hals- und Schluckschmerzen das Essen und Trinken beinahe verunmöglichten. Jeder Bissen, den ich schluckte tat weh. Natürlich hätte ich mich mit Medikamenten behandeln können, doch im Wissen, dass eine mentale Einstellung *in mir* Auslöser dieser Erkältung war, wollte ich mich über eine veränderte innere Haltung selbst wieder ins gesundheitliche Gleichgewicht bringen.

So schenkte ich mir den folgenden Zuneigungsimpuls: «Ich bin ganz und vollkommen. Jedes Organ und jede Funktion in meinem Körper ist *jetzt* gesund und vollkommen!»

Während mehreren Tagen waren diese beiden Affirmationen meine ständigen Begleiter, ohne dass eine spürbare Besserung eingetreten wäre. Deshalb setzte ich mich eines Abends hin, um zu meditieren. Es war mir klar, dass ich meine innere Einstellung zu ändern hatte, damit die Heilung eintreten konnte. Also schloss ich meine Augen und horchte auf mein Inneres. Ich wollte von ihm eine Botschaft, einen klaren Hinweis, was ich tun sollte. Wie aus dem Nichts kam nach einigen Momenten der Stille dieser Gedanke in mein Bewusstsein:

«Ich lasse jetzt davon los, was mich daran hindert, vollkommene Gesundheit zu erfahren!»

Da war sie, die Botschaft aus meinem Inneren. Nachdem ich diesen Satz mehrere Male laut zu mir selbst gesprochen hatte, tauchte ich in einen tiefen Frieden ein. Mein innerer Kampf war beendet, denn dieses Mantra erlaubte mir, meine aus dem Gleichgewicht geratene innere Haltung, loszulassen. Vor dem Einschlafen wiederholte ich die Affirmation, bis ich *mit ihr* in meine Traumwelt versank.

Am nächsten Morgen wachte ich glücklich und zufrieden auf. Die Erkältung war über Nacht verschwunden und ich konnte wieder ohne Schmerzen essen und trinken. Die Heilung *war* eingetreten.

Während ich an der University of Healing studierte, verfasste ich auf der Basis dieses persönlichen Erlebnisses einen Artikel zum Thema *Selbstheilung*. Er wurde in der monatlichen Ausgabe der UNI-Zeitschrift *Gist* veröffentlicht. Pamela, eine Dame aus dem Bundesstaat Washington schrieb mir darauf den folgenden Brief:

«Lieber Stefan! Neulich verbrannte mein Mann in unserem riesigen offenen Kamin das Altpapier, das sich den Sommer über angesammelt hatte. Inmitten der Flammen, denen Müslischachteln, Milchkartons, Zeitungen, Werbedrucksachen und das Geschenkpapier vom Geburtstag unserer Enkelin zum Opfer fielen, war auch die Aprilausgabe des *Gist* aus dem Jahr 1999.

Mein Mann entdeckte das kleine Pamphlet, als er, nachdem das Feuer erloschen war, die Asche aus dem Kamin schaufelte. Nicht ein einziges Brandmerkmal war am Büchlein auszumachen! Mein Mann gab mir das *Gist* mit den Worten: «Hier, da muss etwas drin stehen, das *für dich* bestimmt ist!» Du musst wissen, dass mein Mann ein Skeptiker ist, was spirituelle Dinge anbelangt. Doch auch er war beeindruckt davon, dass dieses Büchlein dem lodernden Feuer widerstand.

Mit grosser Ehrfurcht nahm ich das *Gist* in meine Hände und entfernte das Siegel, das mir zeigte, dass ich diese Ausgabe noch nicht gelesen hatte. Als ich das Pamphlet öffnete, fiel ein wenig Asche heraus, doch keine einzige Seite war angebrannt. Kannst du dir vorstellen mit welch freudiger Erwartung ich Seite für Seite durchblätterte. Es war deine Kolumne, die mein Herz höher schlagen liess. Dort stand: *Eines Tages erschuf ich die Illusion einer Erkältung!* Ich musste sofort an meine Situation denken: *Eines Tages erschuf ich die Illusion hohen Blutdrucks!* Ich lachte lauthals und je mehr ich darüber nachdachte, desto ulkiger fühlte es sich an. Ich muss wohl eine Minute lang gelacht haben, bevor ich mich wieder dem *Gist* zuwandte. Du, Stefan, hast dich sofort geheilt, indem du sagtest: *Ich lasse jetzt davon los, was mich daran hindert, vollkommene Gesundheit zu erfahren!* Ich tat dasselbe. Ich sprach dieselben Worte und wie durch ein Wunder ist mein Blutdruck seither normal. Ich bin so glücklich, denn mein Blutdruck hat mich und meinen Körper seit Jahren belastet.

Noch jetzt, wo ich dieses wunderbare Erlebnis in Worte fasse, kriege ich eine Gänsehaut. Damit *ich* meine persönliche Heilung erfahren konnte, brauchte es ein loderndes Feuer in unserem Kamin. Aus seiner Asche auferstand der Phönix, mein geliebtes *Gist*. Seiner Botschaft, *deiner* Botschaft bin ich unendlich dankbar. Ganz herzliche Grüsse, Pamela Young»

Auch dein Leben *ist* voller Botschaften, äusserer *und* innerer. Es gibt offensichtliche Botschaften und solche, die eher subtil und nicht auf den ersten Blick zu erkennen sind. Letztendlich ist es eine Frage deiner eigenen, inneren Resonanz, ob du die Botschaften, erkennst oder nicht. Wenn du in derselben Resonanz schwingst wie sie, dann erkennst du sie selbst dann, wenn sie noch so gut *verkleidet* daherkommen. Sogar ein loderndes Feuer kann sie nicht davon abhalten sich in deiner Welt bemerkbar zu machen!

13

VISUALISIEREN

Zu visualisieren bedeutet, über die innere Vorstellung Bilder in sich entstehen zu lassen. Diese inneren Bilder sind kreative, zum Leben erwachte Gedanken. Das sind besonders kraftvolle Zuneigungsimpulse, die deinem inneren Universum pulsierendes Leben einhauchen.

Jeder Mensch visualisiert, bewusst *oder* unbewusst. Beim unbewussten Visualisieren projiziert man Bilder vom Äusseren auf sein Inneres. Man schenkt dabei *äusseren* Dingen oder Geschehnissen aus der Welt Aufmerksamkeit und erlaubt ihnen sich als *innere* Bilder im eigenen Bewusstsein einzunisten. Man überlässt dabei die Regie diesen äusseren Einflüssen und Ereignissen und macht sich so zum passiven Regisseur seines eigenen Lebensfilms.

Wer zum Beispiel die Nachrichten konsumiert, durchflutet sein Bewusstsein regelmässig mit äusseren Bildern – Gewalt, Unglück, Verwüstung, Verzweiflung, Angst und Panik. Das Bewusstsein registriert das. Wer sich dann in einer Alltagssituation wieder findet, die eine Resonanz zu diesen gesehenen, gehörten oder gelesenen Szenarien hat oder haben *könnte* – eine vereiste Strasse beispielsweise – wird von diesen zuvor konsumierten Bildern terrorisiert. Das Gehirn ruft nämlich diese Bilder beim kleinsten Erinnerungsimpuls ab und lässt das voyeuristisch Erlebte neu aufflammen. Das zeigt mit welcher Sorgfalt man sein Bewusstsein behandeln sollte, sprich wie wählerisch man mit seinen Gedanken, Worten und Bildern umgehen sollte. Da das Gehirn bekanntlich keinen Unterschied macht zwischen tatsächlich Erlebtem und einer gedanklichen oder gefühlsmässigen Vorstellung, *ist* man immer das, womit man sich innerlich befasst; soviel zum unbewussten Visualisieren.

Beim bewussten Visualisieren projizierst du Bilder von deinem Inneren aufs Äussere. Es ist eine *bewusste* Angelegenheit. Als aktiver Regisseur deines Lebensfilms entscheidest du dabei ganz *bewusst* welche Gedanken du zu inneren Bildern formst und aufs Äussere projizierst. Mit grosser Achtsamkeit hauchst du diesen inneren Bildern Leben ein. Du gibst dabei nur jenen Bildern Raum, die du dir wünschst im Äusseren auch zu erleben. Je mehr *Sendezeit* du ihnen in deinem Film zugestehst, desto mehr Raum werden sie in deinem ganzen Sein einnehmen und dadurch Bilder, die nicht in deinen Lebensfilm passen zum Verschwinden bringen. Mit ein bisschen Übung werden so aus anfangs flüchtigen Bildern, Bilder mit klaren Konturen und daraus wiederum *reale* Ereignisse in deinem äusseren Leben, deren Schöpfer du bist.

Skirennfahrer beispielsweise, programmieren so ihr Rennen. Sie begeben sich vor dem Start in ihren inneren Film, in ihr inneres Rennen, und lassen Bilder mit klaren Konturen entstehen. Mit geschlossenen Augen visualisieren sie den perfekten Schwung, die ideale Linie und die aerodynamisch beste Haltung. Wenn dann noch ihr unerschütterlicher Glaube an sich selbst beigemischt wird, ist ihr äusseres Rennen, ein Spiegelbild ihres inneren Rennens, perfekt.

HEUTE... LAUFE ICH MEINE NEUE BESTZEIT

Heute... laufe ich meine neue Bestzeit. Diesen Slogan sah ich auf dem T-Shirt eines Mannes, der wie ich auf der mit Sonnenlicht überfluteten Terrasse eines Cafés auf der Kanarischen Insel La Gomera sass. Der Slogan rief Erinnerungen wach an Pascal, einen jungen Mann, der bei Anita und mir Bewusstseinstrainings-Kurse besucht hatte und ein Schweizer Sprinttalent über die 100-Meter-Distanz ist.

Pascal war über Weihnachten zusammen mit seinen Eltern und Anitas Familie in die sonnige Karibik geflogen. Am Tag vor ihrer Rückreise in die Schweiz waren die beiden Familien zusammen am Strand, unweit ihres Hotels, als Anitas Ehemann das Hotel lichterloh brennen sah.

Sofort rannten sie zum Hotel zurück, wo sie von Angestellten und der Feuerwehr angehalten wurden im Freien zu bleiben und unter keinen Umständen versuchen sollten persönliche Gegenstände aus ihren Zimmern zu retten. Anitas Töchter Leila und Adriana waren nicht gerade angetan von der Vorstellung, dass ihre Spielsachen und Kleider sowie ihr Geld den Flammen zum Opfer fallen könnten.

«Mama, kannst du nicht etwas tun!» seufzte Adriana, Anitas Jüngste. Aus Erfahrung wusste sie, dass ihre Mutter für alle Lebenslagen meistens eine Lösung parat hatte.

«Liebling, das habe ich bereits!» antwortete ihre Mutter. «Ich habe alle unsere persönlichen Sachen ins weisse Licht der Liebe gehüllt. Ich sehe alles, was uns gehört unversehrt und in perfektem Zustand. Du kannst dasselbe tun, Adriana!»

Als das Feuer gelöscht war und Anita und ihre Familie wieder auf die Zimmer durften, waren alle ihre persönlichen Sachen unversehrt geblieben. Die positiven Bilder, die Anita und Adriana visualisiert hatten, hatte ihre Wirkung nicht verfehlt.

Als Pascal Monate danach bei Anita und mir ein Seminar besuchte, tat er dies, weil er seine sportliche Karriere neu lancieren wollte. Er war während Monaten verletzt gewesen und konnte nur wenig trainieren. Er versprach sich vom Seminar neue Impulse, um sein Leistungsniveau zu steigern.

Die meisten Menschen sind ein offenes Buch, was ihre inneren Einstellungen betrifft. So auch Pascal. Als er über seinen Sport redete, kamen seine innersten Überzeugungen zum Vorschein. Er sagte: «Schade, bin ich nicht schwarz. Die schwarzen Sprinter sind einfach geschmeidiger, schneller und besser als die weissen. Vielleicht liegt es an den Genen oder am Muskelaufbau. Schwer zu sagen!»

Mit dieser Sichtweise verbaute er sich die Möglichkeit, schneller als ein Schwarzer zu laufen. Deshalb wies ich ihn darauf hin, dass es immer wieder exzellente weisse Sprinter gegeben hat, die mit den Schwarzen mitzuhalten vermochten. Zwar gab und gibt es sie nicht wie Sand am Meer, doch sie existieren. Kein Grund also sich von Vornherein benachteiligt zu sehen.

Am Tag nach unserem Seminar wollte Pascal zum ersten Mal nach seiner Verletzungspause wieder an einem Wettkampf teilnehmen. «Ich freue mich riesig darauf, doch meine Erwartungen sind gering, denn ich habe in den letzten Monaten wenig trainiert und bin weit von meiner Bestform entfernt!» liess er uns wissen.

«Wie du weisst,» antwortete ich Pascal, «beruht alles im Leben auf Ursache und Wirkung. So auch dein morgiges Comeback. Wieso sagst du dir nicht, dass du morgen neue persönliche Bestzeit läufst? Visualisiere es!»

Ich war mir nicht sicher, was Pascal von meinem Vorschlag hielt, denn er sagte nichts dazu und schmunzelte nur. Anita erzählte mir später, dass Pascal am Tag danach *tatsächlich* neue persönliche Bestzeit gelaufen war, ohne grosses Training, jedoch mit den richtigen Bildern in seinem Kopf.

BASKETBALL IN VOLLENDUNG

Die Welt des Sports bietet sich geradezu an, um den Erfolg zu visualisieren. Dr. Maxwell Maltz beschreibt in seinem Buch *Psycho-Cybernetics* zwei, in etwa gleich gute Basketball-Teams, die sich während eines Monats mit zwei grundverschiedenen Trainingsmethoden auf ein Spiel gegeneinander vorbereiteten.

Eine Mannschaft trainierte wie gewohnt in der Halle und übte sich im Werfen, den Rebounds, der Angriffsauslösung, dem Defensivverhalten und Passspiel sowie der Kraft und Kondition. Die andere Mannschaft sah während eines Monat keinen einzigen Ball, ausser den Bällen in ihrer geistigen Vorstellung. Dieses Team verbrachte nämlich ihr tägliches Training in einem abgedunkelten Raum, wo die Spieler jeden ihrer imaginären Würfe im Korb landend visualisierten.

Als die beiden Mannschaften einen Monat später gegeneinander spielten gewann die Mannschaft, die nur *mental* trainiert hatte mit relativ grossem Vorsprung.

Wie ist das zu erklären?

Eigentlich wirft ein Basketballspieler nicht mit seinen Händen, sondern mit seinem Gehirn. Die im Gehirn gespeicherten Bewegungsabläufe sind es, die seine Würfe steuern. Diese Bewegungsabläufe können im Gehirn sowohl *über reale Würfe* als auch *über deren Vorstellung* gespeichert werden. Der Vorteil eines Wurfs in der Vorstellung im Vergleich zu einem körperlich ausgeführten Wurf ist der, dass es dabei keine Fehlversuche gibt. Der Spieler sieht *jeden* Ball im Korb landend. Diese Erfolgsbilder prägen sich genauso ins

Bewusstsein wie die Bilder der Fehlwürfe, die sich beim normalen Training ergeben.

Zu visualisieren ist etwas ganz Natürliches. Jeder Mensch tut es. Stell dir vor dein Traum sei ein neues Zuhause für deine Familie, Ferien auf einer zauberhaften Insel oder die lang ersehnte Weltreise. Wenn dich dein Traum wirklich fasziniert, beginnst du ihn dir auszumalen. Du lebst in deinem Traum. Du atmest ihn. Du riechst ihn. In deinen inneren Bildern wirst du eins mit ihm. Du *visualisierst.*

Als Junge war Fussball mein Traum. Jeden Abend vor einem Spiel lag ich im Bett und stellte mir in lebendigen Bildern vor, wie ich einen Gegenspieler ausdribbelte, eine Flanke schlug oder zum Torschuss ansetzte. Ich *sah* den Ball im Netz zappeln. In meiner Vorstellung tat ich all die Dinge, die ich beabsichtigte im Spiel zu tun. Ich tat es, weil Fussball eben mein Traum war und ich meinen Traum liebte. Was immer man wirklich liebt, das hegt und pflegt man, auch und *vor allem* in seinen Gedanken.

KALENDER-ZUHAUSE

Gregor ist ein Freund, der jetzt in Kalifornien lebt und verheiratet ist. Vor vielen Jahren erhielt er einen Kalender, auf dem atemberaubend schöne Landschaftsfotos aus Neuseeland abgebildet waren. Der Kalender war ein Abschiedsgeschenk der Firma, für die er jahrelang gearbeitet hatte, bevor er und seine Freundin Anita nach Neuseeland auswanderten. Als sie zuhause den Kalender bewunderten, hatte es ihnen das Foto eines Hauses auf einer saftig grünen Wiese vor einer schneebedeckten Bergkette, besonders angetan. «So ein Haus für uns zwei, genau das wäre es!» schwärmten sie.

In Neuseeland angekommen liessen sie sich auf der Suche nach ihrem neuen Zuhause Zeit. Während mehreren Wochen reisten sie quer durch das Land, vom nördlichsten Punkt der Nordinsel zum Zipfel der Südinsel. Ich war zu jener Zeit auf Besuch in Neuseeland und traf Gregor und Anita in Christchurch, von wo aus sie mit ihrem voll beladenen Auto weiter in Richtung Süden reisten. Wenige Wochen später waren sie dann in ihrem neuen Zuhause in Queenstown eingezogen.

Ich ging sie dort besuchen. Ihr Zuhause war ausserhalb der mit Tourismus überströmten Stadt gelegen, und es entsprach ihren Vorstellungen in jeder Hinsicht. Das Haus strahlte einen verspielten Charme aus und lag idyllisch eingebettet in einer hügeligen Landschaft, umgeben von Bergen, deren mit Schnee bedeckten weisse Spitzen in der Sonne funkelten. «Es war Liebe auf den ersten Blick!» lächelte Gregor. «Als wir damit begannen unser neues Zuhause einzurichten, fiel uns der Kalender, den ich als Abschiedsgeschenk erhalten hatte, wieder in die Hände. Beim Durchblättern stiessen wir auf unser Lieblingsfoto, von dem wir *vor* unserer Abreise hierher geschwärmt hatten. Und jetzt halte dich fest Stefan.… Dieses Haus hier, in dem wir uns befinden, *ist* jenes Haus vom Kalender!»

Der Kraft des Visualisierens sind keine Grenzen gesetzt, ausser denen, die man sich selbst auferlegt. Dein Leben ist genau so, wie du es dir mit deinen Gedanken erdacht und vorgestellt hast. Du fährst jenes Auto, das in dein Bild, das du von dir selber hast, passt. Du hast den Job, den du dir zutraust auszuüben. Dein Bankkonto ist so klein oder so gross, wie es mit deinem Möglichkeitsdenken übereinstimmt. Dein Zuhause sieht so aus, weil es in deine Vorstellung, die du davon hast, passt. Dein Leben ist genau so wie es ist, weil es deine realistische Sicht der Dinge spiegelt. Das Wort *realistisch* ist der Aufhänger. Was immer du als realistisch betrachtest, ist für dich *Wirklichkeit*. Vielleicht hast du andere Vorstellungen gehabt bezüglich deines Autos, Jobs, Bankkontos oder Zuhauses. Doch das waren bloss Traumvorstellungen, die du in deinem Herzen als unrealistisch angesehen und mit den Worten: «Schön wäre es.…» abgetan hast. Genau deshalb blieben sie Wunschträume und wurden für dich nicht Wirklichkeit.

Was für einen Menschen realistisch ist, mag für einen anderen Menschen unrealistisch sein. Das hat einzig und allein mit Bewusstsein zu tun. Bewusstsein bestimmt darüber was realistisch ist und was nicht. Eigentlich ist *alles* realistisch, doch Limitationen aus der Vergangenheit verhindern das Eintauchen ins unendliche Bewusstsein. Erst wer sein Selbstbild der Unendlichkeit anpasst, bringt seine selbst auferlegten Grenzen zum Verschwinden. Was noch vor kurzem unrealistisch erschien, wird dann plötzlich realistisch. Alles eine

Frage von Bewusstsein. Deshalb würde ich nie jemandem sagen, etwas sei unerreichbar, unmöglich und nicht realisierbar. Alles *ist* möglich. Es gibt keine Grenzen, ausser denen, die man sich selber setzt.

EIN BEWUSSTSEIN GENÜGT

Der Mann war Gründungsmitglied und Mitbesitzer einer Firma und hatte eine Vision. Er wollte den Umsatz seiner Firma innerhalb von sieben Jahren von 700'000 auf 10 Millionen Schweizer Franken erhöhen. An einem Treffen der Geschäftsleitung stellte er den Mitbesitzern und leitenden Angestellten seine Vision vor. Weder bei seinen Geschäftspartnern noch bei den Verkaufsdirektoren fand seine Vision Anklang. Im Gegenteil, sie wurde als unrealistisches Wunschdenken abgetan.

Der Mann realisierte, dass er mit seiner Vision alleine dastand und nicht auf die Unterstützung anderer zählen konnte. Er entschloss sich deshalb kein Wort mehr darüber zu verlieren, ohne jedoch seinen Traum zu begraben. In *seinem* Denken und in *seiner* Vorstellung lebte sein Traum weiter. Er war so lebendig wie ein loderndes Feuer.

Sieben Jahre später war der Umsatz seiner Firma in der Tat auf sagenhafte 10 Millionen Schweizer Franken angestiegen.

SONNENSCHEIN UND PULVERSCHNEE

Marcel, mit dem ich seit vielen Jahren befreundet bin, nahm an einem Seminar teil. Während sieben Tagen vertiefte er sich in Meditation und Innenschau sowie in die praktische Anwendung seiner Gedanken. Als Ehemann, Vater von zwei Kindern und erfolgreicher Geschäftsmann war er mit seinem Leben an einem Wendepunkt angelangt. Trotz allem Erreichten fühlte er eine Leere in sich. Dieses Seminar war ein wohltuender Gegenpol zu seinem Alltag und sprach einen Aspekt in seinem Inneren an, den er bisher nur flüchtig gekannt hatte. Im Bewusstsein dessen, dass *seine* Gedanken seine persönliche Welt erschaffen verliess er das Seminar wie neu geboren.

Ein paar Tage später ging er mit seiner Familie in den Skiurlaub. Am Morgen des zweiten Tages war das Wetter wenig verheissungsvoll. Es schneite und es war neblig und kalt. Der Wetterbericht hatte genau das vorhergesagt. Trotzdem strahlte Marcel.

«Was ist in dich gefahren, Marcel?» fragte ihn seine Frau.

«Oh, ich freue mich, dass jetzt dann gleich schönes Wetter wird. Wir werden heute einen strahlend blauen Himmel, super Schnee und angenehme Temperaturen haben!» lachte er über sein ganzes Gesicht.

«Hast du nicht die Wettervorhersage gehört, Schatz? Es bleibt eisig kalt und neblig und es schneit den ganzen Tag!» entgegnete seine Frau.

«Du wirst sehen, es wird schön heute!» freute sich Marcel.

«Wollen wir trotz dieses schlechten Wetters auf die Piste?» flachste seine Frau. Ihr war nicht entgangen wie positiv der neue Marcel war, seit er vom Seminar wieder zuhause war.

«Natürlich gehen wir, es wird ja schön!» flachste Marcel zurück.

Tatsächlich, entgegen aller negativer Wetterberichte wurde es ein herrlich sonniger Tag mit fantastischem Pulverschnee, genau wie Marcel es in seiner Vorstellung *programmiert* hatte. Innere Bilder, mit positiven Emotionen durchsetzt und auf die äussere Welt projiziert, gehen so in Erfüllung.

DIE 29 VERKEHRSAMPELN

Vor einigen Jahren wohnte ich in Erlenbach am Zürichsee. Mein Arbeitsweg an den Zugersee war 45 Kilometer lang und jeden Morgen ein spezielles Erlebnis. Vor allem deshalb, weil ich mein Zuhause noch in der Morgendämmerung verliess und so das Erwachen des Tages hautnah miterleben konnte. Einmal war es ein wolkenloser tiefblauer Himmel, der mich begrüsste. Dann wieder gab es Tage, an denen schwere Regentropfen aus schwarzen Wolken auf mein Auto prasselten. Dann Tage heftiger Herbststürme, an denen die goldenen, orangefarbenen, gelben oder tiefroten Laubblätter vom Wind in die Luft gewirbelt wurden und die Strasse in einen farbenfrohen Teppich verwandelten. Oder dann dicke Schneeflocken, welche die Natur in ein Winterwunderland verzauberten. Jeder Tag war anders.

Die einzige Konstante auf meinem Weg ins Büro waren die Verkehrsampeln. Um genau zu sein, waren es 29 Ampeln. Sie waren *immer* da und begrüssten mich meistens mit der Farbe rot – Stopp also! Ich nahm diese roten Ampeln als Teil des Strassenverkehrs hin. Sie störten mich nie wirklich, denn ich war meistens in Gedanken versunken oder am Bewundern der Natur, während ich die Quaibrücke beim Bellevue überquerte. Die sich im Wasser reflektierenden Lichter oder die majestätisch aufgetürmten Alpen in der Ferne hatten es mir besonders angetan. Hin und wieder kam der Gedanke, dass ich die Ampeln eigentlich mental auf *grün* schalten könnte. Die Idee begann mich zu verfolgen.

So liess ich mich eines Morgens, bevor ich von Zuhause wegfuhr, zur Einstimmung auf den Tag in meinen bequemen Sessel fallen. Ich schloss die Augen. Als Schöpfer meiner Welt stellte ich mir bildlich vor, wie heute *alle* 29 Verkehrsampeln auf grün geschaltet sind, ohne dass ich mein Auto anzuhalten habe oder den Motor auszuschalten brauche.

Genau so war es für mich an diesem Morgen. Wie durch einen Zauber waren alle Ampeln auf *grün* geschaltet, als ich auf sie zugefahren kam. Ich musste schmunzeln.

ENDLICH SCHWANGER

Ein Ehepaar wünschte sich nichts mehr als eigene Kinder. Doch die Frau wurde einfach nicht schwanger. Sie konsultierten einen Arzt, der ihre Fruchtbarkeitszyklen berechnete und dem Paar empfahl, basierend auf der gemachten Analyse, Sex miteinander zu haben. Und zwar häufigen Sex, zu den ungewöhnlichsten Zeiten. So kam es nicht selten vor, dass der Mann mitten am Tag sein Büro verliess, um zuhause mit seiner Frau Sex zu haben, in der Hoffnung, dass ihr Traum von eigenen Kindern endlich in Erfüllung gehe. Es blieb bei der Hoffnung.

Schliesslich suchten sie Rat bei einem Mentaltrainer, der sich mit dem Prinzip *Universum + Zuneigung = Leben!* auskannte. Zu Dritt *visualisierten* sie die Frau schwanger und in Erwartung des lang ersehnten Kindes. Zwei Monate später war es so weit. Die Frau *war* schwanger. Weitere neun Monate später wurde das Paar stolze und glückliche Eltern eines gesunden Mädchens.

DER VERSCHWUNDENE KOFFER

Die weibliche Stimme am Telefon klang ruhig und abgeklärt. «Hallo Stefan. Hier spricht Nicole Brown. Ich möchte gerne mit dir einen positiven Gedanken visualisieren. Würdest du mich dabei unterstützen?»

«Natürlich!» antwortete ich. Ich kannte Nicole schon lange. Sie lebte in Florida und rief die University of Healing regelmässig an, wenn es darum ging eine positive Ursache auszulösen. Diesmal galt der Gedanke ihrer Tochter Karen.

«Karen ist heute ans College geflogen. Sie war ein wenig aufgeregt, denn morgen beginnt eine neue Phase in ihrem Leben. Das erste Mal von Zuhause weg, eine neue Stadt, eine neue Schule mit neuen Lehrern. Freunde von Karen haben ihr einen dummen Floh ins Ohr gesetzt. Sie sagten, dass in der Vergangenheit Gepäckstücke von Karens Fluggesellschaft den Bestimmungsort immer wieder verspätet erreichten und manchmal sogar in anderen Städten landeten. Als mir Karen das erzählte, habe ich ihr geraten diesen Geschichten keine Aufmerksamkeit zu schenken. Ich weiss ja inzwischen wie die gedankliche Zuneigung den Dingen Leben einhaucht.

Trotzdem ist es passiert! Vor ein paar Minuten rief mich Karen vom Flughafen aus an. Ihr Gepäck ist verloren gegangen. Im Koffer sind nicht nur ihre Kleider, sondern auch alle wichtigen Dokumente sowie andere persönliche Utensilien. Sie braucht sie unbedingt, denn morgen beginnt ihr erstes Semester am College. Bitte lass uns ein positives Ende visualisieren!»

«Okay Nicole, schliess deine Augen!» sagte ich, während sie einen Seufzer der Erleichterung ausstiess. «Karen ist ins weisse Licht der Liebe gehüllt, genauso wie ihr Gepäck. Lass uns Karen und ihr Gepäck *jetzt* beieinander sehen. *Es ist getan!*»

Nicole wusste aus früheren Erfahrungen, dass dem nichts beizufügen war. «So ist es!» sagte sie. «Danke Stefan und einen schönen Abend!»

Eine Stunde später läutete abermals das Telefon. Es war Nicole und es sprudelte aus ihr heraus: «Rate mal was geschehen ist. Die Fluggesellschaft hat Karens Gepäck gefunden. Sie brachten es direkt ans College. Der Koffer ist unversehrt geblieben, einschliesslich aller wichtigen Dokumente und persönlicher Sachen. Karen ist erleichtert, genau wie ich es bin. Nochmals vielen Dank.»

Die eigentliche Kunst beim Visualisieren besteht darin, von alten Gewohnheiten loszulassen und neue Gewohnheiten ins Leben zu rufen. Die alte Gewohnheit bestand darin Bildern und Illusionen – ein brennendes Hotel, mangelndes Training vor einem Wettkampf, Fehlversuche beim Basketball, negative Geschäftspartner, eine schlechte Wettervorhersage, rote Verkehrsampeln, kinderlos zu sein, ein verschwundener Koffer – in deinem Bewusstsein ein Zuhause zu geben, indem du ihnen mental deine Aufmerksamkeit geschenkt hast. Dadurch hast du jedoch nur Öl ins Feuer dieser *unerwünschten* Illusionen gegossen. Das gehört jetzt Vergangenheit an, denn du hast diesen Vorgang durchschaut. Du bist jetzt bereit dazu, dir eine neue Gewohnheit anzueignen.

Diese neue Gewohnheit besteht darin ganz bewusst visuelle Zuneigungsimpulse aus deinem Inneren aufs Äussere zu projizieren, um so – wie in den geschilderten Beispielen – deiner *gewünschten* Wirklichkeit Leben einzuhauchen. Dazu braucht es deine innere Achtsamkeit und Disziplin und das Bewusstsein, dass du Schöpfer deines Lebens und Regisseur deines Films bist.

Bewusstes Visualisieren bedeutet über deine innere Vorstellung Bilder in dir entstehen zu lassen und sie auf deine äussere Welt zu projizieren. Diese inneren Bilder sind kreative, zum Leben erwachte Gedanken und als solche besonders kraftvolle Zuneigungsimpulse, die deine Träume wahr werden lassen und dein Leben positiv zu verändern vermögen!

14

PLACEBO

Wenn es denn einen Beweis dafür braucht, dass *Glaube* heilt, dann ist das Placebo dieser Beweis. Der Begriff Placebo wird für *Scheinmedikamente* verwendet, die keinen chemischen Wirkstoff enthalten und trotzdem eine heilende oder schmerzlindernde Wirkung haben, weil der Patient *denkt* ein *richtiges* Medikament erhalten zu haben. Neuerdings gibt es sogar Placebo-Operationen! Dabei wird den Patienten ein chirurgischer Eingriff vorgegaukelt, mit dem Resultat, dass es Scheinoperierten danach oft besser geht, als tatsächlich Operierten.

Ein Artikel aus dem Reader's Digest «Das Beste» beschreibt eine Studie über die Wirksamkeit von Operationen bei Kniebeschwerden. Untersucht wurden Patienten mit abgewetzten oder eingerosteten Kniegelenken. Einen Teil der Patienten unterzog man der üblichen Prozedur: das Gelenk durchspülen und lose Knorpelteile entfernen. Den restlichen Patienten täuschte der Arzt den Eingriff lediglich vor. Die Studienteilnehmer erfuhren dabei nicht, ob sie pseudooperiert wurden oder richtig.

Das erstaunliche Ergebnis: Nach zwei Jahren ging es beiden Gruppen in etwa gleich gut. In den Disziplinen Treppensteigen und Geradeausgehen schlugen die Scheinoperierten gar ihre Kameraden mit den durchgespülten Knien. *Der blosse Glaube* behandelt worden zu sein, entfaltet also die gleiche Heilkraft wie die Behandlung selbst. *Der* klassische Placebo-Effekt.

Ähnlich erging es Kniearthrose-Patienten, mit denen ein Experiment durchgeführt wurde. Ohne ihr Wissen wurde nur die Hälfte der Patienten *richtig* operiert. Die übrigen Patienten erhielten oberflächliche Schnitte auf die Haut, damit sie keinen Verdacht schöpften. Nach zwei Jahren waren 90 Prozent *aller* Patienten mit der «Operation» zufrieden. Der einzige Unterschied zwischen den beiden Gruppen war der, dass die *Scheinoperierten* weniger Schmerzen verspürten als die richtig Operierten.

Der Kraft des Glaubens sind keine Grenzen gesetzt. Bereits vor 50 Jahren haben Ärzte bei Patienten mit Herzbeschwerden Versuche mit vorgetäuschten Eingriffen gemacht. Mit dem Resultat, dass die Scheinoperationen erfolgreicher waren als die richtigen.

Ein Mann, der Krebs hatte, entschloss sich an einem Versuch teilzunehmen, welche die Wirkung eines umstrittenen neuen Medikaments prüfen sollte. Es wurde als Wundermittel angepriesen, noch bevor es schlüssige Beweise dafür gab. Nachdem der Mann das Medikament genommen hatte, verbesserte sich sein Gesundheitszustand merklich. Er nahm zu, fühlte sich besser und seine Tumore schrumpften beträchtlich. Nachdem er jedoch negative Berichte über das Medikament in der Presse gelesen hatte, verschlechterte sich seine Gesundheit wieder. Auch seine Tumore wuchsen wieder. Die Ärzte schrieben seine vorübergehende Heilung *seinem inneren Glauben* zu. Deshalb machten sie ihm Hoffnung und sagten, dass dies nur die erste Versuchsreihe gewesen sei. Ein noch wirksameres Medikament würde ihm in Kürze zur Verfügung stehen.

Daraufhin bekam er Spritzen, die nichts weiter als sterilisiertes Wasser enthielten. Wie erwartet, machte er dieselbe wundersame Wandlung durch. Als er jedoch hörte, dass die American Medical Association das Medikament abermals für wirkungslos befunden hatte, verschlechterte sich sein Zustand rapide. Kurz darauf starb er.

Siehst du wie sehr Einstellung und Überzeugung, sprich *innerer Glaube* auf das Wohlbefinden, die Gesundheit und letztendlich sogar auf das Lebensende eines Menschen Einfluss nehmen! Leider gründete der Glaube dieses Mannes allein auf medizinischen Erkenntnissen. Sie waren sein Gott. Das machte ihn zum Spielball der Medizin. Was immer die Medizin sagte, glaubte er. Deshalb war er einmal auf dem Weg zur Genesung, um dann wieder krank zu werden, je nach den vorliegenden Forschungsergebnissen.

Placebos sind ein Schritt in die richtige Richtung, weil sie zeigen, dass allein der Glaube zählt. Doch wenn dieser Glaube auf äusseren Tatsachen wie Forschungsergebnissen oder einem wirksamen Medikament beruht, dann steht das Ganze auf einem wackligen Fundament. Neue, veränderte Erkenntnisse können dieses Fundament jederzeit erschüttern und zum Einstürzen bringen. Ein auf äusseren Erkenntnissen beruhender Glaube manövriert einen in eine mentale Abhängigkeit. Nur der *innere* Glaube oder die *innere* Erkenntnis, dass ein vollkommener, gesunder Körper das Geburtsrecht jedes Menschen ist, manövriert einen wieder aus dieser Sackgasse heraus. Wenn man dieses Bewusstsein erlangt, hat man sein «ultimatives Placebo» gefunden, den Glauben an sich selbst, an seine eigene, *innere* Kraft.

AUTO OHNE ZÜNDKERZEN

Den Placeboeffekt kann man übrigens nicht nur bei Heilungen beobachten. Das ganze menschliche Leben ist voller Placebos. Ein Freund erzählte mir die folgende, schier unglaublich anmutende Geschichte.

Er war zu Besuch bei einer Familie in Neuseeland. Der Sohn dieser Familie war gerade damit beschäftigt Servicearbeiten am Auto durchzuführen, als er durch das Klingeln des Telefons in seiner Arbeit unterbrochen wurde.

Während er am Telefon plauderte, fuhr seine Mutter nichts ahnend mit dem Auto ins nahe gelegene Dorf, um Einkäufe zu tätigen. Als sie zurückkam, wartete ihr Sohn bereits ungeduldig auf sie. Mit offenem Mund starrte er seine Mutter ungläubig an, als sie den Wagen vor der Garage parkierte. «Mama!» rief er verwundert, «wie konntest du nur *so* ins Dorf fahren?»

«Was meinst du, Sohn?» antwortete sie.

«Ich war mit Servicearbeiten an unserem Auto beschäftigt, als das Telefon klingelte und mich von der Arbeit weglotste. Als ich zurückkam warst du samt Auto verschwunden. Dabei hatte ich die Zündkerzen entfernt und noch keine neuen eingebaut. Es ist mir ein Rätsel, wie du den Wagen ohne Zündkerzen hast starten können. Trotzdem bist du so, *ohne Zündkerzen*, ins Dorf und wieder zurück gefahren. Das ist unglaublich, Mama!» ereiferte er sich.

Diese Frau war zu naiv, zu unschuldig oder zu rein in ihrem Denken, als dass ihr Auto für sie nicht funktioniert hätte. Ihr Placebo war *ihr* Gedanke, *dass das Auto bestens funktioniert.* Glaube ist *die* treibende Kraft im Leben. Hätte der Sohn seiner Mutter erzählt, dass dem Auto die Zündkerzen fehlten, wäre sie gar nicht erst losgefahren. So aber wusste sie nichts vom *unvollständigen* Auto, das sie fuhr. Deshalb funktionierte es für sie.

Die erste geschichtliche Erwähnung findet das Placebo übrigens durch den griechischen Philosophen Platon (427 bis 347 vor Christus). Er war der Meinung, dass Worte die Kraft haben, Kranke zu heilen. Insofern fand er es durchaus in Ordnung, einem schwer kranken Patienten durch Worte das Gefühl zu vermitteln, dass er gute Heilungschancen habe oder dass seine Krankheit weniger schlimm sei, als er denke.

BEWUSSTE INSZENIERUNG

Eine Frau aus Kalifornien lag mit einem Krebsleiden im Sterben. Aus Sicht der Ärzte war sie unheilbar krank. Sie war nur noch Haut und Knochen, ein Häufchen Elend sozusagen, als ein weiser Mann die Todkranke – auf Wunsch deren Tochter – im Spital besuchen ging.

Der weise Mann fragte: «Willst du leben oder sterben?»

«Habe ich denn eine Wahl?» fragte sie zurück. «Die Ärzte sagen mir, dass ich unheilbar krank sei und dass es keine Heilungschancen gäbe!»

«Ja, aber was denkst *du*? *Was willst du*?» fragte der weise Mann.

«Natürlich möchte ich leben, jedoch *nur* in einem gesunden Körper. Sonst sterbe ich lieber, als dass ich *so* vor mich hinsieche!» antwortete sie.

«Gut so! Denkst du, dass du gesund werden kannst, wenn alle, die dich kennen, hinter dir stehen und dich gesund und vollkommen *sehen*?» prüfte sie der weise Mann.

«Das kann sein. Es sind schon andere Wunder geschehen!» seufzte sie.

«Okay, dann lass uns jetzt den Arzt rufen. Wir wollen ihm einen Vorschlag unterbreiten!» schlug der weise Mann vor. «Er soll deiner

Familie und deinen Freunden mitteilen, dass ihm bei der Diagnose ein Fehler unterlaufen ist, dass er dieses Versehen bedauert und dass du auf dem Weg zur Besserung bist. Er soll ihnen auch sagen, dass du nach ein paar Wochen der Beobachtung das Spital verlassen und wieder *gesund* nach Hause gehen kannst.»

So riefen sie nach dem Arzt und baten ihn um seine Mithilfe. Er willigte ein, aber nur unter der Bedingung, dass er die Verantwortung dafür nicht zu tragen habe. Er tat es vor allem deshalb, weil er der todkranken Frau einen letzten Wunsch erfüllen wollte. Der Arzt informierte also die Familie und entschuldigte sich in aller Form dafür, dass ihm bei der Diagnose ein Fehler unterlaufen sei. In ein paar Wochen würden sie ihre Liebste zuhause wieder *gesund* in die Arme schliessen können, erklärte er.

Die Nachricht verbreitete sich wie ein Lauffeuer. Alle waren überglücklich. Die Frau wurde in den darauf folgenden Tagen mit Umarmungen, Küssen, Liebesbezeugungen und Geschenken nur so überhäuft. Familie und Freunde freuten sich überschwänglich, dass ihre Liebste nun doch leben würde.

Die Tage vergingen und *tatsächlich* begann die Frau an Gewicht zuzulegen. Ihre Gesundheit verbesserte sich täglich. Der Tumor begann sich zurückzubilden. Nach einigen Wochen konnte die Frau das Spital verlassen und ein paar Monate später stand sie wieder auf dem Tennisplatz, gesund und geheilt!

Auch diese wahre Geschichte basiert auf einem Placeboeffekt, den der weise Mann *bewusst* inszenierte. Er wusste, dass alle Angehörigen und Freunde in jenem Augenblick, als der Arzt seine *Fehldiagnose* eingestand, ein *geistiges Placebo* schlucken würden. Es verfehlte seine Wirkung nicht.

Jedes Placebo ist ein geistiges Placebo. Ob Placebo-Medikamente, Placebo-Injektionen oder Placebo-Operationen, sie sind geistiger Natur, weil ihnen Gedanke, innere Überzeugung und Glaube innewohnen. Es ist diese Kraft, die Gesundheit Wirklichkeit werden lässt.

Eigentlich ist nicht nur die ganze Medizin, sondern überhaupt das gesamte menschliche Leben ein gigantisches Placebo! Glaube, innere Einstellung und Überzeugung sind ausschlaggebend. Wie heisst es doch so schön… *Glaube versetzt Berge!*

15

ES IST GETAN

Wenn man sich selbst, einen anderen Menschen oder irgendeine Lebenssituation *mental* behandelt, gibt es kein befriedigenderes Gefühl, als in sich die Überzeugung zu verspüren, dass *es getan ist.* Dass das, wofür man seinen Gedanken gedacht oder seine Affirmation gesprochen hat, Wirklichkeit *ist.* Diese Überzeugung, dieser unerschütterliche Glaube daran, dieses unumstössliche innere Wissen – das man sich *erarbeiten* kann – ist der Schlüssel zum Erfolg.

Nur Zweifel oder Gefühle der Angst und Panik können dieses innere Wissen zerstören. Damit das nicht geschieht, wenn du eine Mentalbehandlung gibst *oder* erhältst, brauchst du einen wichtigen Punkt zu beachten. Dieser Punkt gehört zum Standardwissen eines jeden, der sich mit Bewusstseinstraining befasst, und er nennt sich *emotionale Distanz.* Sie ist Grundvoraussetzung dafür, damit das innere Wissen, dass *es getan ist,* überhaupt zum Vorschein kommt und fest im Bewusstsein verankert bleibt.

Wenn du in einer mit Autos überfluteten Stadt mental einen Parkplatz kreieren möchtest, dann bereitet dir das kein grosses Kopfzerbrechen. Du denkst deinen Gedanken oder du stellst dir bildlich vor, wie der ideale Parkplatz bereits auf dich wartet. Es funktioniert bestens und es ist auch nicht allzu schwierig. Die emotionale Distanz zu einem Parkplatz zu bewahren fällt dir leicht.

Doch wenn dich jemand darum bittet, ihn *gesundheitlich* mental zu behandeln, dann bist du plötzlich unsicher, ob es genauso leicht funktioniert wie mit dem Parkplatz. Dabei ist es dasselbe Prinzip: *Universum + Zuneigung = Leben!* Der einzige Unterschied besteht darin, dass eine Person, eine Lebewesen involviert ist und dass du dich deshalb selber unter Druck setzt. Dabei müsstest du eigentlich nichts anderes tun, also zu sagen: «Ich sehe dich ganz und vollkommen!» Wenn du diese Affirmation mit Überzeugung und im Wissen, dass *es getan ist*, denkst oder sprichst, dann *ist es so*. Die Ausführung dieser Affirmation überlässt du dem Prinzip. Du bist *lediglich* Auftraggeber oder Denker. Das *wie* überlässt du dem Prinzip!

Der Unterschied zwischen Parkplatz und Person liegt einzig und allein in *deinen* Emotionen. Sie spielen dir einen Streich. Sie suggerieren dir, dass die Gesundheit dieser Person nun in *deinen* Händen liegt und du die Verantwortung dafür trägst. Auch das Infragestellen deiner mentalen Fähigkeiten, falls dir das widerfährt, geschieht über *deine* Emotionen. Auf diese Weise lässt man sich von seinen Emotionen manipulieren. Wenn das geschieht, dann ist man vorübergehend auf verlorenem Posten, zumindest was den Erfolg dieser Mentalbehandlung betrifft. Solche Emotionen führen das Bewusstsein in eine Sackgasse.

Wenn es dir jedoch gelingt gegenüber der zu behandelnden Person die emotionale Distanz zu bewahren, dann hast du was es braucht, um Erfolg zu haben. Diese Distanz bewahrst du dir dadurch, indem du vom eigentlichen *Problem* so wenig wie möglich, am Besten gar nichts weisst. Alles was du zu wissen brauchst, ist der Wunsch dieser Person *gesund* zu sein. Punkt! Nicht mehr und nicht weniger. Solltest du jedoch über die Einzelheiten des Problems informiert sein, dann wird es dich in deinem Denken verfolgen und du wirst es schwer haben diese Bürde los zu werden, sprich dich mental voll und ganz auf die Gesundheit der Person auszurichten.

Immer wieder strömen dann nämlich Gedanken und Bilder des Problems in dein Bewusstsein und verunsichern dich in deinem auf Gesundheit ausgerichteten Denken. In letzter Instanz ist alles Gedanke. *Es ist ein Gedanke* – der dominanteste Gedanke im Bewusstsein – der über Sein oder Nichtsein, Haben oder Nichthaben, Gesundheit oder Krankheit, entscheidet. Gerade deshalb ist die emotionale Distanz entscheidend.

Emotionen von noch grösserer Intensität könnten in dein Bewusstsein strömen, wenn du dir selbst eine Mentalbehandlung zu geben hast. Dann gibt es zwischen dem mental *Behandelnden* und dem *Behandelten* keine Distanz mehr, weil es sich um ein und dieselbe Person handelt, um dich selbst. In der Tat ist eine solche Mentalbehandlung vielleicht etwas vom Schwierigsten überhaupt. Wenn es schwierig ist, gegenüber einem *anderen* Menschen eine emotionale Distanz zu bewahren, wie schwierig ist es dann erst sie gegenüber sich selbst zu bewahren? Unweigerlich denkt man: *Was ist, wenn es nicht klappt? Ich hoffe so, dass es funktioniert! Ich muss ganz einfach gesund werden! Wenn ich nicht gesund werde, was wird dann aus meiner Familie, aus meinen Kindern?*

Ärzte erleben mit ihren Familienangehörigen dasselbe Dilemma wie du es mit dir selbst erlebst. Sie können, wollen oder dürfen ihre Familienmitglieder nicht operieren, weil sie ihnen zu nahe stehen. Ihre Emotionen könnten ihnen bei einer Operation in die Quere kommen und fatale Auswirkungen zur Folge haben. Du siehst, auch hier ist es eine Frage der emotionalen Distanz.

EINER TODGEWEIHTEN LEBEN EINGEHAUCHT

In der emotionalen Distanz liegt der Schlüssel zu jeder erfolgreichen Mentalbehandlung. Leichter gesagt, als getan! Wenn Emotionen vorhanden *sind*, dann lassen sie sich gar nicht so einfach eliminieren oder bekämpfen. Gegen etwas anzukämpfen, macht bekanntlich jenes Etwas noch grösser und mächtiger.

Was du tun kannst, ist deine mentale Aufmerksamkeit mit einer Intensität, wie du sie vielleicht noch gar nicht kennst, *auf etwas anderes* zu lenken. So wie es Norman Cousins tat, als er seine mentale Aufmerksamkeit von seiner unheilbaren Krankheit auf die humorvolle, lachende und lustige Seite des Lebens lenkte. Wenn auch du deine Aufmerksamkeit umzulenken vermagst, nimmst du deinen sabotierenden Emotionen die Lebensgrundlage. Das ist mehr als die halbe Miete zum Erfolg.

Der Mann sprach Italienisch und rief aus Triest an. Es war der Ex-Mann von Ingeborg und er fragte: «Ellen, bist du es? Ich bin es, Alessandro. Ich habe keine guten Nachrichten. Ingeborg ist bewusstlos geworden. Ich musste sie ins Spital einliefern. Sie liegt hier auf der Intensivstation. Die Ärzte sagen, dass bei ihr die Malaria ausgebrochen ist. Es sieht schlecht aus. Kommst du uns besuchen?»

Es gab einen Moment der Stille, bevor Ellen antwortete: «Ja natürlich! Ich werde morgen früh mit dem ersten Zug losfahren.» Sie war in Lugano bei ihrer Tochter und deren Familie, als Alessandro sie anrief. Noch vor einer Woche war sie zusammen mit Ingeborg auf einer Seminartour in Afrika unterwegs gewesen. Nachdem sie in die Schweiz zurückgekehrt waren, ging Ellen ihren Sohn und ihre Tochter in Lugano besuchen, während Ingeborg zu Alessandro nach Triest weiterreiste. Und jetzt das!

Als Ellen am nächsten Tag im Spital ankam, war Ingeborg nicht ansprechbar. Sie lag im Koma. Nach Auskunft der Ärzte hatte die Malaria bereits ihr Gehirn angegriffen. Sie gaben Ingeborg wenig bis gar keine Chancen mit dem Leben davonzukommen. Wenn sie sie früher hätten behandeln können, dann ja. So aber schienen Ingeborgs Aussichten düster.

Ellen, eine versierte Bewusstseinstrainerin, liess sich von den Diagnosen und Prognosen der Ärzte jedoch nicht entmutigen. Mit Hingabe nahm sie sich dem Leben ihrer langjährigen Freundin an. Es war zwar nicht einfach *über die unerwünschte Illusion* ihrer im Koma liegenden Freundin hinwegzusehen, doch sie erinnerte sich an die Geschichte von Jesus und Lazarus. Lazarus galt als gestorben, als seine Familie Jesus zum Grab rief und er zu den versammelten Trauernden sprach: «Er schläft nur. Lazarus, wach auf!» Und Lazarus *wachte* auf.

Davon inspiriert setzte sich Ellen auf einen Stuhl neben Ingeborgs Bett und begann ihr Mantra zu sprechen: «Ingeborg, du bist ganz und vollkommen! Ingeborg, du bist ganz und vollkommen! Ingeborg, du bist ganz und vollkommen!»

Während Stunden rezitierte sie diese Affirmation. Auch während sie auf die Toilette oder zum Mittagessen ging, hallte dieser Satz in ihrem Bewusstsein. Als es Abend wurde, nahm sie sich ein Zimmer in einem Hotel, um am nächsten Morgen mit dem Mantra fort zu fahren. Auch in der Nacht, während sie schlief, hallte *es* wie ein Echo in ihrem Innern.

Am nächsten Morgen nach dem Frühstück machte Ellen weiter. Die Ärzte und Gesundheitsschwestern liessen sie gewähren, auch wenn sie jeweils kopfschüttelnd und mit der Stirne runzelnd aus Ingeborgs Zimmer kamen. Alessandro, der regelmässig auf Besuch kam, hatte sogar einen Priester bestellt, damit er Ingeborg *vor ihrem Tod* die letzte Ölung geben konnte. Ellen bat ihn höflich aber bestimmt wieder zu gehen. *Sie* hatte Ingeborg noch lange nicht aufgegeben.

Am dritten Tag öffnete Ingeborg das erste Mal ihre Augen, wenn auch nur für kurze Zeit. Doch in immer kürzer werdenden Abständen war sie nun wieder bei Bewusstsein. Selbst die Ärzte sahen, dass die Möglichkeit bestand, dass Ingeborg überleben und wieder gesund werden konnte. Nach zwei weiteren Tagen sahen auch sie das Licht am Ende des Tunnels. Ellen verliess das Spital, denn sie wusste, dass ihre Freundin das Gröbste überstanden hatte, *dass es getan war*!

Zwei Wochen später konnte Ingeborg das Spital verlassen und nach Amerika zurückreisen, dem Ausgangspunkt ihrer abenteuerlichen Reise. Die Ärzte sprachen von einem Wunder, denn aus ihrer Sicht war die Krankheit zu weit fortgeschritten, als dass reelle Heilungschancen bestanden hatten. Ellen wusste um die Wichtigkeit eine emotionale Distanz zu ihrer Freundin zu bewahren. Sie tat dies, indem sie ihr Mantra fortlaufend sprach und so die Aufmerksamkeit auf Ingeborgs Ganzheit und Vollkommenheit lenkte.

Ein Mantra so zu sprechen führt *früher oder später* zum inneren Wissen, dass *es getan ist.* Es nimmt allen gegenteiligen Emotionen – Zweifeln, Angst und Panik – den Wind aus den Segeln. Das Mantra und das daraus entstehende innere Wissen, dass *es getan ist* nehmen dann im Bewusstsein den ganzen Raum ein. Nichts anderes existiert mehr… und es *ist* getan!

16

SPIEL DES LEBENS

Das Leben, so ernst es sich zuweilen auch anfühlt, ist bloss ein Spiel. Das mag zwar ironisch klingen, doch es ist die Wahrheit. Das Spiel des Lebens ist ein Spiel, bei dem du weder gewinnen noch verlieren kannst. Es kann deine Realität, wer du in Wirklichkeit bist, nicht verändern. Selbst der Tod – als Schwelle in eine andere Lebensdimension – ändert nichts an deiner Realität, denn deine Essenz ist und bleibt unantastbar und unzerstörbar. Deshalb ist das Leben nichts weiter als ein Spiel, jedoch ein wunderschönes.

Je tiefer deine Selbsterkenntnis, desto transparenter zeigen sich dir die Zusammenhänge vom Spiel des Lebens. War dein Leben vielleicht einmal voller Ängste, Sorgen, Ernsthaftigkeit und Gefühlsschwere, so kommt es jetzt mit Humor, Freude, Unbeschwertheit und Leichtigkeit daher, weil du dich selbst erkannt hast und eine Lebenseinsicht erlangt hast, die den Schleier vom Spiel des Lebens lüftet. Daraus sind dein innerer Frieden und deine Gelassenheit hervorgegangen.

Doch was genau sind die Zusammenhänge, was der eigentliche Sinn vom Spiel des Lebens? Und wie erlangt man Selbsterkenntnis und Lebenseinsicht?

Während du friedlich und gelassen im Innern deines Universums als Idee eines Menschenlebens geschlummert hast, ausgestattet mit der allumfassenden Bewusstheit dessen, wer du in Wirklichkeit bist, hast du dich in einem Anflug von spontaner Begeisterung zum Leben als Mensch auf der Erde entschlossen.

Du warst bereit dein paradiesisches, in sich selbst erfülltes Dasein, für das Experiment Menschsein aufzugeben. Du wusstest, dass du als Mensch Form, Gestalt, Identität und Individualität annehmen würdest. Du würdest eintauchen in eine ganz neuartige Welt, so völlig anders im Vergleich zu deiner bisherigen Existenz. *Du würdest dein beglückendes Gefühl des Einsseins mit allem, das Wissen um deine Wirklichkeit, wer du in der Tiefe deines Seins bist, mit deiner Geburt in ein menschliches Dasein vorübergehend verlieren.*

Trotzdem hast du dich im vollen Bewusstsein dieser Konsequenzen auf das Spiel Menschsein eingelassen. Du wolltest diese Herausforderung und Erfahrung. Dir gefiel die Art dieses Spiels, der Gedanke daran, dich vorübergehend zu verlieren, um dich dann von neuem wieder zu entdecken. Die Bewusstheit deines in sich selbst erfüllten Daseins zurück zu erlangen, oder anders ausgedrückt, dich wieder daran zu erinnern wer du warst, bevor du in die Verkleidung *Mensch* geschlüpft bist.

Dieses Lebensszenario mag dir jetzt nicht gerade aufregend erscheinen, vom Sinn ganz zu schweigen. Doch ist die Sinnfrage nicht eine Frage, die man sich bei jedem Spiel stellen kann? Was das Aufregendsein betrifft, kann ich dir jedoch versichern, dass es die Reise wert ist. Was dich auf dem Weg in dein Inneres erwartet ist zu schön, zu beglückend und zu grossartig, als dass es Worte zu beschreiben vermögen.

So wie ein Fussballcoach für seine Spieler eine Taktik und Strategie zurechtlegt, damit sie ihr Spiel erfolgreich gestalten, so hast du dir, nachdem deine Entscheidung als Mensch geboren zu werden feststand, ein persönliches Lebensdrehbuch zusammengestellt. Darin stand geschrieben wer deine Mutter, dein Vater und deine Geschwister – mit all ihren Persönlichkeitsfacetten – sein werden. Miteinbezogen hast du deine private Welt, dein Erdenzuhause sowie deinen menschlichen Körper. Auch dessen Aussehen, Form und Geschlecht hast du festgelegt und mittels Zuneigungsimpulsen in Auftrag gegeben. Deinen Eltern bereitete es sichtliches Vergnügen dir deinen Wunsch nach einem Körper zu erfüllen.

In deinem Drehbuch war aber nicht nur vermerkt, wer deine Familie ist, welches dein Erdenzuhause ist und wie dein Körper aussieht. Nein, viel mehr als das! Auch deine Lebensbedingungen, -situationen, -themen und -herausforderungen hast du dir bewusst ausgesucht. Deine Fähigkeiten und Talente, deine Neigungen, dein

Charakter sowie deine Persönlichkeit waren ebenfalls Teil dieser Wahl. Du hast dir sozusagen ein Plus-Minus Handicap mit auf den Lebensweg gegeben, um zu sehen, ob du trotz dieses Handicaps im dualistisch angehauchten Menschsein wieder ins Meer des Einsseins wirst eintauchen können. Ob du also dieselbe Bewusstheit, die du vor deinem Erdenleben gekannt hast, wirst zurückerlangen können.

So ungefähr sah der Rohentwurf deines Lebensdrehbuchs im Zeitraffer aus. Natürlich ist dein Lebensdrehbuch nicht in Stein gemeisselt. Du kannst jederzeit Änderungen, ja sogar komplette Richtungswechsel vornehmen, wenn dir dein Leben, so wie es sich dir präsentiert, nicht gefällt. Die vorangegangenen Kapitel von *Das Geheimnis der Fülle* haben dir gezeigt wie.

Das Spiel des Lebens ist vergleichbar mit anderen Spielen – Sportspiel, Gewinnspiel, Gesellschaftsspiel, Geschicklichkeitsspiel oder irgendeines der vielen Kinderspiele – die es gibt. Auch dort vergisst du dich und deine *reale* Welt und tauchst ein in eine Illusionswelt, die dich temporär vergessen lässt wer du bist. In dieser Illusionswelt wirst du beim Spiel *Monopoly* plötzlich zum reichen Grundstücks- und Häuserbesitzer mit Millionen auf dem Bankkonto. Oder du nimmst als Robin Hood, Tarzan oder Winnetoe eine neue Identität an. Das ist anregend und kann dich in helle Begeisterung und Aufregung versetzen. Solche Spiele sind Ausdruck des Amüsements und der Unterhaltung.

Wenn jedoch das Spiel des Lebens im menschlichen Körper zum reinen Unterhaltungsspiel deformiert, dann lenkt es dich von der Tiefe deines Seins, von der Schönheit und Reinheit deines wahren Selbst und vom eigentlichen Sinn des Lebens ab, ins Meer des Einsseins zurückzukehren, und darauf aufbauend, dich selbst zu sein und Spass zu haben.

Das Leben auf dem Planeten Erde wird dann zum Unterhaltungsspiel, wenn es auf die fünf menschlichen Sinne – sehen, hören, berühren, riechen, und schmecken – reduziert wird. Wenn das physische, sinnliche Erleben dominiert, ist es ein einseitiges Spiel. Es lässt dann die metaphysische Welt, jene Wahrnehmung, die über die sinnliche hinausgeht, ausser Acht. Das ist mehr als schade, denn die Entdeckung der metaphysischen Existenz öffnet dem menschlichen

Glück – auch dem sinnlichen – Tür und Tor. Wer sich auf die innere, metaphysische Reise zu sich selbst begibt, hält den goldenen Schlüssel für beide Reiche, das physische *und* das metaphysische, in der Hand. Wer jedoch keinen Zugang zum metaphysischen Denken findet, für den gilt weiterhin der wissenschaftliche Leitsatz: *Ich glaube nur an das, was ich sehe.*

In der Metaphysik gilt genau die umgekehrte Maxime: *Ich sehe nur das, woran ich glaube.* Ein Metaphysiker weiss, dass der Glaube, als Impuls eines Gedankens, den Wunsch, das Ziel oder den Traum Wirklichkeit werden lässt. Schon Jesus lehrte: «Es geschieht dir nach deinem Glauben!» Erst der Glaube daran, die innere Überzeugung oder das innere Wissen, manifestiert den unsichtbaren Traum in die sichtbare Wirklichkeit. Dabei ist der Metaphysiker als Impulsgeber aktiv beteiligt.

Ein Mensch, der nur an das glaubt, was er im Äusseren sieht, verharrt in einer passiven Haltung. Er nimmt das Leben wie es kommt, ohne sich *aktiv* als Schöpfer zu betätigen. Die Gründe für sein Passivverhalten liegen im mangelnden Wissen um seine Fähigkeiten und sein Potenzial als Schöpfer, der er tatsächlich ist.

Eine Erfahrung aus meinem Leben mag den Unterschied zwischen der physischen und der metaphysischen Wirklichkeit näher bringen. Katarina, eine langjährige Freundin, die mittlerweile in Neuseeland lebt, ging, vom Pioniergeist getrieben, für unbestimmte Zeit nach Australien, wo sie sich im Outback des nördlichen Territoriums ihre eigene berufliche und private Existenz aufbauen wollte. Ihr Aufenthaltsort im Busch war der Inbegriff eines einfachen Lebensstils in der Abgeschiedenheit der Natur. Es gab weder Telefon noch Fax, Computer, Internet oder sonst welche elektronische Kommunikationsmittel.

Aus der physischen Sicht gab es für mich nur eine Möglichkeit, um mit Katarina in Verbindung zu treten - Ihr dorthin nachzureisen. Die Möglichkeit dazu hätte bestanden, denn ich war damals zu Besuch im Meditationszentrum der University of Healing in der Hochwüste Südkaliforniens, nahe der mexikanischen Grenze. Ich wäre also bereits auf halbem Weg nach Australien gewesen.

Die Dämmerung war schon lange über die karge Wüstenlandschaft gefallen, als ich mich schlafen legte. Wie immer funkelten auch an diesem Abend unzählige Sterne am wolkenlosen Himmel und zwar in einer Schönheit, wie ich sie nirgendwo sonst auf der Welt je gesehen hatte. Die Wüste war still, ausser dem gelegentlichen Geheule der Kojoten und dem rhythmischen Gezirpe der Grillen, welches mich in den Schlaf zu wiegen versuchte. Ich lag in meinem Schlafsack auf der Veranda, mit freiem Blick zum atemberaubend schönen Sternenhimmel. Bevor ich in die Welt meiner Träume eintauchte, entschloss ich mich Katarina im Outback Australiens zu besuchen.

Schon seit Jahren hatte ich mit Mentalreisen experimentiert und spannende Dinge erlebt. Einmal besuchte ich Mount Shasta, einen mystischen Berg im Norden Kaliforniens. Meine Reise führte mich ins Innere dieses magischen Berges. Dort, in einer Kammer, vergleichbar mit einer grossen Höhle, entdeckte ich einen riesigen, funkelnden Kristall, welcher, von der Decke schwebend, ein Gefühl tiefer Ruhe und eindringlichen Friedens ausstrahlte. Der Raum war vom Licht des Kristalls hell erleuchtet. Als ich den Kristall als Bild vor meinem geistigen Auge sah, überzog sich mein Körper mit einer Gänsehaut und das Energiezentrum zwischen meinen Augenbrauen pulsierte angenehm. Ein Glücksgefühl durchdrang mich.

Ich schloss nun meine Augen und visualisierte meinen Körper umhüllt von einem weissen Licht. In meiner geistigen Vorstellung schlüpfte ich dann aus ihm heraus. Über ihm schwebend betrachtete ich ihn flüchtig, ehe mich mein innerer Reiseführer bereits zum Pazifischen Ozean geleitet hatte, über den ich nun in grosser Höhe und schwerelos dahinsegelte. Es war Nacht, doch am Horizont in der Ferne konnte ich eine Ansammlung von Lichtern ausmachen. *Das muss Hawaii sein*, dachte ich. Bald einmal veränderte sich die Farbe des Himmels. Es wurde heller. In einem einzigen Moment wurde ich von einer riesigen Flutwelle des Lichts überströmt, der Sonne. Dann fand ich mich auf einer üppigen, grünen Wiese, umgeben von grasenden Pferden, einem Wohnwagen und ein paar Leuten, die an einem Tisch sassen und miteinander sprachen. Wo aber war Katarina? War ich überhaupt am richtigen Ort angekommen?

Ich schaute mich nochmals genau um und tatsächlich, dort, etwas abseits der Gruppe war Katarina! Sie trug ein T-Shirt und kurze Hosen. Sie hielt ein Pferd und bespritzte es mit einem Wasserschlauch. *Fantastisch*, dachte ich. *Gerade so, als ob ich meinen Körper mit auf die Reise genommen hätte und nun Katarina zusehen konnte, was sie tat.*

Einen Monat später traf ich Katarina in der Schweiz. Ich beschrieb ihr in allen Einzelheiten, was ich bei meiner Reise zu ihr erlebt hatte. Tag und Uhrzeit hatte ich fein säuberlich notiert, damit ein Zeitvergleich, einschliesslich des Zeitzonenunterschieds, auch Sinn machte. Es passte haargenau. «Weisst du, ich war tatsächlich an jenem Tag und genau zu der Zeit, als du mich mental besucht hast, auf der Wiese und habe eines der Pferde mit kaltem Wasser bespritzt. Ja, da gab es auch den Wohnwagen und eine Gruppe von Freunden, die zu Besuch waren!» sprudelte es aus ihr heraus.

So aussergewöhnlich sich diese Mentalreise nach Australien auch anhört, eigentlich ist es etwas ganz Gewöhnliches. Jeder Mensch hat, bewusst oder unbewusst, solche Erlebnisse. In der Nacht begibt man sich in seinen Träumen auf viele solcher Reisen. Oft sind es Besuche in anderen Lebensdimensionen. Aus der Sicht, dass du eins bist mit allem, sind diese Reisen das Natürlichste auf der Welt.

Du trägst nicht nur das gesamte Universum in dir, du hast auch die Fähigkeit dich auf einen Menschen, einen Ort oder einen Zeitpunkt aus der Vergangenheit, der Gegenwart oder der Zukunft einzustimmen. Da du eins bist mit allem, ist jeder Ort, jeder Zeitpunkt, jede Erfahrung in dir. Das ist deine metaphysische Wirklichkeit. Wenn du dich dieser Welt in dir öffnest, erweitert sich dein Selbstvertrauen, deine Selbstwahrnehmung und letztendlich dein Bewusstsein.

Wie du weisst, schlummern in dir aussergewöhnliche mentale Fähigkeiten und Qualitäten. Du kannst sie Schritt für Schritt zum Leben erwecken und in deine Welt einfliessen lassen. Es ist ein herrliches Abenteuer, das da auf dich wartet.

ÄUSSERE UND INNERE SINNE

Du bist bestens mit ihnen vertraut und kennst sie gut, deine fünf Sinne. Sie nehmen äussere Impulse wie Bild, Ton, Berührung, Geruch und Geschmack wahr. In dir existieren jedoch auch metaphysische Sinne. Sie dienen der Wahrnehmung innerer Impulse und sind ebenso real, wenn nicht sogar realer, als die menschlichen fünf Sinne.

Weshalb?

Während die fünf Sinne an den menschlichen Körper gebunden sind und so von seiner Existenz und auch seinem Wohlbefinden abhängig sind, sind die metaphysischen Sinne an die Lebensessenz gekoppelt, die jedem Menschen innewohnt. Eine Lebensessenz, die nicht körperlicher, sondern spiritueller Natur ist. Als solche ist sie unantastbar und unzerstörbar. Demzufolge sind auch die metaphysischen Sinne unantastbar und unzerstörbar. Sie dienen als Verbindungskanal zwischen Lebensessenz und menschlichem Erleben. Wenn du diesen metaphysischen Sinnen deine Zuneigung schenkst, erwachen sie zum Leben. Mein Erlebnis im Outback von Australien gründete auf einem solchen metaphysischen Impuls. Aus meinem inneren Einssein mit allem stimmte ich mich mental auf einen Ort und auf einen Menschen ein, die ich dann als inneren Film, der sich vor meinem geistigen Auge abspielte, wahrnahm.

Ohren und Gehirn im menschlichen Körper sind dazu da, äussere Tonschwingungen wahrzunehmen und zu interpretieren. Es gibt aber auch innere Frequenzen, die du hören kannst. Beispielsweise deine innere Stimme oder deine Intuition in Form eines Gedankens oder Gefühls. Wenn du es zulässt und du dich ihr öffnest führt und lenkt dich die Intuition auf deiner Lebensreise. Ich werde in einem nachfolgenden Kapitel näher darauf eingehen.

Manchmal spricht man auch vom *inneren Riecher*, einem inneren Impuls, der bewirkt, dass man die richtige Entscheidung trifft, sei es bei der Wohnungs- oder Jobwahl, Geld- oder Börsengeschäften oder anderen alltäglichen Dingen. Im Fussball sagt man: «Er hat einen guten Torriecher!» Das heisst, dass jener Spieler intuitiv am richtigen Ort steht, um ein Tor zu schiessen. Auch der *innere Riecher* gehört zu den metaphysischen Sinnen.

Warst du schon einmal mit jeder Faser deines Wesens in einen anderen Menschen verliebt? Ich meine *wirklich verliebt*, ohne diese Verliebtheit nun mit Sex zu verwechseln? Wenn dem so ist, dann hast du eine tiefgehende, metaphysische Berührung erfahren. Du bist mit diesem wunderbaren Menschen verschmolzen. Die Verliebtheit war ein Impuls, der dich innerlich zutiefst berührte und dich dir selber näher brachte. Eigentlich war es nicht dieser Mensch, mit dem du verschmolzen bist. Du bist mit dir selbst, mit deiner Essenz verschmolzen. Der Impuls dafür kam zwar von diesem Menschen, doch das grossartige Erlebnis, die innere Berührung, hatte mit dir selbst zu tun.

Wie du siehst gibt es nicht nur die physische Seite des menschlichen Lebens. Es existiert auch ein metaphysischer Bereich. Seine Impulse bereichern und erweitern dein Bewusstsein und ebnen dir den Weg in die Einheit zu deinem wirklichen Selbst. Dort angekommen tauchst du ein ins Meer des Einsseins. Du bist dir dann der Schönheit und Reinheit deines Seins wieder bewusst.

Was kannst du nun tun, um in dieses Meer des Einsseins zurückzukehren und das Spiel des Lebens als herrlichstes Abenteuer zu erfahren, das du je gehabt hast?

Diese Frage ist einfach zu beantworten. Erwecke deine metaphysischen Sinne in dir zum Leben. Dadurch stärkst du die Säulen deines Lebensgebäudes! *Ja, die Säulen deines Lebensgebäudes*. Dein Leben ist wie ein Gebäude mit verschiedenen Räumen. Jeder Raum symbolisiert einen Aspekt deines Lebens, beispielsweise deine Gesundheit, deine Partnerschaft, deine Kinder, dein beruflicher Erfolg, deine innere Zufriedenheit, deinen Wohlstand, dein persönliches Wachstum, deine Intuition sowie deine spirituelle Seite. All diese Lebensbereiche vereinen sich zu deinem Lebensgebäude. Getragen werden sie von den Säulen des Gebäudes – deinen metaphysischen Sinnen – welche ihnen die nötige Stabilität und Kraft verleihen.

Wenn du deine metaphysischen Sinne in dir zum Leben erweckst, sie schärfst, und mehr und mehr in dein Leben einfliessen lässt, dann wird dein Besuch auf der Erde zu einer unbegrenzten Erfahrung. Dein physisches Selbst und dein metaphysisches Selbst werden dann zu deinem wahren Selbst verschmelzen. Dein Leben wird dann im Fluss sein, dein Lebensgebäude ein Ausdruck der Harmonie und du die Person, die mit sich selbst und der Welt im Einklang lebt.

Doch was ist der Inhalt, die Essenz und was die Botschaft dieser metaphysischen Reise zu dir selbst? Nachfolgend neun Lebenseinsichten dazu:

Das Spiel des Lebens ist das ultimative Spiel
denn es ist das einzige Spiel, das du ganz für dich alleine spielst.
Dabei gibt es keinen Sieger und keinen Verlierer.
Es gibt nur dich, dein Universum und deine Zuneigung
aus denen du dein Leben formst, nach deiner Wahl.
Das Spiel des Lebens dient dir als Inspiration,
um dich zu erinnern wer du bist.

Es gibt für ein Erdenkind nichts Beglückenderes
und tiefer Berührendes als nach Hause zu kommen
in eine Atmosphäre der Liebe, Harmonie und Geborgenheit.
Dasselbe gilt für ein Kind der Unendlichkeit, welches du bist.
Im Jetzt und Hier zu sein, in der Unendlichkeit,
und einzutauchen ins Meer der bedingungslosen Liebe
ist der Anfang und das Ende deiner Reise.

Das Leben ist deine Theaterbühne

Ein Schauspieler spielt seine Rolle mit Leidenschaft.
Er identifiziert sich mit der Rolle,
er lebt sie, er atmet sie, er ist sie,
im Wissen, dass sie Illusion ist.
Er weiss jederzeit, wer er im Leben ohne Bühne ist.
Spiele du deine Rolle im Lebenstheater
mit derselben Leidenschaft.
Spiele, lache, tanze und lebe im Wissen, dass alles Illusion ist.
Sei auch du dir jederzeit deines wahren Selbst bewusst.

Deine Kinder sind wie deine Gedanken
ein Spiegel deines Bewusstseins.
Sie sehnen sich nach dem Leben.
Sie haben dich gewählt, um ihre Hand in deine zu legen,
dich auf deinem Lebensweg ein Stück weit zu begleiten,
ehe sie sich auf ihre eigene Reise begeben.
Schenke ihnen deine Weisheit, indem du aus der Reinheit deines
Herzens lebst. Sie werden dich nachahmen, ohne es zu wissen.
Sei bestimmt aber liebevoll mit ihnen.
Fördere ihre Kreativität, indem du sie dazu aufforderst.
Höre auf sie, damit sie auf dich hören.
Sie haben dir wundervolle Geschichten zu erzählen.
Gib ihnen das Gefühl, dass das Leben sie braucht.
Es braucht sie, deine Kinder *und* deine Gedanken.

Gedanke und Bewusstsein durchdringen die Materie

Am Anfang ist die Materie genauso leer wie dein Universum.
Erst dein Gedanke haucht ihr Leben ein.
Erst dein Bewusstsein schenkt ihr Qualität.
Erst dein Gedanke macht glühend heisse Kohlen
zu kühlem feuchtem Moos,
über das du unversehrt mit blossen Füssen gehst.
Es ist allein dein Gedanke!

Selbstliebe ist in sich selbst erfüllt

Sei sanft zu dir. Respektiere dich. Sei urteilsfrei mit dir selbst.
Lass dich von deinem Inneren berühren. Lass von dir selbst los.
Achte deinen Körper, dein Bewusstsein und deine Gedanken.
Erfülle jeden Raum deines Lebensgebäudes mit Liebe.
Deine Essenz, wer du bist, ist reine, bedingungslose Liebe.
Sie ist in sich selbst erfüllt.

Spiritualität veredelt dein Menschsein, für immer
Dinge werden äusserlich veredelt,
um sie zum Leuchten und Glänzen zu bringen.
Ihr Glanz erlischt eines Tages.
Der Glanz deines Daseins erlischt nie,
wenn du dein Inneres veredelst,
indem du aus deiner spirituellen Essenz lebst.
Dann strahlt jede Faser deines Körpers.
Dann leuchtet jede Zelle deines Bewusstseins.
Dann glänzt jeder Gedanke, den du auf die Reise schickst,
jedes Wort, dem du Leben schenkst,
jede Tat, die dein Herz verlässt,
im Licht deines Seins.

Intuition ist der reinste Klang deiner Seele
Er kommt aus dem Zentrum deines Seins.
Dein Sein ist erfüllt von Klängen der Musik.
Wenn du mit deiner Seele im Ein-Klang schwingst,
hörst du den Klang deiner Intuition.
Ihr Klang ist rein, klar und wunderschön.
Ihr Klang ist weder laut noch leise, trotzdem unüberhörbar,
denn du schwingst im Ein-Klang mit dir selbst,
deiner Intuition, dem reinsten Klang deiner Seele.

Gesundheit kennt keine Grenzen
Sie ist die Summe deiner Gedanken,
die Manifestation deiner Gefühle
und die Multiplikation deiner Worte,
als Stimme deines Bewusstseins.
Denke Gesundheit,
fühle Gesundheit,
spreche Gesundheit,
und aus Gesundheit wird Bewusstsein,
grenzenlos.

Wenn du nun dein Leben auf diese Lebenssäulen baust, begibst du dich von alleine auf die Reise zu deinem wirklichen Selbst. Schritt für Schritt wirst du dich von selbst fabrizierten Beschränkungen, limitierenden Gedankenmustern, Überzeugungen und Glaubenssätzen lösen. Denn diese Prägungen haben dich bei deinem Spiel des Lebens nur sabotiert. Sie waren die Ursache dafür, dass du deine Ziele nicht erreicht hast, dass sich deine Träume nicht erfüllten, dass sich dein Erfolg nicht wunschgemäss einstellte. Es ist an der Zeit diese Prägungen über Bord zu werfen und sie mit neuen zu ersetzen. Neue Prägungen, die mit der Wirklichkeit deiner Natur, *wer du bist*, in Harmonie sind.

In Wahrheit bist du unbegrenzt, ohne irgendwelche Beschränkungen. Du kannst alles und bist der Ausdruck all dessen, was du zu sein wählst. Du bist eins mit allem und demzufolge ein Ausdruck der Unendlichkeit des Kosmos.

Damit du am Spiel des Lebens Freude hast, ist es von Bedeutung zu wissen, dass es ein metaphysisches Spiel in einer physischen Welt ist. Auf deiner Reise zu dir selbst gelten deshalb metaphysische Prinzipien. Vielleicht das wichtigste Prinzip von allen: *Das Leben ist nichts weiter als ein Spiel, jedoch ein wunderschönes!*

17

MUSTER, PRÄGUNGEN, INNERE ÜBERZEUGUNGEN

Wie du weisst, bestimmt die Art der Zuneigung, die du deinem Universum schenkst, über dein Leben. *Universum + Zuneigung = Leben!* Muster, Prägungen und innere Überzeugungen werden in deinem Bewusstsein geboren, wenn du immer wieder dieselben Zuneigungsimpulse, also dieselben Gedanken auf dein Universum projizierst. Das kann leicht passieren.

Bestimmt hast auch du ausgewählte Kleidungsstücke und Schuhe, die du oft und gerne trägst, deine Lieblingsklamotten sozusagen. Durch das häufige Tragen passen sie dir wie angegossen. Sie sind wie deine zweite Haut. Du fühlst dich wohl in ihnen. Bald einmal willst du und kannst du nicht mehr auf sie verzichten, weil das Tragen dieser Klamotten für dich zur Gewohnheit geworden ist. Selbst dann, wenn das Kleidungsstück aus der Mode gekommen ist, vielleicht verwaschen oder ausgebeult daherkommt, eventuell schon des Öfteren geflickt wurde und die Schuhe mangels Pflege oder Abnützung längst aussortiert gehörten, hältst du an ihnen fest. Du kannst dich nur schwer von ihnen trennen.

Mit Zuneigungsimpulsen verhält es sich ähnlich. Aus Gewohnheit projiziert man immer wieder dieselben Gedanken auf das innere Universum. Man fühlt sich mit ihnen vertraut. Sie sind wie gute Freunde, Teil von einem selbst. Es fällt einem schwer andere Gedanken zu denken. Obwohl man spürt, dass die Zeit reif wäre, loszulassen und altes, ausgedientes Gedankengut mit neuem zu ersetzen, hält man am Alten fest. Das hat mit der Angst vor einer inneren Leere zu tun, die über einen kommt, wenn man alte Gewohnheiten loslässt, und sie nicht umgehend mit neuen ersetzt. Verhaltensmuster, Prägungen und innere Überzeugungen geben einen gewissen Halt, selbst dann, wenn sie begrenzende Lebenserfahrungen verursachen. Sie sind Teil des inneren Selbstbildes, deiner Identität.

Wie Muster, Prägungen und innere Überzeugungen entstehen, ist neurologisch erklärbar. Wissenschaftliche Erkenntnisse in der Gehirnforschung beweisen, dass identische, sich wiederholende Reaktionen auf äussere Impulse oder Reize, so genannte Trampelwege im Gehirn verursachen. Diese Wege sind anfangs noch holprig, uneben und schwer *begehbar*. Mit der Zeit jedoch werden sie breiter, ebener und leichter begehbar, bis aus Trampelwegen Autobahnen, eigentliche Schnellstrassen werden.

Wenn ein Trampelweg zu einer Schnellstrasse mutiert ist, bedeutet das, dass ein Gedanke oder ein Gefühl so lange auf das innere Universum projiziert wurde, bis daraus eine Gewohnheit wurde, die sich verselbständigte und schliesslich in einem Verhaltensmuster mündete. Aus anfänglich bewusstem Agieren wurde so mit der Zeit unbewusstes Reagieren, bis man zum Gefangenen seines eigenen Verhaltens wurde. Wann immer also ein äusserer Reiz – beispielsweise die Kritik eines anderen Menschen – nach einer Reaktion verlangte, bog man unbewusst auf eine der beiden Schnellstrassen *Empfindsamkeit* oder *Gelassenheit* ein, je nachdem, welche man aufgrund seiner gedanklichen oder gefühlsmässigen Zuneigung gebaut hat.

Ob man nun Schnellstrassen der Empfindsamkeit oder der Gelassenheit baut, ist eine Frage der bewussten Wahl. Beide Gefühlsreaktionen sind legitim. Doch welche der beiden Reaktionen nützt einem mehr, die der Empfindsamkeit oder die der Gelassenheit? Welches der beiden Gefühle hinterlässt in deinem Körper und in deinen Emotionen das angenehmere Gefühl? Natürlich das Gefühl der Gelassenheit! Mit Gelassenheit zu reagieren bedingt jedoch eine Portion Disziplin und Bewusstheit.

Manchmal erlaubt man auch anderen Menschen, der Werbung, den Medien oder der Gesellschaft Zuneigungsimpulse auf sein Universum zu projizieren. Beispielsweise dann, wenn sie einem in bester, freundschaftlicher Absicht weismachen wollen, dass «Winterzeit

= Grippezeit» ist. Dieser Gedanke wird subtil ins Denken gepflanzt, wo er Wurzeln schlägt und zu einer kleinen Pflanze heranwächst, mit dem Resultat, dass man tatsächlich die Grippe kriegt.

Deine Freunde fühlen sich in ihrer Sicht bestätigt, wenn sie sagen: «Siehst du, ich hab dich gewarnt. Ich habe es dir gesagt, der Grippevirus geht um, und er wird auch dich infizieren!» Nette Freunde.

So hat man dann jeden Winter die Grippe, weil man dieser Erfahrung erlaubt hat, sich zu einer inneren Überzeugung zu verdichten. Man ist *scheinbar* machtlos dagegen. Und alles nur, weil man der Idee «Winterzeit = Grippezeit» erlaubt hat sich im Denken einzunisten.

Um eine solche innere Überzeugung zu durchbrechen bedarf es Gedankendisziplin und der Bewusstheit dass *Universum + Zuneigung = Leben!* wirklich funktioniert.

Disziplin ist ein Wort in der menschlichen Sprache, das eine andere Interpretation verdient hätte. Es wird immer wieder mit Strenge, Zucht und Ordnung sowie militärischem Gehabe in Zusammenhang gebracht. Dabei hat Disziplin viel mit Liebe zu tun. Ein Musiker beispielsweise, der seine Musik über alles liebt, ist aus seinem Herzen diszipliniert. Er braucht sich nicht zu disziplinieren, um zu üben oder in seine Musik einzutauchen. Er tut es von alleine, weil er die Musik liebt, eins mit ihr ist und sie ihn bewegt wie nur etwas. Wer etwas liebt, ist automatisch diszipliniert. Disziplin und Liebe bedeuten *dann* dasselbe.

Auch der Begriff Liebe wird als Synonym ziemlich überstrapaziert. Liebe wird oft mit Sex, Besitz ergreifender und konditionierter Liebe verwechselt. Dabei ist der ursprüngliche Gedanke der Liebe ein Zustand des Einsseins mit sich selbst und dem Universum. Das Verschmelzen mit einem anderen Menschen, einer Idee oder einem Teil der Schöpfung ist ebenfalls ein Ausdruck der Liebe, genauso wie die innere Erkenntnis der Reinheit, Schönheit und Vollständigkeit des eigenen Selbst. Besitzanspruchsdenken, Konditionierungen sowie das Be- und Verurteilen sind ihr fremd. Wirkliche Liebe ist in sich selbst erfüllt.

Wenn du nun Disziplin entwickelst, denke daran, dass es mit Liebe zu tun hat. Wahre Disziplin leuchtet dann aus dir hervor, wenn du etwas liebst. Gedankendisziplin praktizierst du dann, wenn du deine Gedanken liebst. Liebe also deine Gedanken und du wirst ihnen mit Bewusstheit und Achtsamkeit begegnen.

DREI POSITIVE GEWOHNHEITEN

Gedankendisziplin kannst du üben, indem du dir positive Gewohnheiten aneignest. Wenn du am Morgen aufwachst, begrüsse als Erstes deinen Tag und heisse ihn als *herrlichen Tag voller wunderbarer Erlebnisse* willkommen. Mache es zur Gewohnheit jeden Tag so zu beginnen. Das ist nicht schwer. Wenn du deinen Morgen so willkommen heisst, schenkst du ihm einen positiven Zuneigungsimpuls, der etwas Schönes bewirkt.

Hülle danach, *bevor* du mit dem Auto, dem Zug, dem Bus oder der Strassenbahn zur Arbeit fährst, *dich, deinen Arbeitsweg und dein Transportmittel* ins weisse Licht der Liebe, dem Symbol für Harmonie und Frieden. Visualisiere deinen Weg frei und offen vor dir. Diszipliniere dich es *jedes Mal* zu tun. Das bewirkt, dass deine Reise *in jeder Hinsicht* harmonisch und friedlich verläuft. Der Tag wird kommen, an dem du deine Reise *wie von selbst* ins Licht hüllst, ohne dass du dich dazu disziplinieren musst.

«Oh, das weiss ich nicht. Ich weiss nicht, wie das funktioniert. Ich habe keine Ahnung!» Hast du auch schon so geantwortet? Wenn ja, dann hast du deinem Universum einen Zuneigungsimpuls geschenkt, durch den dir die Antwort vorenthalten wird. Übe dich deshalb darin zu sagen: «Ich weiss, wie das funktioniert. Ich kenne die Lösung!» Vielleicht ist die Antwort nicht sofort da, doch sie wird sich dir zeigen, denn du hast die Ursache dafür gesetzt.

Sylvia, eine Freundin aus Amerika, beantwortet Fragen zur Anwendung von Computer-Software immer so. Ohne je einen Computerkurs besucht zu haben sagt sie sich, wenn sie nach einer Lösung sucht: «Ich weiss, wie das funktioniert. Ich kenne die Lösung!» Noch hat sie keine blasse Ahnung, wie die Aufgabe zu lösen ist. Doch *irgendwie*, dank ihrem positiven Zuneigungsimpuls, stösst sie auf die Lösung.

Wenn du nun diese drei Übungen mit Bewusstheit praktizierst, beginnst du Achtsamkeit und Disziplin zu entwickeln, äussere *und* innere. Bald wirst du deinen Gedanken gegenüber eine hohe Sensibilität entwickeln und Sorge zu ihnen tragen, im Wissen, dass sie dein Leben zu dem machen, was es ist.

ÜBERZEUGUNGEN, GLAUBENSSÄTZE

Jeder Mensch trägt eine Vielfalt innerer Überzeugungen oder Glaubenssätze in sich. Hier eine Auswahl positiver Affirmationen, gefolgt von deren Gegenteil:

Ich bin ein Glückspilz; ich bin kommunikativ; ich sehe gut aus; ich gefalle mir; ich bin beliebt; ich bin gesund; ich bin intelligent; ich kann gut singen; ich kann gut auf Menschen zugehen; was immer ich anpacke wird zum Erfolg; ich mag mich; ich liebe mein Leben; ich lebe im Wohlstand; ich bin zufrieden; ich bin kreativ; ich lebe in einer glücklichen Partnerschaft; ich lebe meine Berufung.

Mir klebt das Pech an den Schuhen; ich bin verschlossen; ich bin hässlich; ich gefalle mir nicht; ich bin unbeliebt; ich bin krank; ich bin dumm; ich kann nicht singen; ich kann nicht gut auf Menschen zugehen; was immer ich in die Hand nehme wird zum Desaster; ich habe mich nicht gern; ich hasse mein Leben; ich habe kein Geld; ich bin unzufrieden; ich bin nicht kreativ; ich lebe in einer unglücklichen Partnerschaft; ich kenne meine Berufung nicht.

Vielleicht sagst du jetzt, dass diese Aussagen, die positiven *und* die negativen, nichts weiter als Beobachtungen von existierenden Lebensumständen oder persönlichen Erfahrungen sind. Das stimmt. Doch die Tatsache, dass sie – wie alles – mittels Zuneigungsimpulsen ins Leben kamen, zeigt, dass sie zuerst im Bewusstsein oder Denken dieses Schöpfers geboren wurden, bevor sie Form annahmen.

Bestimmt hast du bei vielen der positiven Aussagen genickt, weil du dich in ihnen erkannt hast. Solltest du für die eine oder andere der negativen Aussagen ebenfalls eine Resonanz in dir verspürt haben, dann lass sie jetzt los. Richte deine Aufmerksamkeit von nun an voll und ganz auf die positiven Aussagen. Denn du bist wie ein Magnet. Ein Magnet zieht im Umkreis seines Magnetfeldes Eisenpartikel magnetisch an. Nur sind deine Anziehungskraft und der Umkreis deines Magnetfeldes unendlich viel stärker und grösser. Als Magnet bist du die Summe deiner inneren Überzeugungen. Das Magnetfeld symbolisiert dein Leben und deine persönliche Welt, in der du dich bewegst. Innerhalb dieses Magnetfeldes ziehst du Menschen, Dinge, Erlebnisse und Erfahrungen in dein Leben, als Spiegel deiner Gedanken. Jede fantastische Erfahrung, positiv oder negativ, alles was in deinem Leben existiert, ist durch dich als Magnet in dein Magnetfeld gezogen worden. Sei deshalb achtsam welchen inneren Überzeugungen du erlaubst, Teil deines Magnets zu werden.

ELTERN, KINDER UND PRÄGUNGEN

Eltern zu sein ist eine wunderbare Aufgabe. Wenn sie mit Liebe, Hingabe, Weisheit und Geduld wahrgenommen wird, können Eltern mit Leichtigkeit positive, innere Überzeugungen im Bewusstsein ihrer Kinder zum Leben erwecken. Hier ein positives Wort, da eine Selbstbewusstsein fördernde Bemerkung, dort eine Geste der Liebe und des Vertrauens oder ein Zeichen der Wertschätzung.

Versuche haben gezeigt, dass Kinder, denen bereits während ihrer Entwicklung vom Fötus zum Neugeborenen klassische Musik vorgespielt, schöngeistige Literatur vorgelesen und andere positive Zuwendungen zuteil werden, über eine höhere emotionale sowie intellektuelle Intelligenz verfügen, als jene Kinder, denen diese Art der Zuneigung vorenthalten wird.

Es verging kein Besuch an welchem sie ihre drei Söhne, meine Cousins, nicht in den höchsten, nein in den allerhöchsten Tönen lobte. Die Rede ist von meiner Tante. Sie hatte die Angewohnheit immer wieder darauf hinzuweisen wie toll, wie intelligent, wie erfolgreich, wie nett und wie gut aussehend ihre Söhne sind. Ihre Söhne waren schlicht die Besten, die es gab. Man hatte das Gefühl, dass es keine Besseren gab.

Wer ihr zuhörte, fand es ein bisschen gar dick aufgetragen. Meistens wurde ihre Lobhudelei deshalb von Stirnrunzeln und rollenden Augen der zum Zuhören Verdonnerten begleitet. Niemand mochte es mehr hören. Meine Tante schien das nicht im Geringsten zu beeindrucken. Sie spielte ihr Spiel.

Neulich war meine Schwester auf einem Geburtstagsfest eingeladen. Dort traf sie auf unsere Tante samt ihren drei Söhnen und deren Familien. 30 Jahre waren seit jenen denkwürdigen Verwandtschaftstreffen inzwischen vergangen. Meine Schwester sagte: «Ich war wirklich beeindruckt von ihren drei Söhnen. Es war unübersehbar wie alle drei überaus nett, zuvorkommend, liebevoll, selbstbewusst und erfolgreich sind!»

Meine Tante hatte ihren Söhnen von klein auf dieses grosse Geschenk gegeben, nämlich ihre positive Zuneigung. Sie hatte ihnen diese Samen täglich in ihr Bewusstsein gepflanzt und ihnen damit zu einem gesunden und stabilen Selbstbild verholfen. Ein solches Selbstbild ist das Fundament für ein erfolgreiches Leben.

Scheinbar mühelos können Eltern aber auch negative, innere Überzeugungen im Bewusstsein ihrer Kinder zum Leben erwecken. Stell dir vor was mit einem Kind passiert, dessen Eltern ihm, aus einer persönlichen Frustration heraus, verbal oder gefühlsmässig zu verstehen geben, dass *es nicht so toll ist*, dass *es schwer ist, es gern zu haben*, dass *es nicht hübsch aussieht*, dass *es nicht genügend intelligent ist* und dass *aus ihm nie etwas wird*. Die Welt dieses Kindes bricht zusammen und es ist im Kern seines Wesens zutiefst verletzt. Solche Aussagen hinterlassen im wahrsten Sinne des Wortes Spuren, nämlich Spuren einer Prägung in seinem Bewusstsein.

Weil dem Kind seine Eltern so viel bedeuten, hat es das Gesagte für bare Münze genommen. Es dachte es sei wahr. Das Kind ahnte nicht, dass sich seine Eltern in diesem Moment, aus was für Gründen immer, im roten Bereich der emotionalen Belastbarkeit befanden. Das Kind war unglücklicherweise zum falschen Zeitpunkt am falschen Ort.

Eltern symbolisieren ihren Kindern Liebe, Vertrauen, Autorität und blinde Glaubwürdigkeit. Genau deshalb fehlte diesem Kind die Weisheit zu erkennen, dass alles nicht so gemeint war. Es begann zu glauben, dass *es nicht so toll ist*, dass *es schwer ist, es gern zu haben*, dass *es nicht hübsch aussieht*, dass *es nicht genügend intelligent ist* und dass *aus ihm nie etwas wird*. Sein ursprünglich reines Selbstbild begann sich zu trüben, so wie ein Glas Wasser, das mit Tinte verunreinigt wird.

Selbstzweifel kamen hoch. Sie waren aus dem Nichts da, wie kleine Monster. Sie machten dem Kind sein Leben zur Hölle, weil es sich dauernd fragte, ob diese negativen Dinge wirklich stimmten. Je mehr es sich hinterfragte, desto schlimmer wurde es. Die Selbstzweifel schickten sein Selbstbewusstsein in den Keller. Niemand war da, der Gegensteuer gegeben hätte und gesagt hätte, wie toll es ist, wie liebenswert, wie gut aussehend, wie intelligent, und dass aus ihm bestimmt etwas Gutes wird im Leben.

Dabei *ist* jeder Mensch einzigartig, wunderbar und liebenswert und verfügt über aussergewöhnliche Qualitäten. Sie sind nur manchmal tief verschüttet und daher nicht an der Oberfläche ersichtlich. Doch sie existieren.

Grundsätzlich sieht auch jeder Mensch gut aus, wenn er sich gut fühlt. Es ist eine Frage der Ausstrahlung, die vom inneren Wohlbefinden herrührt. Schönheit liegt im Auge des Betrachters. Sie unterliegt Modeströmungen und ist von Kultur zu Kultur verschieden. Es gibt Mannequins, Ikonen der Schönheit, die sich selbst nicht gefallen. Sie sind zwar Idole für eine ganze Welt, doch sie gefallen sich selbst nicht. Bestimmt hat jemand, der ihnen viel bedeutete, einmal gesagt: «Du siehst nicht so toll aus!» Sie haben es blindlings geglaubt. Nun tragen sie diese innere Prägung ihr Leben lang mit sich, bis zum Zeitpunkt, an dem sie *für sich selbst* eine neue, positive innere Überzeugung ins Leben rufen.

Jeder Mensch ist auch intelligent und im Kern seines Wesens ein Genie, denn das gesamte Universum schlummert ja in ihm. Die Frage ist nur, unter wie vielen Schichten limitierender Gedanken dieses leuchtende, innere Genie versteckt ist.

Buddhistische Mönche eines Klosters wollten eine grosse Buddha-Statue aus reinem Gold vor der Zerstörung durch einen Krieg bewahren. So trugen sie Schichten aus Lehm auf die wertvolle Statue auf, bis sie zur Unkenntlichkeit entstellt war und wie ein riesiger Klumpen Dreck aussah. Dadurch blieb sie vor Zerstörung und Diebstahl verschont. Jene Mönche, welche die Statue vor der Vernichtung bewahrt hatten, starben bei den kriegerischen Überfällen. Die Jahre vergingen. Erst nachdem Regen, Schnee, Wind und Sonne die Lehmschichten aufgeweicht und langsam zum Abbröckeln gebrachten hatten, schimmerte aus noch so feinen Ritzen der goldene Glanz der Statue hervor. Die überlebenden Mönche befreiten nun ihr wertvolles Symbol sorgfältig von den dicken Lehmschichten, bis die verloren geglaubte, schöne Buddha-Statue aus reinem Gold leuchtend vor ihnen stand.

Du bist wie diese Buddha-Statue. Auch dir können die Schichten limitierender, innerer Überzeugungen nichts anhaben. Dein inneres Genie existiert. Es leuchtet hell und strahlend aus dir hervor, wenn auch aus noch so kleinen Ritzen deines Bewusstseins. Nichts, rein gar nichts kann es beeinträchtigen. Doch auch dein Genie braucht den Regen, den Schnee, den Wind und die Sonne, also deine positiven Impulse der Zuneigung, damit Weisheit, Intuition, Intelligenz und Kreativität zum Vorschein kommen.

Aus jedem Menschen kann *etwas werden*, denn in seinem inneren Universum *ist er es bereits*. Das gesamte, grossartige Lebenspotenzial schlummert in ihm, *in dir*. Das Abenteuer es zu enthüllen, beginnt dann, wenn du deine Aufmerksamkeit darauf richtest, an dich selbst glaubst und positiv denkst.

Wie kann nun das zerschmetterte Selbstbild des Kindes wieder ins Lot gerückt werden?

Damit das trübe Glas Wasser, verunreinigt durch Tinte, wieder rein und klar wird, muss einiges an sauberem Wasser ins getrübte Wasser fliessen. Dadurch wird die Tinte, Iota für Iota, aus dem Glas geschwemmt, bis zu dem Moment, an dem das Wasser im Glas wieder kristallklar und rein ist.

Das geschieht über eine radikale Änderung des eigenen Denkens. In etwa so, wie wenn du deine Ernährung komplett umstellst. Anstatt dich von einem Durcheinander aus Kohlehydraten, Proteinen und Eiweiss zu ernähren, setzt du nun auf die Trennkost, ergänzt mit Salaten, Gemüse und Obst. Dein Körper dankt es dir mit erhöhter Vitalität, klarerem Denken und dem lange ersehnten Idealgewicht. Dasselbe machst du mit deinen Gedanken. Anstatt wild, konträr und dualistisch durcheinander zu denken, richtest du dich nun ganz bewusst positiv aus. Auch das ist eine Art Trennkost; eine Trennkost für deinen Mentalhaushalt. Diese Trennkost erlaubt dir von nun an nur noch positive, lebensfördernde und aufbauende Gedanken über dich und deine Welt zu denken. Es funktioniert. *Universum + positive Zuneigung = positives Leben!* So kreierst du neue innere Überzeugungen.

Das Kind, mittlerweile vielleicht zum Erwachsenen geworden, sagt sich also: *Ich bin ein wunderbarer Mensch. Ich habe mich gern und werde von anderen Menschen geschätzt und geliebt. Ich sehe gut aus und meine innere Schönheit leuchtet durch alle Zellen meines gesunden, strahlenden Körpers. Ich bin eins mit dem Universum, ich bin das Universum und demzufolge bin ich intelligent und von Weisheit erfüllt. Ich bin ein wichtiger, lebendiger, kreativer und bereichernder Ausdruck dieses Universums.*

Das Entwickeln neuer, innerer Überzeugungen steht und fällt mit der Liebe zu dir selbst. Plane deshalb jeden Tag Zeit ein, dir selbst und anderen Menschen Liebe zu schenken. Lerne dich selbst und andere aus ganzem Herzen zu lieben.

Setz dich nun an einen ruhigen Ort, am Besten in einen abgeschlossenen Raum, und schliesse deine Augen. Atme tief ein und wieder aus. Wiederhole das ein paar Mal. Stell dir dann mit geschlossenen Augen einen Menschen vor, jemanden den du kennst und der dir viel bedeutet. Hülle diesen Menschen vor deinem geistigen Auge in ein weisses Licht. Dieses Licht symbolisiert Frieden, Harmonie und Liebe. Schenke diesem Menschen nun während fünf Minuten deine Liebe. Entfache ein Gefühl der Liebe in dir und schenke es diesem Menschen. Es macht nichts, wenn du gedanklich oder gefühlsmässig hin und wieder abschweifst. Komm einfach wieder zurück und sende diesem Menschen deine Liebe.

Julia, eine meiner Kursteilnehmerinnen tat dies mit ihrem Mann. Während fünf Minuten schenkte sie ihm mental ihre Liebe. Als sie nach dem Kursabend nach Hause zurückkehrte, war etwas Aussergewöhnliches geschehen. Ihr Sohn, ein Teenager auf dauerndem Konfrontationskurs mit seinem Vater und ihr Mann sassen, wie die besten Freunde, friedlich auf dem Sofa. Der Sohn hatte seinen Vater mit Tee und Gebäck bedient, während sie sich angeregt unterhielten. So etwas war überhaupt noch nie vorgekommen. Julias fünfminütiges Geschenk der Liebe war die katalysierende Kraft, welche diese Wandlung verursachte.

Was passiert, wenn du dir selbst – so wie Julia ihrem Mann – diese Liebe schenkst, kannst du dir bestimmt gut vorstellen. Es gibt nichts Wichtigeres auf der Welt, als jeden Moment mit Liebe erfüllt zu sein. Jeden Morgen, nach dem Aufwachen in die Liebe einzutauchen und dich mit Liebe zu füllen ist das grösste Geschenk, das du dir geben kannst. Dein Leben wird sich dadurch verändern.

Wenn du zur Liebe in dir erwachst, werden sich die Gedanken, die du deinem inneren Universum schenkst, schneller und leichter manifestieren. Es wird dir leichter fallen neuen, inneren Überzeugungen Leben einzuhauchen, weil deine innere Basis intakt und gesund ist.

Wenn die Erde eines Ackers über genügend Wasser, Luft sowie mineralische und organische Bestandteile verfügt, dann wird aus der Saat eine reiche Ernte heranwachsen. Wenn du selbst voller Liebe bist, dann werden aus deiner Saat – deinen Gedanken – neue, positive innere Überzeugungen heranwachsen.

18

LIEBE HEILT

In Empfindungen der Liebe, des Friedens und der Freude liegt grosses Heilungspotenzial. Indem du diesen Gefühlen in dir täglich Leben einhauchst, kannst du sie immer leichter und schneller abrufen und dadurch ihre heilende Wirkung in deinem Leben erfahren.

So wie Julia durch das Aussenden von Liebe eine zwischenmenschliche Heilung in ihrer Familie auslöste, so kann Liebe genau so gut körperliche Heilungen bewirken.

Wegen heftiger Kopfschmerzen wollte Christina eigentlich lieber zuhause bleiben, sich entspannen und den Abend mit ihrem Freund verbringen. Auf eine innere Stimme hörend, entschied sie sich dann aber doch am Kurs teilzunehmen. An diesem Abend schlug ich den Teilnehmern eine Übung vor, die darin bestand sich der Nebenperson zuzuwenden und ihr – mit geschlossenen Augen – während fünf Minuten gedanklich, gefühlsmässig oder durch das Visualisieren von Bildern Liebe zu schenken. Mit Liebe war natürlich die universelle, bedingungslose Liebe gemeint. Die Liebe, die auf der Verbundenheit mit dem Leben selbst basiert. Die Liebe, die einfach gibt, ohne etwas zurückzuerwarten.

Bestimmt hast auch du schon tiefe Gefühle der Liebe gehegt, sei es für deinen Lebenspartner, deine Kinder, ein Haustier, die Natur, die Schöpfung oder das Universum. Diese Gefühle sind in dir gespeichert. Du brauchst sie nur zu reaktivieren, um mit ihnen eins zu werden und sie dann jemandem zu schenken.

Christina tat dies, indem sie Irene – deren Augen ebenfalls geschlossen waren – ins weisse Licht der Liebe hüllte. Darauf schenkte sie Irene Gedanken, Gefühle und Bilder der Liebe. Sie dachte: *Ich sehe dich gesund und vollkommen. Ich sehe jede Zelle deines Kör-*

pers mit Liebe durchflutet. Ich sehe dein Leben, deine Welt, jeden deiner Gedanken als Ausdruck von Schönheit. Ich sehe dich erfüllt von bedingungsloser Liebe. Nach dem Wechsel war es Christina, die während fünf Minuten Liebe von Irene empfing.

Als ich Christina danach befragte, wie sich dieses Experiment anfühlte und was in ihr vor sich ging, antwortete sie mit einem Lächeln: «Es war toll. Als ich die Liebe in mir aktivierte und sie Irene schenkte, war mein heftiges Kopfweh binnen Sekunden verschwunden! Es war eine schöne Erfahrung. Jetzt fühle ich mich total gut.»

Es kommt nicht von ungefähr, dass das Aussenden von Liebe eine Selbstheilung auslöst. Das hat damit zu tun, dass die Liebe, während dem man sie aktiviert, aus der inneren Quelle zu fliessen beginnt. Bewusstsein und Körper werden zuerst vom Strom dieser Liebe erfasst. So wird man zu einem Kanal, durch den sich die Liebe im ganzen Wesen ausbreitet. Dann geschieht die Heilung. Indem man diese Liebe weitergibt, hat sie eine katalysierende Wirkung, die beim Empfänger ebenfalls eine Heilung auslösen kann.

Jacqueline machte dieselbe Übung. Auch sie kam mit körperlichen Schmerzen an den Kurs. Am Tag zuvor hatte sie unter Vollnarkose einen chirurgischen Eingriff im Spital über sich ergehen lassen. Als sie während fünf Minuten die Liebe in sich selbst aktivierte verschwanden ihre Schmerzen komplett.

Anna ist eine strahlende 70-jährige Frau und im selben Kurs wie Jacqueline. Die beiden sassen sich gegenüber und schenkten sich abwechslungsweise das Gefühl von Freude. Jacqueline und ihr Mann Reto sind erfolgreiche Disco-Swing Tänzer. Sie haben an Welt-, Europa- und Schweizermeisterschaften teilgenommen und viele Titel gewonnen. Einer der bewegendsten Momente in Jacquelines Leben war ein Tanz bei den Weltmeisterschaften in Miami, Florida. Dort hatte sie das Gefühl des totalen Einsseins mit der Musik. Sie vergass alles um sich herum und verschmolz im Tanz. Ein tiefes Glücksgefühl durchdrang sie. Genau diese Empfindung schenkte sie nun Anna während fünf Minuten. Als das Experiment vorüber war und ich Anna fragte, was sie erlebt hatte, erklärte sie, dass sie grosse Freude in sich gespürt hätte – beim Geben und Empfangen – und dass sie immer wieder Tanzbilder vor ihrem geistigen Auge gesehen hatte. Anna wusste nicht, dass Jacqueline eine professionelle Tänzerin war. Doch die Bilder und Gefühle, die ihr Jacqueline mental übermittelte, kamen bei ihr an.

Linda, eine Teilnehmerin aus einem anderen Kurs wollte sich – wie Christina – für den Abend abmelden, weil ihr Körper schmerzte und sie krank im Bett lag. Doch als ich ihr von den positiven Erfahrungen von Julia, Christina, Jacqueline und Anna erzählte, entschied sie sich trotzdem zu kommen. Auch sie erlebte eine Heilung. Ihre Magenkrämpfe lösten sich auf und sie fühlte sich viel besser.

Alles Leben ist vereint in einen Bewusstsein. Deshalb ist es ganz natürlich, mental mit einem anderen Menschen in Verbindung zu treten, ungeachtet der Distanz. Ob jemand nun auf einem Stuhl neben einem sitzt oder am anderen Ende des Erdballs, spielt dabei keine Rolle. Es existiert nur das eine Bewusstsein, das eine innere Universum, aus dem du und ich, jeder Mensch, jedes Lebewesen, alles Sein hervorgegangen ist.

Durch die Kraft deiner Gedanken und Gefühle, kannst du in dir eine Energie generieren, die deinen Körper in fantastische Schwingungen versetzt. Dein Körper kann im wahrsten Sinne des Wortes vibrieren, denn in dir existiert ein Kraftwerk sondergleichen. Wenn du täglich Zeit aufwendest, um dieses Kraftwerk der Liebe, der Freude und des Friedens *in dir* zu aktivieren, dann wirst du eine solch magnetisierende Ausstrahlung entwickeln, dass dein Leben mit unbeschreiblich schönen Erfahrungen, aussergewöhnlichen Menschen und herrlichen Dingen überflutet wird.

Es war vor ziemlich genau 20 Jahren, als ich in einem kleinen Bahnhof auf einer Bank sass und auf den Zug wartete. Ich war auf dem Weg zur Arbeit. Eine junge Frau weckte meine Aufmerksamkeit. Sie sass mir gegenüber und war in ein Buch vertieft. Für ein paar Augenblicke unterbrach sie das Lesen, hob ihren Blick und schaute in meine Richtung. Unsere Augen trafen sich für den Bruchteil einer Sekunde. Schweigend grüsste ich sie. Gedanklich flüsterte ich ihr zu:

Hallo, kostbare Seele,
ich hülle dich ins weisse Licht der Liebe.

Ich sehe dich umgeben von
glücklichen Menschen
und harmonischen Umständen.
Erfüllt von Freude, Güte und Frieden,
voller Liebe.
Mit positiver Energie vibrierend,
im Frieden mit dir selbst,
gesund und vollkommen.

Ich sehe jedes Organ und jede Funktion
deines Körpers ganz und vollkommen.
Ich sehe dein Leben in göttlicher Ordnung
und alle deine Herzenswünsche erfüllt.

Mit geschlossenen Augen dachte ich während mehreren Minuten positive Affirmationen dieser Art. Dabei floss eine pulsierende Energie durch meinen Körper. Er vibrierte angenehm. Ich war überzeugt, dass die junge Frau diese magnetisierende Energie ebenfalls spürte.

Ein quietschendes Geräusch beendete schliesslich meine Gedankenreise. Mein Zug war angekommen. Mit einem Gefühl der Entspannung öffnete ich meine Augen. Die magnetisierende Schwingung in mir war noch immer da. Auch die junge Frau sass noch auf der Bank, das inzwischen geschlossene Buch auf ihrem Schoss. Mit einem verwunderten Gesichtsausdruck schaute sie mich an. Es schien, als wollte sie sitzen bleiben, genau wie ich. Doch dann stand sie plötzlich abrupt auf und eilte mit schnellen Schritten davon.

Auch für mich war es Zeit zu gehen. Ich betrat den Zug und setzte mich. Es hatte nur vereinzelte Fahrgäste und es war still im Abteil, was perfekt zu meiner Stimmung passte. Inmitten dieser Stille hörte ich Schritte, die näher kamen. Die Schiebetüre öffnete sich und zwei leuchtende Augen suchten nach einem Sitzplatz. Es war die junge Frau. Sie wählte den Platz direkt mir gegenüber. Mein Herz schlug schneller. Doch ich war zu scheu um sie anzusprechen. Sie wohl auch.

Vielleicht fragst du dich, ob man einem anderen Menschen – ohne dessen Einwilligung – Gedanken und Gefühle dieser Art zukommen lassen darf.

Weshalb eigentlich nicht?

Solange diese Gedanken positiv und lebensfördernd sind, spricht nichts dagegen. Es ist erwiesen, dass man jedem Menschen, den man trifft, irgendwelche Gedanken und Gefühle schenkt. Verhaltensforscher sagen, dass man einen Menschen innerhalb weniger Sekunden *unbewusst* analysiert. Man prüft ihn, um zu sehen, ob er zu einem passt und ob man etwas mit ihm zu tun haben möchte oder nicht. Das Überprüfen geschieht über die Wahrnehmung der fünf Sinne. Das Resultat dieser Persönlichkeitsanalyse drückt sich in gedanklichen und gefühlsmässigen Impulsen aus. Ein Ja – diese Person gefällt mir, ich möchte sie näher kennen lernen – äussert sich in positiven Gedanken und Gefühlen der Sympathie. Ein Nein zeigt sich in gegenteiligen Gedanken und Gefühlen.

Gedanken werden also immer, wenn man mit Menschen in Kontakt kommt, gedacht, gefühlt und ausgesendet. Man kann davon ausgehen, dass sie beim Empfänger auch ankommen. Von daher ist es nicht nur vertretbar, sondern sogar empfehlenswert anderen Menschen positive, aufbauende Gedanken zu schenken. Es ist eines der wertvollsten Geschenke, die man einem Menschen überhaupt geben kann.

In deinen Empfindungen der Liebe, des Friedens und der Freude liegt ein riesiges Heilungspotenzial. Nutze es für dich selbst, für deine Familie sowie für alles und jeden in deiner Welt. Es funktioniert!

19

WEISSES LICHT DER LIEBE

Renée und ich kannten uns schon einige Jahre und sahen uns hin und wieder. Ihre Schwester hatte uns einander vorgestellt. An einem lauen Sommerabend, als wir bei einem Glas Wein zu dritt über Gott und die Welt diskutierten, sprachen wir über das Prinzip *Universum + Zuneigung = Leben!* Wir waren uns einig, dass dieses Prinzip jederzeit und für alles funktioniert, wenn die Zuneigung, die dem inneren Universum zuteil wird, positiv und ein Ausdruck innerer Überzeugung ist.

JOB

Renée war damals auf Jobsuche. Nichts schien zu funktionieren. Eine Absage folgte der anderen. Doch an jenem Abend entschlossen wir uns zu dritt dieser Misere ein Ende zu setzen. Unser gemeinsamer Gedanke war: *Renée hat jetzt den idealen Job.* Wenige Tage später war Renées Wunsch Wirklichkeit geworden.

OPERATION

Die Stimme von Renée klang besorgt, als sie mich einige Monate später anrief. «Stefan,» sprach sie mit gedämpfter Stimme, «mir ist etwas Schlimmes passiert. Ich habe mein Knie verletzt. Es sieht nicht schön aus. Der behandelnde Arzt, eine Kapazität in der Sportmedizin, hat mir empfohlen sofort zu operieren. Morgen früh um 8 Uhr ist der Termin. Ich werde eine Vollnarkose erhalten. Ich fürchte mich vor beidem, der Operation und der Narkose. Stefan, kannst du mich mit deiner positiven Einstellung unterstützen, bitte?» Ich versprach es zu tun, bevor wir uns am Telefon voneinander verabschiedeten.

Am nächsten Morgen reisten meine Gedanken zu Renée. Mit geschlossenen Augen hüllte ich sie in meiner geistigen Vorstellung in ein weisses Licht. Ich nenne es «das weisse Licht der Liebe». Ich stellte mir vor, wie sie in eine Decke von strahlendem Licht eingehüllt war. Dann ging ich meinen Tagesgeschäften nach.

Ein paar Tage später besuchte ich Renée im Gesundheitshaus. Die Operation war erfolgreich verlaufen und ihr Knie heilte gut. Renée war erfreut darüber. Als ich mich bereit machte zu gehen, sah mich Renée mit ihrem charmanten Lächeln an und bat mich zu ihr auf die Bettkante zu sitzen. Ihr Gesicht hatte plötzlich etwas Strahlendes. Fast flüsternd begann sie: «Ich muss dir ein Geheimnis anvertrauen, Stefan. Kurz bevor sie mich in den Operationssaal rollten, geschah etwas, das ich nie vergessen werde. Ich wartete auf die Narkose und fühlte mich nervös und unbehaglich. Dann dachte ich an dich und deine Unterstützung, die du mir versprochen hattest. Im selben Augenblick war die ganze Angst und alles Unbehagen wie weggeflogen. Es passierte in einem einzigen Moment. Es war, als ob ich in ein unsichtbares Licht eingetaucht war. Meine Anspannung war wie weggeblasen. Es fühlte sich herrlich an. Nie zuvor hatte ich etwas so Schönes erlebt. Danke!»

So wie ein Wassertropfen, der in einen stillen, in sich ruhenden Teich plumpst und feine Kreisbewegungen auf der Wasseroberfläche verursacht, so berührt das weisse Licht der Liebe dein Leben oder das Leben anderer, wenn du ihm deine Zuneigung schenkst, indem du es durch deinen Gedanken oder deine Vorstellungskraft aktivierst. Diese Berührung ist subtil, manchmal kaum wahrnehmbar, oft unsichtbar und doch so kraftvoll.

WOHNUNG

Als ich vor Jahren eine neue Wohnung bezog, war mir nicht bewusst, welch feurige Atmosphäre dort vorherrschte. Erst als ich die Wohnung einrichtete, mich eines Tages zur Entspannung hinsetzte und dann innerhalb von wenigen Sekunden Hitzewallungen durch meinen Körper schossen, war mir klar, dass etwas nicht stimmen konnte. Ich hatte weder die (männliche) Menopause noch sonst welche hormonelle Störungen. Dessen war ich mir sicher. Doch was war nur los?

Ich überprüfte die Raumtemperatur und den Thermostat. Alles schien bestens. Keine Ungereimtheiten. Am nächsten Tag war ich ebenfalls mit Einrichtungsarbeiten beschäftigt, als ich mir abermals eine Auszeit gönnte. Mit geschlossenen Augen versuchte ich zu meditieren. Es blieb beim Versuch, denn binnen weniger Augenblicke war mein Körper wieder eine Flamme feuriger Hitze. Es war unerträglich.

Dann schlug ein Gedanke wie ein Blitz in mir ein. Wie konnte ich das vergessen haben? Ich hatte mein neues Zuhause noch nicht ins weisse Licht der Liebe gehüllt. Ich ging also in jeden Raum, öffnete jeden Schrank und jede Schublade und hüllte sie ins Licht der Liebe. Ich stellte mir vor, wie meine ganze Wohnung ein Ort des Wohlfühlens für mich selbst und für jeden Besucher sein würde. Dadurch brachte ich endlich *mich selbst* in meine Wohnung.

Seit jenem Tag *war* mein Zuhause eine Oase des Friedens, der Harmonie und Entspannung. Das Feuer war verschwunden. Ich fühlte mich rundum wohl und zufrieden.

Wochen später gestand mir meine Nachbarin, dass das junge Paar, welches zuvor in der Wohnung gelebt hatte, alles andere als glücklich miteinander gewesen war. Sie hatten regelmässig Streit, ja sogar handgreifliche Auseinandersetzungen. Kein Wunder, dass die Wohnung zuerst ein feuriges Zuhause war, das erst durch das weisse Licht der Liebe zu meiner persönlichen Oase des Friedens wurde.

JOGGEN

Ich gönne mir, von Frühling bis Spätherbst, regelmässige Joggingeinheiten, und das etwa dreimal die Woche. Joggen ist eine herrliche und wohltuende Erfahrung für Körper, Geist und Bewusstsein. Einmal spürte ich Schmerzen in der rechten Achillessehne. Sofort stellte ich mir während dem Joggen vor, wie ich *weisses Licht der Liebe* einatme und dieses Licht direkt zu meiner Achillessehne transportiert wird. Im Nu waren meine Schmerzen verschwunden.

Auch du kannst dich, dein Sein, deinen Körper, dein Leben, deine Familie, deine Freunde, dein Zuhause, deinen Arbeitsplatz, dein

Auto, dein Bankkonto – was immer du wählst – täglich ins weisse Licht der Liebe hüllen. Nimm dir die Zeit dafür und beobachte die Wirkungen, welche sich dadurch in deinem Leben manifestieren.

20

HEILENDE BERÜHRUNG

Jede Berührung ist eine Form der Zuneigung, die positive Gefühle der Geborgenheit, des Wohlseins, der Anerkennung sowie des Geliebt- und Einsseins auslöst. Solche Empfindungen können die in dir liegenden Selbstheilungskräfte aktivieren.

Es gibt viele Arten der Berührung, zum Beispiel körperliche Berührungen wie: streicheln, umarmen, küssen, berühren, die Arme auf die Schultern legen, durchs Haar streichen oder massieren; oder dann emotionale Berührungen wie: zärtliche Worte ins Ohr flüstern, schöne Worte schreiben, einen liebevollen Blick zuwerfen, etwas schenken, zuhören, reden, lachen oder anlächeln.

Einem Menschen Zärtlichkeiten ins Ohr zu flüstern, schöne Worte zu schreiben oder einen liebevollen Blick zuzuwerfen, sind als emotionale Berührungen auf der Herzensebene ebenso wirkungsvoll, wie jemandem sanft durchs Haar zu streichen oder eine innige Umarmung zu schenken.

Ein Verkäufer, der sich der psychologischen Wirkung einer Berührung bewusst ist, wendet sie, oft auch unbewusst, im Umgang mit seinen Klienten an. Das kann ein Vertrauen erweckender Händedruck zur Begrüssung, ein Lächeln, aufrichtiges Zuhören oder ein freundschaftliches Hand-auf-die-Schulter-legen sein. Die meisten Menschen schätzen diesen Ausdruck des Vertrauens, der Geborgenheit und der Freundschaft. Wahrscheinlich erinnern sie sich dabei unbewusst an die ersten Momente nach ihrer Geburt, als sie mit Berührungen und anderen Liebesbezeugungen überhäuft wurden. Dieses déjà-vu Erlebnis gibt ihnen von neuem das Gefühl des Geliebt- und Willkommenseins. Neugeborene übrigens, denen Berührungen oder Körperkontakt komplett vorenthalten werden, werden nicht selten krank oder sterben sogar.

Vor einigen Jahren lernte ich Doris kennen. Wie wenig wusste ich damals von der inneren Kraft und Stärke dieser kleinen Frau. Alles was ich in ihr sah war eine rüstige Siebzigjährige mit kurzem, schwarzem Haar, leuchtenden Augen, einem verschmitzten Lächeln und einer unverwüstlichen Persönlichkeit.

Jeden Morgen grüsste ich Doris und ihre Begleiterinnen, drei Frauen, in Doris Alter, sowie eine übergewichtige Englische Bulldogge, deren Schnarchen so laut war, dass die anderen Gäste im Café neugierig die Hälse in die Höhe reckten, um zu sehen wer beim Lesen der Zeitung eingeschlafen war.

Eines Tages erschien Doris ohne ihre Freundinnen im Café, was sie zum Anlass nahm, sich mir persönlich vorzustellen.

«Hallo,» lächelte sie verschmitzt, während sie mir ihre Hand zur Begrüssung entgegenstreckte. «Ich bin Doris, schön dich kennen zu lernen.»

«Ganz meinerseits,» antwortete ich, während ich ihre Hand hielt und ihr Lächeln erwiderte. «Ich heisse Stefan.»

«Ich habe mich schon lange gewundert wer du bist und was du tust?» erkundigte sich Doris. «Bist du Künstler, Architekt oder vielleicht Lehrer? Oh ich weiss, du bist bestimmt ein Philosoph!»

«Tja, eigentlich bin ich ein Philosoph, da hast du Recht. Jeder Mensch ist nämlich ein Philosoph!» antwortete ich amüsiert. «Jeder ist auch ein Künstler, denn jedermanns Leben ist ein Kunstwerk. Zugleich ist jeder der Architekt seines Lebens und auch sein eigener Lehrer.» lächelte ich, erstaunt über meinen morgendlichen Anflug ins Philosophische.

«Dann bin ich all das auch!» entgegnete Doris.

«Aber sicher!» lachte ich zurück.

Seit diesem Gespräch kam Doris jeden Tag an meinen Tisch, um «Hallo» zu sagen, während ich meine Tasse Kaffee trank, einen Croissant ass und den Sport- und Wissensteil einer Tageszeitung studierte.

Doris Neugierde schien unbegrenzt. Bald einmal wusste sie, wo ich wohnte und dass ich als Bewusstseinstrainer, Grafiker und Übersetzer arbeitete. Sie erfreute sich am Herausgefundenen und behütete es wie ein Geheimnis, vor allem gegenüber ihren Freundinnen.

«Sie sind so neugierig. Ich sagte ihnen, dass du mit Computern arbeitest. Sie brauchen nicht mehr über dich zu wissen, es geht sie nichts an!» sagte Doris trotzig. Ich musste schmunzeln.

Doris war verheiratet, hatte zwei erwachsene Töchter und wohnte mit ihrem Mann in einem schmucken Haus in der Nähe von Zürich.

Neulich lud sie mich zu sich nach Hause ein, um mir ihr Haus und ihre vielen Bilder, Kunstwerke, Skulpturen und Bücher zu zeigen. Während ich den Rundgang durch ihr museumähnliches Zuhause genoss, wunderte ich mich insgeheim über die Hintergründe ihrer Einladung.

Ein paar Tage später, während wir im Café sassen, öffnete mir Doris dann vertrauensvoll ihr Herz.

«Weisst du,» flüsterte sie, «ich frage mich, was ich tun soll! Seit Wochen schmerzt meine Hüfte. Ich kann fast nicht mehr gehen. Ich versuche mir nichts anmerken zu lassen. Ich bin zwar wie immer gut aufgelegt, aber die Schmerzen machen sich immer stärker bemerkbar. Ich habe jede Pille, die es gibt, ausprobiert, doch genützt hat es nichts. Mein Arzt sagt, dass meine Hüfte operiert werden muss.»

Da ist es, dachte ich. *Deshalb sind wir einander begegnet.*

Ich räusperte mich und antwortete: «Doris, ich habe da etwas für dich. Kannst du dich an das Gefühl erinnern, als du deine neugeborene Tochter zum ersten Mal in deinen Armen hieltest?»

«Ja, natürlich!» Die Augen von Doris strahlten.

«Nimm dieses Gefühl der Liebe, das du damals gespürt hast, nimm dieses Bedürfnis deine Tochter zu küssen und zu streicheln und küsse *nun* deine Hüfte auf dieselbe Weise. Dein Körper möchte geliebt werden, genauso wie du oder irgendein Teil der Schöpfung. Wer kann deinen Körper besser lieben als du selbst? Küsse deine Hüfte mit diesem tiefen Gefühl von Liebe und Zuneigung, genauso wie du es mit deiner neugeborenen Tochter getan hast.»

Zu meiner Verblüffung war Doris ohne Einwände bereit dieses Experiment auszuprobieren. «Nur, wie soll das funktionieren? Wie schaffe ich es meine Hüfte zu küssen, wenn ich mit Müh und Not gerade mal meine Schulter küssen kann?» lachte sie.

Ich nahm meine Hand, hielt sie auf den Mund und küsste sie leidenschaftlich, bevor ich sie auf meine Hüfte legte.

«So zum Beispiel!»

«Ach so.» seufzte sie. «Doch sag mir, wie lange dauert es, bis sich dadurch eine Besserung einstellt?»

«Das hängt ganz davon ab, wie viel positive Zuneigung und Liebe du generieren kannst!»

«Oh, ich verstehe.» flüsterte Doris. Nach einer Pause des Nachdenkens fuhr sie fort: «Ich werde mein ganzes Herz hinein geben. Weisst du, wenn ich etwas tue, dann gebe ich immer alles.» lächelte sie. «Du wirst sehen!»

Am nächsten Morgen steuerte Doris direkt auf meinen Tisch zu. Sie setzte sich auf einen Stuhl und es sprudelte aus ihr heraus: «Stefan, ich habe das getan, was du mir vorgeschlagen hast. Wann immer meine Hüfte schmerzte, küsste ich sie sofort. Ich tat es den ganzen Tag. Jetzt sind die Schmerzen komplett verschwunden, einfach so, innerhalb eines einzigen Tages. Es ist fantastisch!»

«Grossartig, Doris! Siehst du welche Energie in dir steckt?»

«Habe *ich* das wirklich getan? Bestimmt hast du es *für mich* gemacht. Du hast wahrscheinlich so etwas wie übernatürliche Kräfte, oder?»

«Jeder Mensch, Doris, hat grosse innere Kräfte. Du selbst hast deine Heilung ausgelöst, du ganz allein.»

Doris Schmerzen waren für immer verschwunden. Zu ihrer grossen Erleichterung kam sie um eine Operation herum.

Ihre Hüfte erfuhr eine nie zuvor erlebte Zuneigung. Diese Zuneigung in Form von Berührungen, die an einen positiven, emotionalen Impuls gekoppelt waren, löste ihre Selbstheilung aus. Körperliche und emotionale Impulse der Zuneigung können in der Tat heilen. Das Gefühl der Liebe, welches Doris mit und seit der Geburt ihrer Tochter in sich gespeichert hatte, war so kraftvoll und überwältigend, dass die Heilung ihrer Hüfte über Nacht, wie durch ein Wunder, geschehen konnte.

Jede Heilung ist in Wirklichkeit eine Selbstheilung, die auf bewussten oder unbewussten Impulsen der Zuneigung beruht.

21

INNERES VERSCHMELZEN

Die bewegendsten Ereignisse im Leben sind jene, die überraschend und unerwartet, sozusagen aus heiterem Himmel geschehen. Oder diejenigen, die bewirken, dass man – von einem Moment zum anderen – dem Leben und sich selbst gegenüber eine völlig veränderte Sichtweise hat. Solche Ereignisse sind wegweisend für den Verlauf der Lebensreise. Ein einziges Erlebnis, ein einziger Augenblick kann bewirken, dass man nie mehr die Person ist, die man einmal war.

Ich war 18, als ich, inspiriert von Hermann Hesses Büchern und auf der Suche nach äusserer und innerer Freiheit, das Zuhause meiner Eltern verliess. Ich zog mit Freunden in ein Haus auf dem Land.

Diese Abnabelung, dieses Loslösen von meinem Elternhaus, um meine eigene Identität zu finden, war wichtig für mich. Es gab mir ein euphorisches Gefühl der Freiheit. Endlich spürte ich das Leben in mir pulsieren, frei, unabhängig und fliessend.

Diese Empfindung wurde noch verstärkt, als ich an einem Winterabend das Konzert eines afrikanischen Jazzmusikers besuchte. Ich sass im Auditorium und lauschte mit geschlossenen Augen den schönen Klängen der Musik. Praktisch aus dem Nichts spürte ich dann, wie sich ein Knoten im Bereich der Brustgegend (Herzchakra) löste und ein Licht mich durchdrang. Gleichzeitig durchflutete mich ein unbeschreibliches Gefühl, für das es in meinem Vokabular damals wie auch heute nur ein Wort gibt: *Liebe*. Es war etwas, das ich nie zuvor erlebt hatte. Ich war eingetaucht in einen inneren Zustand, in welchem ich für immer bleiben wollte. Es war wunderschön.

Wäre ich meinem inneren Impuls gefolgt, dann hätte ich jeden einzelnen Konzertbesucher in die Arme genommen, ich war dermassen glücklich. Etwas in mir sagte, dass mein Leben, wenn ich gerade dann gestorben wäre, durch diese Erfahrung, einen tieferen Sinn gehabt hätte. Und ich hätte mich nicht einmal gegen den Tod gewehrt, denn die Liebe, die ich spürte, war stärker als alle Angst und Ungewissheit, die der Erfahrung des Todes vorausgehen.

Diese überwältigende Empfindung dauerte einige Stunden, bis sie sich kontinuierlich zurückbildete, wie das Licht einer Halogenlampe durch das Betätigen des Schalters langsam schwächer wird.

Ich werde diese Erfahrung nie mehr vergessen, denn sie veränderte mein Leben. Mir wurde mit einem Mal und einer solchen Klarheit bewusst, dass ich weit mehr war, als ein Mensch, dessen Dasein sich auf das der fünf Sinne reduzierte. Ich realisierte, dass in mir etwas existierte, das schöner, intensiver, tiefer und ergreifender war, als es Worte zu beschreiben vermochten. Etwas, das in seiner Schönheit alles Physische und Sinnliche übertraf.

Dieses Gefühl der Liebe war nicht nur wunderschön, sondern es hatte auch die unbewusste Angst vor dem Verlust meiner Individualität und meines Lebens, dem Tod also, transzendiert. Zumindest für einen Abend.

Mehr als ein Jahr später, während ich die obligate militärische Grundausbildung der Armee in einer Kaserne in der Westschweiz über mich ergehen liess, lag ich an einem schönen Frühlingstag auf meinem Kajütenbett und betrachtete durch das offene Fenster einen Baum auf der nahen Wiese.

Versunken im Moment des Beobachtens spürte ich wie der Baum und ich plötzlich miteinander verschmolzen, wie wir eins wurden. Es gab kein «du» und kein «ich» mehr, nur noch Einssein. Das berührte mich zutiefst.

Mit einem Baum innerlich zu verschmelzen ist wunderbar. Doch hast du dich je einem Menschen so nahe gefühlt, dass du das Gefühl hattest mit ihm zu verschmelzen?

Neulich hatte ich dieses Gefühl mit einer Frau, in die ich frisch verliebt war. Wir lagen in einer sanften Umarmung beieinander, als sich diese tiefe Empfindung von Nähe, Zärtlichkeit, Einssein und Erfüllung in mir ausbreitete. Ich liebte diese Frau aus tiefstem Herzen. Sie hatte etwas in mir berührt. Mein Gefühl der Liebe zu ihr war in diesem einen Moment so allumfassend, so in sich selbst erfüllt, dass ich ihr – wenn es nötig gewesen wäre – mein Leben aus Liebe geschenkt hätte. Solche Liebe, als Ausdruck der Selbstlosigkeit zu spüren, war etwas, das ich so nie zuvor mit einem anderen Menschen erlebt hatte.

Es ist ein Gefühl, das auch Eltern – vor allem Mütter – kennen. Karin erzählte mir welch tiefe Gefühle der Liebe sie für ihre beiden Kinder habe. «Ich liebe sie bedingungslos. Ich würde mich, wenn es sein müsste, vor einen Zug werfen, wenn ich dadurch ihr Leben retten könnte. Bevor ich Mutter wurde, hätte ich nie gedacht, dass ich solche Gefühle für meine Kinder empfinden könnte. Doch mit der ersten Geburt, als ich dieses kleine Geschöpf in meinen Armen hielt, hat sich etwas in mir verändert.»

Wieso verursachen tiefe Gefühle der Liebe oder beglückende Empfindungen des Einsseins eine solche Losgelöstheit vom menschlichen Leben? Oder anders ausgedrückt, weshalb wird die Angst vor dem Sterben und dem Tod durch ein inneres Verschmelzen derart transzendiert?

Gefühle der Liebe und des Einsseins verbinden einen mit der wahren Essenz, dem wer man *wirklich* ist. Es ist wie ein nach Hause kommen, nachdem man lange, unendlich lange von zuhause weg war, getrennt von seinem wirklichen Selbst. Dieses innere Verschmelzen mit sich selbst, bei mir ausgelöst durch die Musik, die Natur und die Herzensberührung zu dieser Frau, bei Karin durch die Geburt ihrer Kinder, löst Ängste und innere Beschränkungen auf, auch die vom Verlust des eigenen Lebens. Voll und ganz ins Meer der bedingungslosen Liebe eingetaucht zu sein, bedeutet frei von Ängsten, Sorgen und Beschränkungen aller Art zu sein. Liebe transzendiert all das, was nicht ihrem Naturell entspricht. Die Angst vor dem Verlust des eigenen Lebens, also dem Tod, gehört mit dazu.

Im inneren Verschmelzen, dem Einssein oder dem Licht der bedingungslosen Liebe gibt es keine Resonanz für Gegenteiliges. Im Einssein existiert kein «du» und kein «ich», nur Einheit. Liebe kennt nur Liebe, genau wie das Licht der Dunkelheit keinen Raum lässt. Das innere Verschmelzen mit dir selbst öffnet die Türe zu deinem Inneren, zu jenem Ort, wo du zuhause bist. Diese Inspiration begleitet dich dein Leben lang.

Erlebnisse wie diese waren und sind noch immer Teil meiner Inspiration für das Abenteuer Leben und die Reise in mein Inneres. Durch sie entdeckte ich, dass das ganze Leben auf Zuneigungsimpulsen beruht. Denn auch inneres Verschmelzen und das Eintauchen in die Liebe hängt von der Zuneigung ab, die man seinem Inneren schenkt.

22

LOSLASSEN

Deine Essenz, wer du wirklich bist, ist reine Liebe. In Momenten des inneren Verschmelzens mit dir selbst hast du dieses grossartige Gefühl der Liebe erlebt. Es hat dich beglückt wie nur etwas. Es gibt nichts Schöneres, als permanent im Zustand dieser inneren Glückseligkeit zu sein.

Weil dein strahlendes Selbst – genau wie die Buddha-Statue – unter Schichten beschränkender Lebenseinstellungen verhüllt ist, sind es nur vereinzelte Augenblicke, während denen das Licht aus dir herausströmt und du dieses Verschmelzen mit deinem Inneren erlebst. Erst wenn du von allen behindernden Gedanken, Gefühlen und Einstellungen loslässt, leuchtet die Reinheit und Schönheit deines inneren Selbst permanent aus dir hervor. Erst dann tauchst du ein ins Meer des Einsseins, ins Bewusstsein der reinen, bedingungslosen Liebe und in die tiefe Erkenntnis dessen wer du bist.

MENTOR

Ein Sprichwort sagt: «Wenn der Schüler bereit ist, ist der Lehrer da!» Solltest du das Privileg haben mit einem spirituellen Lehrer oder Mentor zusammenzuarbeiten, dann heisst das, dass du bereit bist auf diesem Weg zu wachsen. Die Zusammenarbeit mit einem Mentor kann auf der physischen Ebene stattfinden oder nur rein geistiger Natur sein, also gedanklich, von Bewusstsein zu Bewusstsein. Vielleicht arbeitest du bereits mit einem Mentor zusammen, den du – bewusst oder unbewusst – gewählt hast, doch du weisst nichts davon. Das spielt keine Rolle. Wenn du tatsächlich mit einem Mentor zusammenarbeitest, dann hast du dich – betreffend deiner inneren Entwicklung – auf eine spirituelle Schnellstrasse begeben.

Dein spiritueller Mentor ist weder dein Guru noch dein Meister. Ein wirklicher Mentor hat kein Interesse daran, sich in dein Leben einzumischen oder dich auf irgendeine Weise zu kontrollieren oder zu manipulieren. Im Gegenteil, er möchte, dass du den einzig wahren Lehrer, den es für dich gibt, entdeckst, nämlich den Lehrer in dir selbst. Dein Mentor kann dir Wege zu ihm zeigen, wenn du es zulässt. Den Weg gehen musst du jedoch selbst.

Ein wirklicher Mentor sieht sich selbst als Katalysator, also als jemanden, der Lektionen anbietet, welche im Bewusstsein des Schülers Reaktionen auslösen. Dadurch wird spirituelles Wachstum initiiert. Ob der Schüler bereit ist die Lektionen seines Mentors anzunehmen, ist einzig und allein ihm überlassen. Ein wahrer Mentor bietet seine Lektionen bedingungslos an, genauso wie ein Universitätsprofessor, der an der Universität Vorlesungen hält. Er ist einfach da, ohne sich aufzudrängen, wenn der Schüler den Kontakt mit ihm sucht. Er beantwortet Fragen. Manchmal beantwortet er eine Frage, indem er dir eine Gegenfrage stellt, damit du die Antwort selbst findest, so wie es der griechische Philosoph Sokrates mit seinen Schülern tat. Was der Schüler mit den angebotenen Lektionen macht, ob er sie ignoriert, dagegen rebelliert oder sie annimmt, um zu wachsen und so seinem inneren Verschmelzen einen Schritt näher zu kommen, entscheidet allein er.

Für deinen Mentor bist du ein offenes Buch. Er kennt dich in- und auswendig. Er kennt jeden deiner Gedanken, all deine Gefühle, Einstellungen, Glaubenssätze, Muster und innere Überzeugungen. Er kennt jeden deiner wunden Punkte, all deine Schwachstellen, aber natürlich auch deine Stärken, Fähigkeiten und Talente sowie dein Genie. Er kennt dich momentan noch besser als du dich selber kennst. Obwohl er alles über dich weiss und – aus Taktgefühl und Respekt – manchmal so tut, als ob dem nicht so sei, be- oder verurteilt er dich in keiner Weise. Er will nichts von dir und er braucht nichts von dir. Er ist bereits alles. Er lebt in seinem persönlichen Meer des Einsseins. Er ist innerlich mit sich selbst verschmolzen, ein Ausdruck bedingungsloser Liebe.

Vor allem aber weiss er, wer du in Wirklichkeit bist, in der Tiefe deines Seins. Er weiss es, weil er selbst weiss, *wer er ist.* Er weiss aber auch, dass die Schichten limitierender Einstellungen, welche deinen leuchtenden inneren Kern umhüllen, dich daran hindern zu erkennen, *wer du bist.* Und er weiss, was es braucht, was du loszulassen hast, damit *du* ins Meer des Einsseins eintauchst. Wie gesagt, du bist für ihn ein offenes Buch, absolut transparent.

Meine erste Begegnung mit meinem Mentor war im Frühling 1983. Ich war damals 21 Jahre alt. Ein Freund aus gemeinsamen Teenagerzeiten hatte mir vorgeschlagen an einem Seminar zum Thema «Die Kraft des positiven Denkens» teilzunehmen. Der Workshop und die Begegnung mit dem Leiter des Seminars waren beeindruckend. Es war, als ob ich – inspiriert vom Seminar – einen Energie-Schalter betätigt hätte, der mich in einem dauerhaften Gefühl der inneren Zufriedenheit durch das Leben gehen liess. Während Wochen, ja sogar Monaten fühlte ich diese innere Kraft.

Im Sommer 1984 flogen mein Jugendfreund, der mich ans Seminar gelotst hatte, dessen jüngerer Bruder und ich nach Amerika. Wir beabsichtigten den spirituellen Mentor, der in Südkalifornien lebte und dort ein Meditationszentrum sowie eine Metaphysikschule leitete, zu besuchen. Später wollten wir ein Auto kaufen, das Strandleben geniessen und zusammen der Pazifikküste entlang nach Norden fahren, vielleicht sogar quer durch Amerika nach New York und von dort in die Schweiz zurückfliegen.

Wenige Tage später änderten sich unsere Pläne. Anstatt dem Strandleben zu frönen und herumzureisen, beschlossen wir uns an der Schule unseres Mentors zu immatrikulieren und mit dem Metaphysik-Studium zu beginnen. Wir tauschten also das Strandleben gegen das meditative Leben unter der sengenden Sonne in der Wüste Südkaliforniens.

NÄGEL UND SCHRAUBEN

Meine erste Aufgabe, die mir mein Mentor gab, bestand darin die sandige Einfahrtsstrasse bis zum Parkplatz, wo die Autos geparkt waren, von Nägeln und Schrauben zu befreien. Die Strasse und der Parkplatz schienen davon nur so übersät zu sein. Immer wieder hatten die Autos platte Reifen. Die Nägel und Schrauben lagen verstreut auf dem teilweise platt gewalzten Wüstensand oder dann in einem bis zwei Zentimetern Tiefe. Wenn man jedoch tiefer nach ihnen grub, kamen sie auch weiter unten, auf fünf bis zehn Zentimeter Tiefe zum Vorschein. Es war mir schleierhaft wie sie dorthin gekommen waren. Das Einsetzen heftigen Regens spülte sie dann jeweils aus dem aufgeweichten Wüstensand direkt an die Oberfläche, wodurch die Arbeit von neuem begann. Es war deshalb wichtig, möglichst alle Nägel und Schrauben zu finden, damit die Autos zukünftig von platten Reifen verschont blieben.

Ich hasste den Job, zumal ich als gelernter Bankkaufmann ganz andere Talente vorzuweisen hatte, als diese, wie ich fand, minderwertige Arbeit einer Hilfskraft zu erledigen. Innerlich kochte ich vor Wut, denn meine beiden Freunde, die wenig bis gar keine kaufmännische Erfahrung hatten und nur über limitierte Englischkenntnisse verfügten, durften im Büro arbeiten. Obwohl ich gewillt war einen guten Job zu machen, kamen mir mein innerer Rebell und mein Stolz gehörig in die Quere. Als ich dachte mit der Aufgabe endlich fertig zu sein und sich mein Mentor die Arbeit ansah, fand er in Kürze gleich eine stattliche Anzahl von Nägeln, die ich übersehen hatte. Als der Perfektionist, der ich war, hätte ich sie normalerweise bestimmt gefunden, wäre da nicht mein innerer Rebell gewesen, der dies verhinderte. Er war der Grund, weshalb ich meine erste Aufgabe mehr schlecht als recht erledigte. Alles begann somit von neuem, bis ich mich langsam mit dem Job anzufreunden begann und das Positive in ihm sah. Immerhin war ich draussen an der frischen Luft, in der Schönheit und Stille der Natur. Es war Sommer und heiss und meine Haut wurde mit jedem Tag brauner. Das gefiel mir.

Was ich erst später realisierte war, dass ich durch diese Arbeit Demut zu entwickeln begann. Demut ist genau wie Liebe und Disziplin ein Wort, das fehl interpretiert wird. Demut wird mit Unterwürfigkeit verwechselt. Dabei bedeutet Demut Gefühle der Wertschätzung für alles und jeden zu haben, also *nicht stolz, überheblich oder arrogant* zu sein. Doch genau das war ich zu Beginn meiner Nägel- und Schraubensuchaufgabe. Ich war so eingenommen von meinen sprachlichen und kaufmännischen Fähigkeiten, dass ich dachte ich könnte die Arbeit, die meine beiden Freunde machten, um ein Vielfaches besser und schneller erledigen.

Stolz, Überheblichkeit und Arroganz sind limitierende innere Einstellungen, die den Glanz und das Leuchten des inneren Buddhas nach aussen beeinträchtigen und es verunmöglichen, das innere Verschmelzen und das Bewusstsein bedingungsloser Liebe zu erfahren. Es sei denn, man lässt von ihnen los. Demut ist der Schlüssel zum Loslassen.

Demut hat mit Liebe zu tun. Wenn du wirklich liebst, bist du demütig. Wenn du also deine Arbeit, was immer es ist, liebst, dann verrichtest du sie mit Demut. Du schätzt diese Arbeit, selbst wenn es sich – oberflächlich betrachtet – um eine minderwertige Arbeit zu handeln scheint. In Wahrheit ist keine Arbeit minderwertig. Nur die eigene, innere Einstellung macht etwas wertvoll oder minderwertig. Nichts anderes. Wenn du Demut hast, wirst du einen perfekten Job machen, was immer die Arbeit ist. Und du wirst dich gut dabei fühlen, weil du dein Bestes gibst. Daraus wird sich ein Gefühl der Befriedigung in dir ausbreiten. Dieses Gefühl kommt aber nicht von der Arbeit selbst, sondern von deiner Einstellung, mit der du die Arbeit tust.

Isabelle war eine reiche Frau, die in der Zeit, als ich mit meinen Nägeln und Schrauben beschäftigt war, während zwei Wochen ins Meditationszentrum auf Besuch kam. Sie sah gut aus, hatte Geld, trug schöne Kleider, fuhr teure Autos und wohnte mit ihrem Mann und ihren beiden Kindern in einem luxuriösen Haus mit Seesicht. Materiell gesehen hatte sie alles, sogar ihre eigenen Bediensteten. Ihr Leben schien perfekt. Doch sie sehnte sich nach mehr. Ihre Seele lechzte nach *innerer* Erfüllung. Deshalb hatte sie sich Wochen zuvor ebenfalls für das Fernstudium des Metaphysik-Kurses eingeschrieben. Isabelles Aufgaben während ihres Kurzbesuchs bestanden darin, Hundekot zusammen zu lesen, Reinigungsarbeiten auszuführen und zu kochen.

Wenn ein Mentor seinem Schüler Aufgaben überträgt, sei es das Zusammenlesen von Hundekot oder das Suchen nach Nägeln und Schrauben, dann geschieht das nie aus Gründen der Schikane. Ganz im Gegenteil. Da der Mentor genau weiss, welche inneren Einstellungen dich vom Eintauchen ins Einssein abhalten, wählt er ganz bewusst und im Sinne deines persönlichen Wachstums jene Prüfungen, die dich innerlich befreien und deinem Licht näher bringen.

Nach Nägeln und Schrauben zu suchen war für mich nur eine von vielen Aufgaben, durch die ich Schritt für Schritt von meinen beschränkenden inneren Einstellungen losliess. Es war ein Segen für mich, denn – vielleicht zum ersten Mal in meinem Leben – erlebte ich, wie eine harmonische Einstellung zu einer Sache und einer Arbeit Gefühle der inneren Befriedigung auslösen können. Dabei ging es nicht darum, was ich tat, sondern wie ich es tat. Darin lag die Erfüllung.

ROSA

Rosa war 70 Jahre alt, als ich sie kennen lernte. Ich begegnete ihr an einem Geburtstagsfest, an das ich mit ihrer Tochter Carmen, mit der ich seit kurzem liiert war, eingeladen war. Ich erinnere mich noch gut daran, wie mich Rosa mit forschenden Blicken von oben bis unten musterte. Das war nachvollziehbar, denn ich war schliesslich der neue Freund ihrer Tochter. Rosa schenkte mir sogar ein Lächeln und ein paar nette Worte.

Was ich in den darauf folgenden Monaten jedoch von Rosa sah und hörte sind Dinge, die eher in eine Seifenoper gehören, als in ein Buch, das positive Zuneigungsformen zum Thema hat. Jedenfalls muss sie sehr unglücklich gewesen sein. Sie war ihres Lebens überdrüssig, nachdem sie als allein erziehende Mutter von 4 Kindern – ihr Mann war gestorben – viele Jahre hart gearbeitet hatte. Eigentlich war sie bereit zu sterben. Jetzt, da ihre Kinder erwachsen waren und ihre eigenen Familien hatten, sah sie keinen Lebenssinn mehr. Diese innere Frustration projizierte sie auf alles und jeden. Es machte sie unausstehlich. Sie war, um es unverblümt zu sagen, eine kleine Hexe.

Der Tag kam, an dem ich Carmen meinem Mentor in Kalifornien vorstellte. Ein intensiver Briefwechsel und Gedankenaustausch begann zwischen den beiden. Carmen hatte sich, genau wie ich, an seiner metaphysischen Schule für das Fernstudium immatrikuliert. Immer mehr tauchte sie ein in diese neue Art des Denkens. Natürlich erzählte Carmen meinem Mentor, jetzt ihrem Mentor, von Rosa, ihrer Mutter. Als Beobachter war ich gespannt, wie sich die Dinge zwischen Carmen und Rosa entwickeln würden.

Eines Tages hörte ich wie mein Mentor Carmen aufforderte ihre Mutter, die in ein Alters- und Pflegeheim übergesiedelt war, während eines Monats jeden Morgen vor der Arbeit besuchen zu gehen, sie zu umarmen, ihr durch die Haare zu streichen und zu sagen, wie lieb sie sie habe. Dabei sollte Carmen während dieser Stunde nur positive Dinge denken, sagen, tun und hören. Sollten Rosas Antworten in irgendeiner Weise negativ sein, dann sollte sie diese Dinge ausblenden, das Thema wechseln und immer wieder das Positive herausstreichen.

Carmen nahm den Vorschlag dankend an, obwohl sie wusste, dass es eine Herausforderung sein würde. Es bedeutete nämlich, dass sie um 4 Uhr morgens aufstehen würde, um ihre eigenen Meditationsübungen zu machen, zu duschen, zu frühstücken und dann loszufahren. Nach dem Besuch bei ihrer Mutter begann ihre eigentliche Arbeit um 7 Uhr.

Einen Monat lang also besuchte sie ihre Mutter jeden Tag, manchmal sogar an den Wochenenden. Rosa genoss diese spezielle Aufmerksamkeit, die sie von ihrer Tochter erhielt sichtlich. Sie freute sich darauf wie ein kleines Kind, denn Carmens Besuche waren ihr eigentlicher Tageshöhepunkt. Wenn Carmen still und leise die Türe zum Zimmer ihrer Mutter öffnete, war sie häufig schon wach und streckte ihr mit einem Lächeln im Gesicht die Arme entgegen, etwas das sie früher nie getan hatte. Voller Stolz erzählte Rosa den Mitbewohnern des Heims von den täglichen Besuchen ihrer Tochter. Wenn Rosa noch am Schlafen war, dann verbrachte Carmen die Zeit neben ihr am Bett und hüllte ihre Mutter in positive Gedanken und Gefühle. Keine Frage, Veränderungen waren vorprogrammiert.

Neulich, nach vielen Jahren, traf ich Rosa wieder. Es war am Geburtstagsfest von Carmen. Nie zuvor habe ich bei einem Menschen eine derartige Persönlichkeitsveränderung feststellen können. Es war frappant. Aus der manchmal boshaften und unzufriedenen Person war eine friedliche, strahlende und in sich ruhende Frau geworden. Sie sagte nicht viel an diesem Abend, doch das brauchte sie nicht, denn ihr Gesichtsausdruck sagte alles. Ihr Wesen strahlte. Sie war bei sich selbst angekommen, in ihrem inneren Zuhause.

Wer, wie Carmen, die manchmal subtilen Anweisungen seines Mentors hört und sie befolgt, der gibt sich selbst das grösste Geschenk. Ein Mentor hat immer massgeschneiderte Vorschläge zu Lösungen, die perfekt funktionieren, wenn man sie mit Demut ausführt. Carmen gab sich selbst das grösste Geschenk, denn ihre Mutter glücklich und zufrieden zu erleben, war ein Herzenswunsch, den sie seit ihrer Kindheit hatte. Demut war das Zauberwort für sie.

Ruth, eine meiner Kursteilnehmerinnen sagte einmal, dass das Wort Demut für sie *Mut zum Dienen* bedeute. Mir gefiel Ruths Interpretation. Im Dienen liegt tatsächlich die Erfüllung verborgen. Dabei geht es wie gesagt *nicht* um Unterwürfigkeit, denn aus Unterwürfigkeit spricht ein Mangel an Selbstliebe. Es geht genau um das Gegenteil, nämlich um Liebe. Etwas zu lieben. Das zu lieben, was man tut. Wer liebt, hat die ideale Einstellung. In der Demut, dem Mut zum Dienen, liegt die Erfüllung.

Nebst Stolz, Überheblichkeit und Arroganz sind Rechthaberei, das Durchsetzen des eigenen Willens, der gute Ruf, Ehrgeiz, Eifersucht, Angst, Eitelkeit, die Suche nach Anerkennung, mangelndes Selbstbewusstsein sowie falsche Demut weitere Aspekte, die das innere Licht trüben. Bei den meisten dieser limitierenden inneren Einstellungen geht es darum, die eigene Grösse und Wichtigkeit zu beweisen. Jemand jedoch, der *weiss* wie gut er ist, braucht sich nicht zu beweisen, nicht in einer Konkurrenzsituation mit jemand anderem, und schon gar nicht gegenüber sich selbst.

Das Sprichwort *Wie man in den Wald hinein ruft, so tönt es zurück* ist nur allzu wahr. Oder anders ausgedrückt, wie im Inneren, so im Äusseren. Die Einstellungen also, welche man auf sein Universum, seine Welt und seine Schöpfung projiziert, spiegeln die Beziehung zum eigenen, inneren Selbst.

Wer beispielsweise gegenüber anderen Menschen *rechthaberisch* ist, hat die Tendenz seinem inneren Selbst gegenüber rechthaberisch zu sein. Das ist keine weise Haltung, denn dein inneres Selbst, deine Intuition ist eins mit allem und weiss demzufolge alles. Das auf dem Intellekt, der Vernunft, sowie auf vergangenen Erfahrungen gründende rechthaberische Ich sieht das Leben aus einem beschränkten Blickwinkel. Wenn nun die Intuition von ihm zurechtgewiesen wird, dann nimmt sie das widerstandslos hin. Sie kämpft nicht dagegen an, denn sie weiss, wer sie ist. Sie braucht weder dir noch sich selbst etwas zu beweisen. Sie ist weiterhin bedingungslos für dich da, wenn du ihr in Demut, also mit Wertschätzung begegnest. Lass deshalb los von rechthaberischen Einstellungen im Äusseren und du wirst deinem Inneren wie von selbst in Demut begegnen. Werde zu deinem eigenen Beobachter. Denke, fühle, spreche und handle mit Bewusstheit und Achtsamkeit. Dadurch gehst du in grossen Schritten in Richtung inneres Verschmelzen.

Das *Durchsetzen des eigenen Willens* hat ähnliche Züge wie die Rechthaberei. Manchmal ist man regelrecht davon besessen etwas zu wollen, von dem man glaubt, dass man es unbedingt will. Man kann seinen eigenen Willen durchsetzen – gegenüber sich selbst und gegenüber anderen – und sich seine Wünsche so erfüllen. Das kann funktionieren. Doch die Sache ist die, dass man nicht immer weiss, was wirklich gut für einen ist. Manchmal glaubt man etwas zu wollen, während es nur darum geht, seinen eigenen Willen durchzusetzen. Wenn man dann hat, was man wollte, verliert man schnell das Interesse daran. Was du *wirklich* möchtest, aus der Tiefe deines Herzens, ist nicht unbedingt identisch mit dem, was dein Wille möchte. Dein inneres Selbst jedoch, deine Intuition weiss ganz genau, was dich beglückt. Lass darum los vom eigenen Willen und gib deinem inneren Selbst den Raum, damit es sich in deinem Leben ausbreiten und entfalten kann. Du wirst dadurch beginnen Lichtblicke des inneren Verschmelzens zu erfahren.

Der Ruf, nein *der gute Ruf* ist ein gesellschaftliches Statussymbol. Die Welt wird durch die verschiedensten Netzwerke, die Medien und das Internet immer kleiner und mehr denn je zu einem Dorf. Jeder scheint jeden zu kennen. Deshalb kümmert man sich auch mehr denn je um seinen guten Ruf bei anderen Menschen. Die Frage stellt sich: Hast du dir selbst gegenüber einen guten Ruf oder hast du Dinge gedacht, gefühlt, gesagt oder getan, die deinen guten Ruf vor dir selbst ramponieren? Magst du und schätzt du dich? Bist du gerne mit dir selbst zusammen? Bist du dir und deinen Idealen treu? Wenn du auf diese Fragen positive Antworten geben kannst und du gegenüber dir selbst einen guten Ruf geniesst, dann kann ich dir versichern, dass du bei anderen Menschen einen guten Ruf geniesst, denn sie spiegeln dir genau jene Einstellungen, die du gegenüber dir selbst hast. *Wie innen, so aussen!* Wenn du an diesen Punkt gelangt bist, also im Reinen mit dir selbst, dann ist es dir egal, was andere von dir halten. Sie werden jedoch nur Gutes über dich denken, weil du, wie gesagt, nur Gutes über dich selbst denkst. Doch das ist irrelevant, denn du brauchst diese Bestätigung von anderen nicht mehr, weil du selbst weisst, wer du bist. Nur das zählt. Dann hast du losgelassen von einer weiteren inneren Beschränkung, deinem guten Ruf. Du wirst ihn, den guten Ruf, haben, doch er wird dir nichts mehr bedeuten.

Ehrgeiz. Dieses Wort setzt sich aus Ehre und Geiz zusammen. Eine explosive Mischung. Ein ehrgeiziger Mensch ist jemand, der nach Macht, Ruhm, Erfolg und Status strebt. Jemandem, der diese Dinge erreicht hat, wird von der Gesellschaft, also von anderen Menschen, Ehre zuteil. Er wird verehrt. Daher das Wort Ehre in Ehrgeiz. Das Wort Geiz passt insofern zum Spiel, als es im Streben nach Macht, Ruhm, Erfolg und Status normalerweise nur einen geben kann, der die Macht, den Ruhm, den Erfolg und den Status einheimst. Ein Ich-Spiel von A bis Z, ohne den Erfolg mit jemandem zu teilen. Wer ehrgeizig ist, vergisst, dass er seine Ziele durch das Prinzip *Universum + Zuneigung = Leben!* leichter, effizienter und mit weniger Energieaufwand erreichen könnte, als sich im aggressiven Konkurrenzverhalten aufzureiben. Dein inneres Selbst möchte dir deine Wünsche erfüllen, was immer sie sein mögen. Doch du brauchst dafür nicht zu kämpfen. Lass deshalb von deinem Ehrgeiz los. Lass den Dingen ihren freien Lauf. Lass dich von deinem Inneren führen. Es weiss am besten, was du dir wünschst. Vertraue ihm. Es wird dich auf einen Weg führen, der dich aus der Tiefe deines Herzens unendlich glücklich macht, was nicht heisst, dass du dann Dinge wie Macht, Ruhm, Erfolg und Status nicht haben kannst. Im Gegenteil. Sie werden dir ganz von alleine zufliegen, dir jedoch nichts mehr bedeuten, weil du ins Meer der Liebe eingetaucht bist, befreit vom Ehrgeiz.

Eifersucht steht für eine weitere, behindernde innere Haltung, die es loszulassen gilt, um inneres Verschmelzen zu erfahren. Eifersucht macht unglücklich. Man wird eifersüchtig, wenn jemand anderer etwas hat was man selbst nicht hat, oder wenn einem etwas oder jemand weggenommen wird, von dem man glaubt, dass es einem gehört. Eifersucht gründet also auf Besitzdenken oder Besitzanspruch. Einen Besitz und den daraus entstehenden Besitzanspruch kann man verlieren. Das liegt in der Natur der Sache. Dieses Verlustgefühl schmerzt, weil man sich mit dem was man besass, identifizierte. Man glaubte dieses Etwas oder dieser Jemand sei Teil von einem selbst. Durch den Verlust fühlt man sich nicht mehr ganz. Das verursacht Leiden. Eifersucht hindert den Lebensfluss. Man kann jedoch lernen durch das Leben zu gehen, ohne auf alles und jeden einen Besitzanspruch zu erheben. Man kann sich beispielsweise darin üben, Dinge, kleinere oder grössere, die man gekauft hat, nach einer gewissen Zeit weiterzugeben, zu verschenken. Durch solche Übungen des Loslassens stärkst du dein Inneres mehr und mehr. Es wird dein Leben bereichern und dich zu deinem inneren Licht führen, das die Eifersucht zu bedingungsloser Liebe transzendiert.

Angst ist unbegründet, denn es gibt nichts wovor man sich zu fürchten bräuchte. Angst basiert auf Unwissenheit. Das, was man nicht kennt verursacht Angst. Wer das Leben kennt, weiss dass es nichts weiter ist als ein Spiel. *Nur ein Spiel.* Das Leben und der Tod ändern nichts an deiner Wirklichkeit, an dem wer du bist. Nur die Unwissenheit ihnen gegenüber flösst Angst ein. Wenn du weisst, wer du bist, was das Leben ist und was der Tod, dann lösen sich deine Ängste auf. Dann mag kommen was will, alles ist okay. Es gibt nichts zu fürchten, denn du lebst ewig. Dein innerstes Sein ist unberührbar und unzerstörbar. Diese Erkenntnis und das gleichzeitige Loslassen von Angst lässt dein inneres Licht hell und ungetrübt aus dir strömen. Erfülle dein Sein mit Liebe und du hast der Angst ihre Existenzgrundlage entzogen.

Eitelkeit. Als die Menschen noch keine Spiegel hatten und ihr Ebenbild höchstens in einem ruhenden Teich bewundern konnten, war die Eitelkeit noch nicht so ausgeprägt wie heute. Weshalb stellt Eitelkeit als innere Haltung ein Hindernis dar, um in dein inneres

Verschmelzen zu gelangen? Eigentlich geht es bei allen Hindernissen – Rechthaberei, Durchsetzen des eigenen Willens, guter Ruf, Ehrgeiz, Eifersucht, Angst, Suche nach Anerkennung, mangelndes Selbstbewusstsein, falsche Demut – um Liebe. Genauer gesagt um einen Mangel an Selbstliebe. Wer über genügend Selbstliebe, Wertschätzung und Respekt gegenüber sich selbst verfügt, der wird wenige oder gar keine Beschränkungen dieser Art in sich tragen. Ein solcher Mensch ist in sich selbst ausgeglichen und braucht diese äusseren Formen der Kompensation, welche diese Einstellungen verkörpern, nicht. Eitelkeit beruht auf der Bewunderung, die man von anderen erhält. Wenn man mit sich selbst im Einklang lebt, sich gerne mag und mit sich selbst glücklich ist, dann wird man von anderen so oder so bewundert, ob man sich nun nach der neusten Mode stylt oder nicht. Diese Menschen werden dich um dein Charisma bewundern. Aber auch hier gilt: Du brauchst diese Bewunderung nicht. Sie macht dich nicht glücklicher als du es schon bist. Eine Freundin erzählte mir, wie sie ein Ereignis in einer Bar beobachtete. Die Bar war gefüllt mit *Frischfleisch*, wie sie es nannte. Lauter gut aussehende, junge Damen, die ihre schönen Körper und ihr gestyltes Äusseres zur Schau trugen. Dann kam eine Dame mittleren Alters in die Bar. Sie hatte graumelierte Haare, trug unauffällige Kleider und war ungeschminkt. Doch sie hatte ein solches Charisma, dass sich alle, Männer und Frauen, wie von einem unsichtbaren Magnet angezogen, nach ihr umdrehten. Es gab in der Tat ein Magnet und zwar die elektrisierende Ausstrahlung dieser Dame. Sie verkörperte all das, was die jungen Damen über den äusseren Kanal *Eitelkeit und Schönheit* zu kompensieren versuchten: Innere Liebe (Selbstliebe), inneres Charisma und innere Schönheit. Dieses Selbstbewusstsein spiegelte sich in ihrem charismatischen Äusseren, in ihrer magnetisierenden Anziehungskraft sowie in ihrer äusseren Schönheit.

Die *Suche nach Anerkennung* und Eitelkeit gehen Hand in Hand. Die einzige und wahre Anerkennung ist die, welche du dir selbst schenkst. Liebe und respektiere dich. Dann wirst du die Anerkennung im Äusseren nicht mehr brauchen. Wenn du dir nämlich selbst Anerkennung schenkst, dann ist das deine Erfüllung.

Mangelndes Selbstbewusstsein hat, wie könnte es anders sein, mit einem Mangel an Liebe zu tun. Man kann Selbstbewusstsein entwickeln, indem man sich seinem Selbst bewusst wird. Deshalb die Definition von Selbstbewusstsein, *seinem Selbst bewusst sein.* Ein Mangel an Selbstbewusstsein wird dich daran hindern deine Ziele, Wünsche und Träume zu erfüllen. Um Selbstbewusstsein zu entwickeln beginnst du deinen positiven Seiten Zuneigung zu schenken. Gib also deinen Talenten, Fähigkeiten, guten Eigenschaften sowie deiner Kreativität, all dem was du bist und hast deine Aufmerksamkeit. Lass gedanklich und gefühlsmässig von all dem los, was dich nicht glücklich macht. Dadurch werden sich die positiven Dinge vermehren und du wirst deinem unendlichen Selbst in dir Leben einhauchen. Selbstliebe und Selbstbewusstsein, die schon in dir schlummern, werden so jede Zelle deines Lebens durchdringen.

Es gibt einen Mittelweg zwischen Stolz, Überheblichkeit und Arroganz sowie *falscher Demut.* Während Stolz, Überheblichkeit und Arroganz auf ein aufgeblasenes Ego hinweisen, deutet falsche Demut auf das Gegenteil hin, nämlich auf ein mangelndes Selbstbewusstsein. Wenn ein aufgeblasenes Ego ein Kompliment erhält, lässt das seine Brust anschwellen. Es denkt, falls es nicht sogar sagt: «Es war Zeit, dass ihr endlich gemerkt habt, wie gut ich bin. Ich bin der Beste, den es überhaupt gibt!» Dasselbe Kompliment veranlasst einen Menschen mit falscher Demut zu sagen: «Ach, das ist wirklich nicht der Rede wert. Ich bin nicht *so* gut.» Ideal wäre hier der goldene Mittelweg. Jemand also, der wahre Demut hat und sich selber wertschätzt, sagt, nachdem ihm ein Kompliment gemacht wird: «Danke!» Nicht mehr und nicht weniger. Er weiss, dass er gut ist. Punkt. Er ist in sich ausgeglichen genug, um weder abzuheben noch abzuwiegeln.

Wenn du alleine auf der Welt leben würdest, dann wären viele dieser beschränkenden inneren Haltungen kein Thema, weil sie einzig und allein auf der Existenz und dem Dasein anderer Menschen gründen. Eitel ist man hauptsächlich darum, weil man anderen gefallen möchte. Die Suche nach Ruhm und Anerkennung basiert ebenfalls auf der Existenz anderer. Auch Ehrgeiz und das Durchsetzen des eigenen Willens, von Rechthaberei, Eifersucht, Stolz, Arroganz und Überheblichkeit ganz zu schweigen, basieren auf dem Vorhandensein Anderer. Wie gesagt, wenn du allein auf der Welt wärst....

Die Sache ist die... du *bist* allein auf dieser Welt. Jeder Mensch ist mit sich selbst allein. Du wurdest allein geboren und du wirst allein sterben, wenn du es wählst zu sterben. Die Leute um dich herum, deine Schöpfung, das sind nichts weiter als Reflektionen von dir selbst. Spiegelungen dessen, wie du dich selbst siehst, wer du zu sein glaubst. Das Konkurrenzdenken, das du in dir spürst, ist nichts weiter als ein Konkurrenzdenken gegenüber dir selbst. Es ist so, wie wenn du gegen deinen eigenen Schatten kämpfen würdest. Völliger Unsinn. Doch genau das tut man. Man kämpft, vergleicht und konkurriert gegen etwas, das es in der Form, wie man denkt, gar nicht gibt. Denn wie gesagt, jene Menschen, Situationen, Umstände und Bedingungen *dort draussen,* sind nichts weiter als Facetten deines Selbst, oder besser gesagt Facetten dessen wer und was du zu sein glaubst. Nichts weiter.

Deshalb kannst du gerade jetzt aufhören zu kämpfen. Es ist sinnlos. Reine Zeit- und Energieverschwendung. Nicht dass es eine Rolle spielen würde, denn du hast alle Zeit dieser Welt. Du hast auch unendlich viel Energie. Du kannst dieses Spiel so lange spielen, wie du möchtest. Du bist völlig frei. Doch du bist allein auf der Erde. Je schneller du dich mit dieser Tatsache anfreundest, desto besser für dich, desto transparenter wird sich dir das Leben präsentieren und desto klarer wirst du dich selbst erkennen.

Der Moment des grossen Erwachens, der grossen Erleichterung und des grossen Loslassens wird kommen. Früher oder später. Dann ist der Kampf um all diese Errungenschaften wie Anerkennung, Ruhm, Ehre, Besitz, Ruf und Aussehen vorbei. Du wirst dann im Meer der Liebe sein.

Zwei Mönche, ein älterer und ein jüngerer, waren auf einer Wanderschaft. Sie kamen zu einem Fluss, wo sie eine Dame beobachteten, die versuchte, den reissenden Strom zu überqueren. Nach mehreren Versuchen gab die Dame schliesslich auf. Die Strömung des Flusses war zu stark, als dass sie es gewagt hätte, ohne fremde Hilfe zum anderen Ufer zu gelangen.

Zur Fortsetzung ihrer Reise mussten die beiden Mönche ebenfalls auf die andere Seite des Flusses. Deshalb bot der ältere Mönch der Dame an ihr beim Durchqueren des Wildwassers behilflich zu sein. Die Dame nahm sein Angebot dankend an, während der jüngere Mönch seinen Weggefährten eindringlich daran erinnerte, dass ihnen ihr Mönchsgelübde verbot, mit weiblichen Wesen körperlich in Kontakt zu treten. Der ältere Mönch liess sich nicht beirren. Er hob die Dame auf und positionierte sie auf seinen Schultern, während er den wilden Fluss achtsam und in gemächlichen Schritten durchquerte. Alles ging gut. Am anderen Ufer angekommen setzte er die Dame wieder auf festen Boden. Sie bedankte sich freundlich und setzte ihre Reise fort. Als der jüngere Mönch die andere Seite des Flusses ebenfalls erreicht hatte, erinnerte er seinen Gefährten abermals daran, dass es ihnen verboten war mit Damen körperlichen Kontakt zu haben. Der ältere Mönch schwieg für einige Augenblicke, bevor er sich seinem Freund zuwandte und gelassen antwortete: «Ich habe diese Dame in dem Moment losgelassen, als ich sie hier auf die Erde setzte. Du jedoch scheinst noch immer an ihr zu hängen!»

Es ist gar nicht so leicht loszulassen. Es erfordert Bewusstheit, Achtsamkeit und Disziplin oder noch besser *Liebe*. Doch wenn du die kleinen Schritte des Loslassens lernst, wie ich es tat, während ich nach Nägeln und Schrauben suchte und in Tat und Wahrheit von Stolz, Überheblichkeit und Arroganz losliess, fallen dir die grösseren Schritte leichter in den Schoss.

Die Bewusstheit und die Erkenntnis dessen, worum es beim Loslassen geht, die hast du. Aus dem Kapitel *Muster, Prägungen, innere Überzeugungen* weisst du auch, wie aus Trampelwegen Schnellstrassen entstehen und dass alles eine Frage der bewussten Wahl ist, wie man reagiert. Deine Freiheit liegt in der inneren Einstellung, in deinen Gedanken. Lass los und erfülle dein Leben mit Liebe, Demut und der Wertschätzung für alles und jeden, vor allem aber für dich selbst. Das ist der Schlüssel für dein inneres Verschmelzen im Meer der bedingungslosen Liebe.

23

BEDINGUNGSLOSE LIEBE

Wenn du innerlich verschmolzen bist, eingetaucht ins Meer des Einsseins, dann bedeutet das, dass du all deine limitierenden inneren Einstellungen zu bedingungsloser Liebe transzendiert hast. Du lebst dann im Bewusstsein deiner spirituellen Identität.

Stolz, Überheblichkeit, Arroganz, Rechthaberei, das Durchsetzen des eigenen Willens, der gute Ruf, Ehrgeiz, Eifersucht, Angst, Eitelkeit, die Suche nach Anerkennung, mangelndes Selbstbewusstsein sowie falsche Demut, all diese beschränkenden Einstellungen, aus denen Urteilen, Besitzanspruch oder äusseres Berührtsein spricht, sind in ihrer Natur konträr zum Zustand der bedingungslosen Liebe. Bedingungslose Liebe *ist* einfach. Sie braucht nichts, will nichts und ist in sich selbst erfüllt. Bedingungslose Liebe beurteilt oder verurteilt nichts. Sie erhebt keinen Besitzanspruch und ist unberührt – positiv oder negativ – von der äusseren Welt, die sie umgibt. Dinge geschehen, doch ein Mensch, der aus seiner bedingungslosen Liebe lebt, ist davon unberührt. Er ist nur von sich selbst, seiner *inneren* Essenz und Wirklichkeit berührt. Das macht ihn frei, *wirklich frei.*

Wenn dir jemand ein Kompliment macht und sagt, wie toll du aussiehst und dir das ein gutes Gefühl gibt und dich mit Freude erfüllt, dann hat dieser Mensch Macht über dich. Du erlaubst ihm mit deinen Gefühlen zu spielen und dich auf subtile Weise zu manipulieren. Dir gefällt dieses Spiel, denn du magst es bewundert zu werden. Derselbe Mensch könnte dir jedoch am Tag darauf ein Negativkompliment machen und dir sagen wie schlecht du aussiehst. Das würde in dir wahrscheinlich ein weniger gutes Gefühl auslösen. Beide Male hast du dich im Äusseren *berühren* lassen und einem anderen Menschen die Erlaubnis erteilt mit deinen Gefühlen zu spielen.

Es zeigt wie manipulierbar du bist und dass in deinem Bewusstsein eine Resonanz in Bezug auf dein Aussehen existiert. Dieser Mensch, der dir die Komplimente schenkt, weiss um diese Resonanz. Er spürt sie, vielleicht sogar unbewusst. Und er spiegelt sie dir.

Wenn du aus dem Meer der bedingungslosen Liebe lebst, berühren dich weder positive noch negative Komplimente. Die einzige Resonanz, die in dir schwingt, ist die der bedingungslosen Liebe. Die Berührung, die du dann von deiner spirituellen Identität erfährst, ist so schön, so überwältigend, so grossartig und so allumfassend, dass ein Kompliment im Äusseren – positiv oder negativ – dein kristallklares Gefühl der Liebe weder erhellen noch trüben kann. Es ist in sich selbst bereits erfüllt. Das ist die innere Freiheit, *deine innere Freiheit*, die ich meine.

Genauso manipulierbar bist du, wenn du etwas oder jemanden besitzt, das heisst, wenn du innerlich – auf einen Menschen oder eine Sache – einen Besitzanspruch projizierst. Das macht dich verletzlich. Wenn dich nämlich dieser Mensch verlässt oder dir die Sache weggenommen wird, dann leidest du. Somit bist du nicht frei, sondern ein Gefangener deiner Gefühle. Du kannst lieben ohne einen Besitzanspruch zu erheben. Eigentlich liebst du erst dann wirklich. Du kannst auch Dinge in deinem Besitz haben, ohne sie zu besitzen. Äusserlich, auf dem Papier, *gehören* sie zwar dir, doch innerlich bist du nicht an sie gebunden. Du spürst keinen Besitzanspruch. Diesem Bewusstseinszustand kann man sich mit Achtsamkeit, Bewusstheit und Hingabe Schritt für Schritt nähern. Es ist eine subtile Annäherung, die über das Entwickeln von Selbstliebe geschieht.

Bedingungslose Liebe bewertet weder etwas als gut oder schlecht noch als richtig oder falsch. Alles *ist* einfach. Im Beurteilen oder Verurteilen liegt eine – wenn auch noch so feine – Spur der Aggression. Genauso wie aus dem Besitzanspruch eine Spur der Gewalt spricht, weil etwas gefordert, verlangt und beansprucht wird. Bedingungslose Liebe hingegen respektiert, akzeptiert und liebt ganz einfach. Sie gibt von sich selbst, ohne die Erwartung etwas zurück zu erlangen. Diese Haltung zeugt weder von Unterwürfigkeit noch von fehlendem Selbstwertgefühl. Ganz im Gegenteil. Bedingungslose Liebe ist in sich selbst erfüllt und im Einklang mit sich selbst. Deshalb will, fordert und verlangt sie nichts. Sie ist wie ein Wasserhahn, aus dem das Wasser bedingungslos fliesst, ohne nach dem *für wen*, *wozu* oder *wie viel* zu fragen.

Vielleicht sagst du jetzt, dass du aber von anderen Menschen berührt werden *willst*, selbst wenn du dich dabei von ihnen manipulieren lässt. Dass du mit ihnen in Beziehung sein *willst*, weil du deswegen schliesslich auf die Erde gekommen bist. Und dass es ziemlich egozentrisch klingt, nur von sich selbst berührt und nur mit sich selbst in Verbindung zu sein. Dass du dann genauso gut in einer Höhle leben oder diese Erde überhaupt verlassen könntest.

Deine Einwände sind absolut nachvollziehbar… aus der Sicht der konditionierten Liebe. Weil du das innere Verschmelzen nur vom Hörensagen kennst, klammerst du dich an das Vertraute, nämlich an das Berührtwerden im Äusseren. Das ist momentan Teil deiner Identität und gibt dir ein Gefühl des oberflächlichen Glücks. Besser als gar nichts oder immer noch besser als ein Gefühl der Einsamkeit, in das du scheinbar hinein zu schlittern drohst, wenn du dein Dasein ohne Beziehungen leben müsstest.

Nun, der Grund, weshalb du auf die Erde gekommen bist, liegt nur vordergründig darin, mit anderen Menschen in Beziehung zu treten. Diese anderen Menschen sind nämlich nichts weiter als Reflektionen von dir selbst, Reflektionen dessen, wer du zu sein glaubst. Der wahre Grund weshalb du hier bist, liegt darin dich zu erinnern wer du bist, ins Einssein zurückzukehren und das innere Verschmelzen, also die bedingungslose Liebe zu erfahren.

Wenn du dort angekommen bist, werden sich all deine Einwände aufgelöst haben, weil das Einssein mit dir selbst so wunderschön ist, dass es Worte nicht zu beschreiben vermögen. Du wirst dann mehr und tiefer denn je mit anderen Menschen in einer Beziehung verbunden sein, weil du eins mit ihnen bist und es *jetzt* weisst. Du wirst diese Menschen auch mehr lieben, als du sie je zuvor – als ein vom Äusseren berührtes Individuum – geliebt hast. Nur wird diese Liebe echt sein, urteilslos und besitzanspruchslos. Du wirst diese Menschen mehr denn je verstehen. Und du kannst ihnen durch dein neues Bewusstsein das grösste Geschenk geben, das es gibt, nämlich deine Liebe, dich selbst.

Vor vielen Jahren wurde eine ältere Dame mit einer versteckten Kamera gefilmt, als sie in einem Restaurant bei Kaffee und Croissant sass. Im Auftrag der Fernsehsendung «Verstehen Sie Spass?» setzte sich ein Mann wortlos neben die Dame und tauchte seinen Croissant Mal für Mal in ihre Kaffeetasse, um ihn dann genüsslich zu verzehren. Die Dame zeigte sich unbeeindruckt davon. Ihr Gesicht strahlte sogar, als sie ihre Tasse näher zum Unbekannten hinüber schob und zu ihm sagte: «Der Croissant schmeckt einfach besser so, nicht wahr?»

Die ältere Dame war von diesem Schauspiel unberührt. Dabei hätte sie sich leicht über die Unverschämtheit des Mannes nerven können. Sie tat es jedoch nicht, weil sie *in sich selbst* urteilslos, besitzanspruchslos und unberührt war. Eine meisterhafte Reaktion einer Dame, die im Frieden mit sich selbst war, von ihrem Inneren berührt statt vom Äusseren. Jeder Mensch kann, wie diese Dame, *lernen* bedingungslos liebend zu sein.

Zarathustra, der vor etwa 3000 Jahren lebte, lehrte den einfachen Grundsatz: «Gute Gedanken, gute Worte, gute Taten!» Diese Lehre gilt noch heute. Dabei geht es nicht darum, ein frömmelnder Mensch, ein Tugendbold zu sein, der sich durch gute Taten die Eintrittskarte in den Himmel zu erkaufen versucht. Kaufen kann man sich nur äussere, materielle Dinge, nicht aber die wirklich erfüllenden *inneren* Dinge des Lebens: Gesundheit, Frieden, Glück, Liebe und Bewusstsein!

Gute Gedanken, gute Worte und gute Taten sind dein Treibstoff auf der Reise ins Land der bedingungslosen Liebe. Und das Schöne daran ist die Tatsache, dass du nicht auf den Himmel oder das Paradies *nach* diesem Leben zu warten brauchst, um die Früchte einer solchen Lebensweise zu ernten. Wenn du gute Gedanken denkst, gute Worte sprichst und gute Taten vollbringst, dann erntest du sie augenblicklich, nämlich in deinem Bewusstsein und damit in den Erfahrungen deines eigenen Lebens.

Wenn du bedingungslos liebst, lebst du im Einklang mit Zarathustras Lehren. Als bedingungslos Liebender ist es dein Naturell, liebevoll, gebend, urteilsfrei, besitzanspruchslos, vom Äusseren unberührt, dafür jedoch von deinem Inneren berührt zu sein. Wenn du deine in dir existierende bedingungslose Liebe aktivieren möchtest, dann empfehle ich dir die folgenden drei Übungen:

1. *Gute Gedanken!* Nimm dir täglich ein paar Minuten Zeit und sende jemandem liebevolle Gedanken. Dieser Jemand kann ein Mensch in deiner Familie, an deinem Arbeitsplatz, in deinem Freundeskreis oder sonst jemand sein, vielleicht sogar ein Staatsmann, der deine positive mentale Zuneigung gebrauchen kann. Umhülle diesen Menschen mit deiner Liebe und umarme ihn in deiner Vorstellung. Dieser Mensch wird spüren, dass er herzliche Zuneigung erhält, doch er wird nicht wissen woher oder von wem sie kommt. Das ist gut so. Behalte dieses Geheimnis für dich. Es ist Teil der Übung. Du bleibst der anonym Gebende, ohne dafür Lob oder Anerkennung zu erhalten. Die Anerkennung und das Lob gibst du dir mit deinem befriedigenden, inneren Gefühl nämlich selbst.

2. *Gute Worte!* Gib täglich mindestens drei Personen ein schönes, ehrlich gemeintes Kompliment. Du wirst sehen, dass es dir, je öfter du es tust, desto leichter fällt. Es wird der Moment kommen, da du jedem Menschen, den du triffst ein ehrliches, aus dem Herzen fliessendes Kompliment machen kannst, weil du *jetzt* darin geübt bist, das Schöne, Positive und Gute in den Menschen zu erkennen. Wie gut dir das selber tut und was das in deinem eigenen Bewusstsein auslöst, brauche ich dir nicht näher zu erörtern.

3. *Gute Taten!* Tue täglich jemandem etwas Gutes, ohne dass die Person davon weiss. Das kann etwas sein, das du zuhause oder am Arbeitsplatz tust. Oder mit Menschen, die *du* nicht kennst und die *dich* nicht kennen. Sei auch hier der anonym Gebende. Du gibst, weil es deinem Naturell entspricht bedingungslos zu geben und nicht weil du damit die Liebe anderer kaufen willst.

Zusätzlich zu diesen täglichen guten Gedanken, Worten und Taten könntest du beispielsweise einem Gast in einem Restaurant das Essen bezahlen, ohne dass er erfährt, wer die grosszügige Person ist. Du verlässt nämlich das Lokal bevor der Kellner der Person mitteilt, dass jemand sein Essen bezahlt hat. Auch hier bleibst du der anonym und bedingungslos Gebende. Du tust es, weil dein Herz dir sagt es zu tun, ohne dass du dafür etwas zurück erhältst, nicht einmal ein Dankeschön.

Beobachte dich, wenn du diese anonymen guten Taten vollbringst, frei jeglicher Erwartungen und Bedingungen. Wie fühlt es sich an jemand anderem etwas Gutes zu tun, wenn niemand, ausser dir selbst, weiss, wer die edle Person ist?

Kleine Kinder können sehr gebend sein. In meiner Nachbarschaft gibt es ein solches Kind. Das Mädchen heisst Jessica und ist 4 Jahre alt. Wir sehen uns von Frühling bis Herbst fast täglich, im Winter eher selten. Wenn sie mich sieht, werde ich meistens von ihr beschenkt. Es sind kleine Geschenke, die sie mir gibt. Das können Laubblätter, selbst gemalte Zeichnungen, Steine, Baumnüsse, Kaugummi, bunte Smarties, Himbeeren oder sonstige Sachen sein. Jessica gibt diese Dinge von sich aus, ohne etwas zurück zu erwarten. Sie *gibt* einfach.

Ganz spontan von Dingen loszulassen, ist noch so eine Übung auf der Reise ins Land der bedingungslosen Liebe. Jemand bewundert beispielsweise deinen Rasierapparat. Du spürst, dass er dieser Person gefällt. Deine spontane Reaktion könnte sein: «Hier, nimm ihn. Er gehört dir!» Frag die Person nicht, ob sie den Apparat haben möchte. Sie wird nämlich antworten: «Nein, das kann ich unmöglich annehmen!» Gib ihr den Rasierapparat einfach und lass ihr gar keine andere Wahl. Was sie dann mit dem Geschenk macht, ist aus deiner Sicht nicht von Bedeutung. Du hast spontan gegeben und losgelassen. Punkt!

Einen neuen Rasierapparat zu kaufen kostet dich nicht alle Welt. Doch dein Akt des Gebens und der Grosszügigkeit kann für dich selbst *und* den Beschenkten die Welt bedeuten.

Am Sankt Nikolaustag ging ich mit einer Freundin ins Kino und danach zum Essen in ein Restaurant. Später trafen wir auf der Strasse einen rot gekleideten Nikolaus mit weissen Haaren und einem langen, ebenso weissen Bart, begleitet von «Schmutzli», seinem Helfer. Die beiden fuhren in einem offenen Smart Cabriolet durch die Strassen der Innenstadt. Wir hielten sie an, damit wir unser Sprüchlein aufsagen konnten, um, wie es üblich ist, von ihnen beschenkt zu werden. *Gesagt, getan!* Wir erhielten einen prall gefüllten Sack voller Süssigkeiten, Gebäck, Nüssen und Mandarinen. Lachend liefen wir weiter. Kurz darauf betraten wir ein Café. Dort eilte uns, wie von einem Magnet angezogen, ein kleiner, etwa 5-jähriger Junge entgegen. Er sprach uns in einer unbekannten Sprache – wahrscheinlich auf Russisch – an. Erst als er mit leuchtenden Augen auf unseren Sack voller Süssigkeiten zeigte, wurde uns klar, was er wollte. Wir knieten zu ihm nieder und gaben ihm das Geschenk von Sankt Nikolaus. Sein Gesicht strahlte, als er zum Tisch seiner Eltern zurück rannte. Sie nickten uns freundlich entgegen und bedankten sich artig.

In spontanen Geschenken und spontanem Loslassen liegt das vielleicht grösste Glück. Meine Freundin und ich, wir bereiteten uns selbst eine Freude, indem wir aus dem Moment heraus handelten. Und wer weiss, vielleicht hat der kleine Junge mit dem Sack voller Süssigkeiten ein grösseres Geschenk an Land gezogen, als es vordergründig den Anschein macht. Vielleicht sind es nämlich nicht so sehr die Süssigkeiten, sondern die Erfahrung des bedingungslosen Gebens und Liebens, das als reales Erlebnis in seine Welt kam.

24

WEGE IN DEIN INNERES SELBST

Drei Götter diskutierten darüber, wo sie die Göttlichkeit des Menschen verstecken könnten. Der erste Gott sagte: «Lasst sie uns in den Tiefen der Meere verstecken, dort wird er nie nach ihr suchen.»

«Ich weiss nicht...», erwiderte der zweite Gott, «eines Tages wird er im Erforschen der Welt auch die Meere erkundigen und dort auf seine Göttlichkeit stossen. Wir verstecken sie besser unendlich weit von ihm entfernt, irgendwo im Weltraum, wo er sie niemals finden wird.»

«Freunde», seufzte der dritte Gott, «der Mensch ist genauso unbegrenzt wie wir es sind, schliesslich haben *wir* ihn erschaffen. Fasziniert und geblendet vom Äusseren wird er eines Tages bestimmt auch den Weltraum erforschen und seine Göttlichkeit dort finden. Darum schlage ich vor, wir verstecken sie an einem Ort, wo er zuletzt nach ihr sucht, nämlich *in ihm selbst.*»

Die anderen beiden Götter erklärten sich damit einverstanden. Seither liegt die Göttlichkeit des Menschen eingebettet in seinem Inneren, darauf wartend von ihm entdeckt zu werden, damit sich ihre Schönheit und Weisheit sowie ihr Zauber und ihr Friede in seinem Leben ausbreiten kann.

Der Mensch ist tatsächlich fasziniert und geblendet vom Äusseren. Er liebt es die Welt zu erforschen. Aus einer inneren Leere heraus sucht er in ihr nach Erfüllung. Er hofft sein Bedürfnis nach Sicherheit, Geborgenheit, Anerkennung und Liebe so zu stillen. Aus demselben Grund sehnt er sich auch nach Macht, Geld und Besitz. Natürlich lässt sich diese innere Leere nicht durch äussere Dinge aus der Welt schaffen. Im Äusseren nach etwas zu suchen, das im Inneren zuhause ist, ist denn auch ein erfolgloses Unterfangen. *Was im Inneren zuhause ist, kann nur im Inneren gefunden werden.*

SINN DES LEBENS

Wie jeder Mensch bist auch du, bewusst oder unbewusst, auf der Suche nach dem Sinn deines Lebens und der Wirklichkeit deines Daseins. Diese Suche hat existenzielle Fragen in dir entflammt. Fragen wie «wer bin ich?», «weshalb bin ich hier?», «woher komme ich?» oder «wohin gehe ich?».

Die Beantwortung dieser Fragen ist gekoppelt an das Wissen um deine wahre Natur. *Wer bist du in deinem tiefsten, innersten Sein?* Bevor das nicht geklärt ist, gibt es keine sinnvollen Antworten auf deine brennenden Fragen. Jede Antwort unterläge einer Täuschung, weil sie von einer falschen Grundidee ausginge. Es wäre reine Zeitverschwendung und würde dich kein Stück weiterbringen. Erst wenn du dir deiner wahren Natur bewusst bist, kannst du dir realistische Antworten geben, die dich in deinem Inneren berühren.

Die Situation in der du steckst, ist mit einem Hundewelpen zu vergleichen, der von einer Katzenmutter grossgezogen wird. Weil seine «Mutter» eine Katze ist und er nur von Katzen umgeben ist, verhält sich der Welpe auch wie eine. Er kennt nichts anderes. Er *denkt* er sei eine Katze. Auf diese Weise lässt sich der Welpe von seiner Umgebung konditionieren. Er ist sich seiner wahren Natur *ein Hund zu sein* nicht bewusst.

Dasselbe geschieht mit einem so genannten Wolfskind, einem Menschenkind, das von Wölfen grossgezogen wird. Es verhält sich wie ein Wolf. Es heult in der Nacht, geht auf allen Vieren, isst rohes Fleisch und fletscht mit den Zähnen, wenn es sich bedroht fühlt. Seine Sinnesorgane sind genauso ausgeprägt wie die eines Wolfs. Ein Wolfskind kann beispielsweise Fleisch aus grosser Entfernung riechen oder problemlos extremer Hitze oder Kälte trotzen. Auch ein Wolfskind ist sich seiner wahren Natur *ein Menschenkind zu sein* nicht bewusst.

Und wie steht es um den Menschen? Es ist dieselbe Geschichte. Auch er ist sich seiner wahren Natur *göttlich zu sein* nicht bewusst. Er *denkt* er sei menschlich, weil er von *Scheineltern* (sorry, liebe

Eltern!) und der menschlichen Gesellschaft von Beginn weg darauf konditioniert wurde, *menschlich zu sein.* Biologische Eltern konditionieren ihre Kinder mit Genen und inneren Einstellungen, was deren Körper und deren Bewusstsein formt. Weil Bewusstsein die Brücke zur Unendlichkeit oder Göttlichkeit schlägt, zu jenem Aspekt des Seins, der die *wahre* Natur des Menschen verkörpert, ist es von grosser Wichtigkeit, dass Eltern ihren Kindern göttliches Bewusstsein schenken. Das setzt jedoch voraus, dass die Eltern selbst göttliches Bewusstsein haben. Wenn das nicht der Fall ist, liegt es am Kind, inzwischen erwachsen geworden, den Weg in seine Göttlichkeit alleine, oder mit Hilfe eines Mentors, zu finden.

Doch nun zurück zu dir und deinem Leben. Dein Leben hat, wie gesagt, Parallelen zu dem eines Wolfskindes oder des Hundewelpen mit Katzenmutter, weil auch du von Eltern grossgezogen wurdest, die nicht deine *richtigen* Eltern waren. Deine Eltern waren zwar deine leiblichen Eltern, nicht aber deine *Lebenseltern*, die dir hätten sagen können *wer du bist*, *weshalb du hier bist*, *woher du kommst* und *wohin du gehst.* Deine leiblichen Eltern sagten dir vor allem eines, nämlich dass du menschlich und *nicht göttlich* seiest. Sie taten es in bester Absicht, ohne zu realisieren welche Beschränkungen sie damit in dein Bewusstsein pflanzten. Sie taten es aus ihrer eigenen Konditionierung heraus. So hast du Stück für Stück das Bewusstsein deiner Göttlichkeit verloren.

Im Glauben menschlich zu sein, blieb dein Leben aufs Äussere beschränkt, wodurch der *innere* Bereich deines Daseins in Vergessenheit geriet. Und so kam es, wie es der dritte Gott vorausgesagt hatte... *der Mensch sucht zuletzt in sich selbst nach seiner Göttlichkeit.*

Zuvor erforscht er die Vielfalt der Natur, die Meere, Tiere und Pflanzen, die Wüsten, Urwälder und Berge, ja sogar den Weltraum. Alles, in der unterschwelligen Absicht, mehr über sich selbst zu erfahren und dem Mysterium *Leben* auf die Spur zu kommen. Auch seinen Körper erforscht der Mensch, um ein langes, gesundes und glückliches Leben zu haben. Dabei könnte er ewig leben, *in diesem Körper*, wenn er realisieren würde, dass er *göttlich* ist. Mit seiner Sehnsucht nach ewiger Liebe ist es genauso. Er träumt von einer

Liebe, die er über Gefühle der Geborgenheit, Sicherheit und Anerkennung von seinem Partner zu erhalten versucht. Es ist die Suche im Äusseren. Dabei existiert diese Liebe samt ihren Facetten der Geborgenheit, Sicherheit und Anerkennung *in ihm selbst.* Selbstliebe! Wer sich liebt, fühlt sich geborgen in sich selbst, sicher in seiner eigenen Gegenwart aber auch in der Gegenwart anderer, und von sich selbst anerkannt.

Jesus sagte: «Suche zuerst das Königreich Gottes und alle Dinge werden dir hinzugefügt werden!» Was er damit meinte, war, dich selbst zu lieben und mit der Göttlichkeit in dir zu verschmelzen. In diesem inneren Einssein wirst du dann alles sein *und* alles haben – Liebe, Gesundheit, Geborgenheit, Sicherheit, Anerkennung sowie Macht, Geld und Besitz – ohne jedoch davon gefangen zu sein.

Wie wäre es nun, wenn du dich statt von deinen *Scheineltern* – Vater, Mutter, Gesellschaft – von deinen *wirklichen* Eltern, nämlich von deiner in dir schlummernden Göttlichkeit konditionieren lassen würdest? Dazu ist es *nie* zu spät, denn das Göttliche ist zeitlos. Es ist weder an ein Alter noch an einen Körper, an ein Bewusstsein oder an einen Ort gebunden. Das Göttliche lebt in dir. Es wartet auf dich.

Auf deinem Weg in dein inneres Selbst triffst du deine *wirklichen* Eltern, deine Göttlichkeit, *wer du bist.* Dort schliesst sich auch der Kreis zu deinen Fragen nach dem Sinn des Lebens sowie nach deiner wahren Natur. Du *bist* göttlich. Der Sinn oder das Spiel des Lebens besteht darin das Bewusstsein dieser Göttlichkeit zu erlangen. Und zwar währenddem du durch diesen Körper atmest, aus diesem Bewusstsein lebst und dieses Leben, *dein Leben,* zelebrierst. Damit das geschehen kann, begibst du dich auf die Reise in dein Inneres.

REISE INS INNERE

Wenn du einen Menschen näher kennen lernen möchtest, dann hörst du ihm zu und zeigst *wirkliches* Interesse an ihm und seinem Leben. Du lässt dich in jeder Hinsicht auf ihn ein. Dasselbe tust du, wenn du dein Inneres kennen lernen möchtest. Du hörst ihm zu. Du zeigst *wirkliches* Interesse an ihm und seinem Dasein. Du lässt dich auf dein Inneres ein. Wenn du den Wunsch verspürst dein inneres Selbst kennen zu lernen, dann hast du den ersten Schritt auf deiner Reise ins Innere getan.

Es gibt viele Wege ins innere Selbst, wahrscheinlich so viele wie es Menschen gibt. Jeder Weg ist wertvoll, nicht besser oder schlechter als ein anderer, aber immer einzigartig. Genau so einzigartig, wie du es bist. Die Eigenheit jedes Weges besteht darin, dass je öfter man ihn begeht, desto leichter begehbar er wird. Aus einem zu Beginn unebenen, steinigen Weg voller Hindernisse wird durch das häufige Begehen ein sanfter und ebener Weg, auf dem man sich zuhause fühlt, der einem vertraut ist und den man mit der Zeit praktisch blind begehen könnte.

So ist es auch mit dem Weg in dein Inneres. Je öfter du auf ihm gehst, desto einfacher und vertrauter wird er für dich.

Der Weg in dein Inneres führt dich zu deinem Lehrer, zum einzig wahren Lehrer, den es gibt. Dieser innere Lehrer lenkt dich auf dem Pfad zur Erleuchtung, was gleichbedeutend ist mit der Erkenntnis dessen wer du bist. Erleuchtet zu sein bedeutet, dass du zum Licht der Erkenntnis geworden bist. Ein Licht, das keinen Schatten wirft, weil es ein inneres Licht ist, das alle Gegensätze – gut oder schlecht, richtig oder falsch, Liebe oder Angst, Licht oder Schatten – auflöst und in sich vereint. Während ein äusseres Licht wie das der Sonne oder das einer Glühbirne Schatten wirft, weil es nicht allumfassend ist, so ist dein inneres Licht der Erleuchtung so kraftvoll und so durchdringend, dass alles zu Licht wird. Nichts anderes existiert. Es ist das Meer der bedingungslosen Liebe, in das du dann eingetaucht bist.

DEN WEG EBNEN

Ruhe, Stille, Frieden, Liebe, Harmonie und Demut sind Bewusstseinszustände, die dir den Weg zu deinem inneren Selbst ebnen. Wenn du innerlich in diesen Bewusstseinszuständen schwingst, dann bist du auf die Resonanz deiner Göttlichkeit eingestimmt. Das ist der zweite Schritt auf deinem Weg zu dir selbst.

Einer der Wege in dein inneres Selbst führt über die Meditation. Meditation, auch Kontemplation genannt, bedeutet *nachzudenken*. Denken tut jeder Mensch, in jedem Augenblick. Doch bewusst zu denken, bewusst nachzudenken ist eine Kunst. Darum geht es bei der *bewussten* Meditation. Bewusste Meditation ist auf eine Lösung, auf ein Ziel ausgerichtet.

Meditieren kannst du überall. Auf einem Spaziergang, beim Fischen, im Park, stehend in der U-Bahn oder bei dir zuhause auf dem Sofa sitzend. Wichtig ist einfach, dass du *bei dir bist.* Du brauchst nicht im Lotussitz zu verharren, um erfolgreich zu meditieren. Worauf es ankommt, ist, dass du dich wohl fühlst in deiner Haut, in deinem Körper und dass du dich auf dich selbst einlässt.

Dann ordnest du deine Gedanken. Du denkst jene Gedanken, die mit der Lösung, deinem Ziel oder deinem Wunsch harmonieren. Du stellst dir bildlich vor, wie du es haben möchtest. So fokussieren sich deine Gedanken. Das ist *bewusste* Meditation, wodurch du dich auf deine Göttlichkeit einstimmst. Deine Wünsche und Ziele, was immer sie sein mögen, stehen übrigens nie im Gegensatz zur Göttlichkeit. Deine Göttlichkeit möchte, dass deine Träume in Erfüllung gehen. Indem du so meditierst, verbindest du dich mit deiner Göttlichkeit. Ein positives Gefühl breitet sich dann in dir aus. Es sagt dir, dass das worüber du meditierst Wirklichkeit ist. Dass *es getan ist.* Du wirst es spüren. Es ist deine Göttlichkeit, die so zu dir spricht.

Ein Mantra ist eine weitere Möglichkeit, um dir den Weg ins Innere zu ebnen. Indem du während einer halben Stunde «ich habe mich gern» sprichst, stimmst du dich auf die Resonanz deiner in dir liegenden Göttlichkeit ein. Das richtig gute Gefühl, das du dabei hast, ist Ausdruck deines inneren Selbst. Es ist deine Göttlichkeit, die sich dir zeigt. Höre ihr zu. Sie hat weise, spannende und schöne Dinge mit dir zu teilen.

Ein Mantra ist übrigens die ideale Vorbereitung, um dich danach in die Innenschau zu begeben. In der Innenschau lässt du es einfach fliessen. Du sitzt bequem und hast deine Augen geschlossen. Du lässt deine Göttlichkeit zu dir sprechen. Was du dabei hörst oder fühlst, ist immer wieder anders, doch jederzeit aufbauend und positiv.

Zu Beginn einer Innenschau wirst du wahrscheinlich ein Selbst antreffen, das dir ziemlich alltäglich vorkommt. Du wirst Alltagsgedanken hören, die nicht unbedingt aufregend sind, oft eine Wiedergabe des persönlichen Tagesgeschehens. Lass diese Gedanken und Bilder an dir vorbeigehen wie Wolken, die am Himmel vorbeiziehen. Schenke ihnen keine Beachtung. Mit ein bisschen Übung wird unter diesen Alltagsgedanken mehr und mehr deine Göttlichkeit hervorschimmern. Der Grund, weshalb alltägliche Gedanken und Bilder aus dem Inneren hochkommen, liegt daran, dass du ihnen ein Leben lang deine Zuneigung geschenkt hast. Sie wurden richtiggehend kultiviert. Doch jetzt, da du deine Göttlichkeit zu kultivieren beginnst, treten diese Alltagsgedanken immer mehr in den Hintergrund.

Das Hervorschimmern deiner Göttlichkeit passiert oft unverhofft, wie aus dem Nichts. So erging es mir eines Tages, als ich in mich hinein horchte und plötzlich das Gefühl für meinen Körper verlor und in ein wunderschönes Gefühl tiefen Friedens eintauchte. Der Friede, den ich spürte, war so unendlich, dass ich am Liebsten für immer in diesem Gefühl geblieben wäre. Ich wollte meine Augen für den Rest meines Lebens nicht mehr öffnen. Es war unbeschreiblich schön.

Du kannst davon ausgehen, dass jeder erfüllenden Erfahrung, die du in der Innenschau hast, eine spezielle Resonanz in dir selbst vorausgeht. Du warst im Frieden, in Harmonie, glücklich oder mit Liebe erfüllt. Dadurch war der Kanal in dein Inneres geöffnet.

Es lohnt sich auch jederzeit positive Gedanken zu denken, aufbauende Worte zu sprechen und gute Handlungen zu vollbringen. Genauso wie es sich auszahlt nicht zu urteilen, keine Besitzansprüche zu hegen und von der äusseren Welt möglichst unberührt zu sein. Je mehr du dich stattdessen von deiner inneren, göttlichen Welt berühren lässt, desto göttlicher wird deine äussere Welt. *Wie innen, so aussen!*

Im Jetzt zu leben ebnet einen weiteren Weg auf deiner Reise ins Innere. Wenn du wirklich im Jetzt lebst, existieren für dich weder Vergangenheit noch Zukunft. Das heisst, dass du frei von Sorgen und Problemen bist. Sorgen und Probleme sind nämlich die Kinder deines Denkens an die Vergangenheit oder an die Zukunft. Wenn du aus dem Jetzt lebst, bist du auf deine Göttlichkeit eingestimmt. Genau wie ich es war, als ich mit geschlossenen Augen den Klängen der Jazzmusik lauschte und in mir eine Glückseligkeit fühlte, für die allein es sich lohnte und noch immer lohnt zu leben. Ich hatte in diesem Moment losgelassen von der Vergangenheit. Ich war ins Jetzt eingetaucht.

Der dritte und letzte Schritt auf dem Weg in dein inneres Selbst besteht darin, dich in deiner Göttlichkeit *angekommen* zu sehen. Sehe dich verschmolzen mit deiner Göttlichkeit. Keine Angst, du bist dann nicht gestorben! Nur deine Menschlichkeit ist tot. Leben tust du dann mehr denn je. Du vibrierst. Du strahlst. Du liebst. Du lachst. Du *bist*. Obwohl es «du» nicht mehr gibt. Das «Du» ist dann das Meer und nicht mehr ein einzelner Wassertropfen mit Individualität. Schlicht und einfach *Sein*. Das ist der Weg in dein inneres Selbst!

25

INTUITION

Auf dem Weg in dein inneres Selbst wirst du automatisch auf deine Intuition stossen. Je mehr du die Wahrnehmung deiner Gedanken und Gefühle verfeinerst, indem du in dich gehst, desto offener wird der innere Kanal, durch den die Intuition in dein Bewusstsein fliesst.

Deine Intuition wahrzunehmen hat mit Demut und Liebe zu tun. Erst wenn du sie mit Liebe und Demut willkommen heisst, wirst du beginnen ihre Botschaften und Ratschläge zu hören. Du wirst dann realisieren, dass die Intuition dir schon immer nahe war, dein ganzes Leben lang, doch zuvor warst du nicht auf sie eingestimmt. Nun steht sie in ihrem Zauber vor dir, um dein Leben zu bereichern. Alles was du zu tun brauchst, ist dich ihr zuzuneigen, ihr *zuzuhören.*

Zu verstehen brauchst du deine Intuition nicht, denn sie lässt sich nicht über den Verstand erklären. Sie hat ihre eigenen, manchmal *verschlüsselten* Wege sich dir zu offenbaren. Wenn du möchtest, dass sich deine Intuition in deinem Leben ausbreitet, musst du lernen auf deine inneren Gefühle zu horchen und das Gespürte ohne zu hinterfragen umzusetzen. Die Sache ist nur die, dass dein Verstand, der dir nahe steht, die Dinge, vor allem unlogische Dinge, ständig hinterfragt. Er will Entscheidungen für dich treffen. Er hat das Gefühl – und *du* hast ihn über all die Jahre darin bestärkt – Chef deines Bewusstseins zu sein. Nun, da du plötzlich die Intuition mit ins Spiel bringst, ist er verunsichert. Er spürt, dass seine bisher uneingeschränkte Machtposition in Gefahr ist. Das spürt er richtig, obwohl deine Intuition im Gegensatz zu ihm weder fordernd noch an Macht interessiert ist. Sie ist in ihrer Natur wie dein inneres Universum, bedingungslos, neutral und immer für dich da, ohne sich jedoch aufzudrängen.

Deine Intuition ist in der Tat wie dein inneres Universum. Erst wenn du dich ihr zuneigst, beginnt sie zu leben. Zuvor liegt sie wie ein schlafender Riese schlummernd in deinem Bewusstsein, vom Möchtegern-Chef Verstand ins Abseits gedrängt. Es liegt an dir deine Intuition zu aktivieren und ihr Leben zu schenken, indem du ihr den Raum, den sie braucht, zugestehst.

Diesen Raum gewährst du ihr, indem du den Kontakt mit ihr suchst und ihr *bewusst* deine Zuneigung schenkst. Sprich zu deiner Intuition. Sag ihr, dass du möchtest, *dass sie sich jetzt in deinem Bewusstsein ausbreitet!* Wenn du das tust, wird genau das geschehen. Deine Intuition wird dein Leben mit Spürsinn, Kreativität, Eingebungen, Gedankenblitzen, innerem Wissen, Entscheidungsklarheit und spontanen Ideen bereichern.

Deine Intuition lebt und zwar *in* dir. Du brauchst sie nicht neu zu erfinden. Du brauchst sie dir auch nicht erst anzueignen. Alles, was du zu tun brauchst, ist ihr Leben einzuhauchen, mit ihr in Verbindung zu treten.

Was bedeutet Intuition überhaupt?

Intuition ist inneres Wissen. Intuition fliesst dann durch dich, wenn du dich auf das unendliche Wissen des Universums in dir einstimmst, und du dich ungefiltert mit ihm vereinst. Dann *bist* du Intuition, weil du direkt mit diesem Wissen verbunden bist. Was du dann in dir hörst, spürst, denkst oder siehst ist unverfälscht, rein, unvoreingenommen, authentisch. Es ist erster Gedanke, direkt aus deinem inneren Universum. Nicht zweiter, dritter oder vierter Gedanke, sondern *erster Gedanke*.

Das Universum in dir ist alles Sein, demzufolge auch *alles* Wissen. In diesem Universum, das *du* bist, existieren alle Gedanken, Ideen und Möglichkeiten, einfach *alles*. Ein Erfinder erfindet deshalb nie etwas Neues. Er stimmt sich lediglich auf das in ihm existierende, unendliche Wissen ein, genau wie ein Komponist, Autor oder Maler. Sie tun nichts anderes, als sich auf ihre Intuition, diesen unendlichen Pool des Wissens einzustimmen. Darin, im nach innen Horchen, sind sie Genies.

Natürlich haben sie auch das Flair sowie die Hingabe und Liebe für ihre Berufung. Doch Genies wie Einstein, Mozart, Beethoven oder wie sie alle heissen, waren vor allem exzellente, auf ihre Intuition *horchende* Zuhörer oder wie Picasso und van Gogh aussergewöhnliche, auf ihre Intuition *schauende* Zuseher. Mozart sagt man nach, dass er seine Musik Note für Note *perfekt* aufschrieb. Dem war so, weil er die Musik direkt aus seinem Inneren erklingen hörte. Er war über den Kanal der Musik *eins* mit seiner Intuition. Einstein andererseits hörte seine Formel für die Relativitätstheorie im Schlaf. Er schrieb sie auf, *wie in Trance*, um sie am Morgen danach auf seinem Nachttisch zu finden. So wie Mozart war auch er ungefiltert mit seiner Intuition verbunden.

Auch Rutengänger hören auf ihre Intuition, wenn sie mit ihrer Rute nach Wasseradern oder Erdstrahlungen suchen. Die Rute ist ihr Kanal, um ihre innere Stimme zu hören, ihr inneres Gefühl wahrzunehmen oder sich auf ihr inneres Wissen einzustimmen. Während sie sich mental auf ihr Objekt einstimmen, schlägt die Rute aus, wenn sie auf die Wasserader stossen. Oder die Rute zieht sie magnetisch zum Zentrum der Erdstrahlung.

Unter Freunden machten wir einen Versuch. Niemand von uns hatte je zuvor als Rutengänger Erfahrungen gesammelt. Wir hatten auch keine richtigen Ruten zur Verfügung. Deshalb formten wir Kleideraufhänger aus Draht zu Ruten. Allen, ausser der Person, die einen Gegenstand im Umkreis von 20 Metern versteckte, wurden die Augen verbunden. Die «Rutengänger» hatten nun den Gegenstand zu suchen.

Gregor, mein Freund aus Kalifornien, entpuppte sich als aussergewöhnlich talentierter Rutengänger. Er fand alle versteckten Gegenstände. Wie von einem Magnet wurde er zu ihnen geführt. Der Kleideraufhänger in seinen Händen zog ihn förmlich zu den Gegenständen hin. Er konnte noch so viel eigene Kraft dagegen stemmen, eine unsichtbare Kraft zog ihn regelrecht zu den Objekten hin. Es war interessant zu beobachten.

Spürsinn. Was uns Menschen die Intuition ist, ist den Tieren ihr Instinkt. Tiere handeln instinktiv. Sie *spüren*, wenn sich in der Natur etwas zusammenbraut, sei es ein Buschfeuer, ein Erdbeben, ein Hurrikan oder eine Überschwemmung. Ihre feinen Antennen erlauben ihnen sich rechtzeitig in Sicherheit zu bringen.

Nicht nur die in freier Wildbahn lebenden Tiere haben diesen Instinkt. Experimente beweisen, dass auch Haustiere über einen ausgeprägten Instinkt verfügen. Die Katze einer Frau beispielsweise, deren Sohn als Matrose auf hoher See arbeitete und immer unvorhergesehen Urlaub hatte, begann jeweils eine oder zwei Stunden vor der unerwarteten Heimkehr ihres Sohnes zu miauen. Bald einmal erkannte die Frau den Zusammenhang zwischen dem Miauen ihrer Katze und dem unverhofften Besuch ihres Sohnes. So machte sie es sich zur Gewohnheit, den Tisch hübsch herzurichten und Kaffee und Kuchen für ihren Sohn bereit zu stellen, wenn ihre Katze zu miauen begann. Dank ihrer Informantin, der Katze, lag sie immer richtig.

Hunde sind eins mit ihrem Meister. Sie lesen deren Gedanken. Ein zuhause gelassener Hund, dessen Meister bei der Arbeit war, spürte instinktiv wenn sein Meister daran dachte, sich auf den Nachhauseweg zu begeben. In dem Moment nämlich, als der Meister *daran* dachte, begab sich der Hund zur Eingangstüre und wartete dort, bis sein Meister die Türe aufschloss.

Woher nehmen Tiere dieses instinktive Wissen und weshalb scheint das intuitive Wissen der Menschen verschüttet zu sein?

Tiere haben keinen so ausgeprägten Verstand – wenn überhaupt – wie ihn die Menschen entwickelt haben. Ihr Instinkt ist *ihr* einziges Werkzeug der Wahrnehmung. Deshalb ist ihre instinktive Wahrnehmung nicht, wie beim Menschen, verschüttet, sondern verfeinert. Sie fühlen und leben hauptsächlich aus ihren Instinkten.

Der Mensch kann sich *unsichtbaren* Dingen wie dem Gedankenlesen ebenfalls öffnen, wenn er sich auf seine Intuition besinnt. Jeder Mensch ist bereits auf seine Intuition eingestimmt. Mehr als er sich bewusst ist. Bestimmt hast du es auch schon erlebt, dass du zum Briefkasten gingst und *intuitiv* wusstest, dass heute ein Brief von dieser oder jener Person auf dich wartet. Oder das Telefon klingelte und du wusstest *intuitiv* wer am Apparat sein würde.

Der bekannte Schweizer Tennisspieler Marc Rosset war am Flughafen von New York, um zusammen mit seinem Coach in die Schweiz zurück zu fliegen. Etwas *in ihm* veranlasste ihn jedoch seinen Flug umzubuchen und ein paar Tage länger in New York zu bleiben. Mit gutem Grund! Das Flugzeug, mit dem er und sein Coach geflogen wären, stürzte ab.

Kreativität. Als ich eines Abends in der Dämmerung der Hochwüste Südkaliforniens auf einen Spaziergang ging, hörte ich plötzlich Musik. Es schien mir, als ob sie von einem nahe gelegenen Hügel erklang, was ziemlich bizarr war, denn die Gegend dort war unbewohnt. Wildnis pur! Trotzdem war da diese Musik, himmlische Musik, wie ich sie nie zuvor gehört hatte. Die Klänge der Instrumente waren mir unbekannt und sie schienen nicht von dieser Welt zu sein. Die Musik war jedoch so schön, dass sie mich richtiggehend in ihren Bann zog. Ich *musste* ihren Klängen folgen. Also erklomm ich den Hügel, von wo diese atemberaubend schöne Musik herzukommen schien. Je näher ich dem höchsten Punkt des felsigen Hügels kam, desto leiser wurde jedoch die Musik, bis sie ganz verstummte. Dann dämmerte es mir. Diese Musik spielte nicht *dort draussen*, sondern *in mir drinnen*. Ich war für ein paar Augenblicke in meine innere Musik eingetaucht. Ein wunderschönes Geschenk! Ich hätte mir nichts mehr gewünscht, als die Musik aufzunehmen oder ihre Melodien aufzuschreiben.

Eingebung. Eine Frau erzählte mir, wie sie – während sie und ihr zukünftiger Mann zum ersten Mal Sex miteinander hatten – *intuitiv* spürte, dass er keine Kinder zeugen konnte. Sie legte den Gedanken jedoch beiseite und heiratete diesen Mann, den sie liebte. Nachdem sie während Jahren versucht hatte schwanger zu werden und ihr Ehemann und sie medizinische Tests über sich ergehen liessen, teilte ihnen der Arzt mit, dass ihr Mann tatsächlich zeugungsunfähig war.

Woher kam ihr Gefühl, dass ihr Zukünftiger keine Kinder zeugen konnte? Natürlich aus dem unendlichen Pool ihres inneren Wissens. Ihre Intuition sprach zu ihr!

Gedankenblitz. Ich war unterwegs in einem Stadtteil von San Diego, Kalifornien, in dem ich nie zuvor gewesen war. Ich hatte dort drei Damen abzuholen. Während ich also mit meinem Auto auf der Strasse fuhr, hörte ich Sylvia, eine dieser Damen sagen: «Stefan ist gerade vorbei gefahren!» Es war wie ein Gedankenblitz aus meinem Inneren.

Geistesgegenwärtig wendete ich mein Fahrzeug bei der nächsten Kreuzung, um auf der anderen Strassenseite in entgegen gesetzter Richtung zurückzufahren. Tatsächlich warteten die drei Damen am Strassenrand auf ihren Chauffeur. Kaum im Auto sagte Sylvia: «Als du vor einer Minute an uns vorbeigefahren bist, sagte ich *Stefan ist gerade vorbei gefahren.* Es war als ob du es gehört hättest, denn einen Augenblick später hattest du dein Auto bereits gewendet!»

Inneres Wissen. Ich hatte bei einer Druckerei in San Diego etwas abzuholen, als ich um 16:30 Uhr in den zähflüssigen Feierabendverkehr geriet. Die Druckerei schloss um 17 Uhr. Natürlich wollte ich die gedruckten Pamphlete unbedingt noch heute abholen. Etwas in mir *wusste* auch, dass es klappen würde. *Vor meinem geistigen Auge* sah ich gerade dann, wie die Empfangsdame der Druckerei am Wegfahren war, mich in meinem Auto aber noch rechtzeitig erkannte, um mir im Büro die Pamphlete auszuhändigen. *Genau so geschah es eine halbe Stunde später!* Ich parkierte mein Auto vor der Druckerei und lief zur Eingangstüre, die ich verschlossen vorfand. Just in dem Moment kam die Empfangsdame auf mich zugelaufen und sagte lächelnd: «Gutes Timing. Ich war gerade am Wegfahren, als ich Sie zufällig erblickte und sah, wie Sie ihren Wagen parkierten. Sie wollen bestimmt die Pamphlete abholen. Ich hole sie für Sie!»

Entscheidungsklarheit. Bestimmt hast du dich schon einmal für oder gegen etwas entscheiden müssen, einen neuen Job beispielsweise, und du wusstest nicht, *wie* du dich entscheiden solltest. Der Verstand sagte «ja», während ein inneres Gefühl «nein» implizierte. Dieses «Nein» ergab keinen Sinn. Es war nur logisch sich für das «Ja» zu entscheiden, denn der neue Job tönte verheissungsvoll. Trotzdem verunsicherte dich das «Nein», das aus deinem Bauch kam. Es kann auch umgekehrt sein, dass du ein «Ja» verspürst, doch dein Verstand verunsichert dich, weil er mit stichhaltigen *Gegenargumenten* auffährt.

Der Verstand überblickt nie das Gesamtbild einer Situation. Die Intuition hingegen schon. Sie verfügt über *alle* Informationen, die für die *richtige* Entscheidung von Bedeutung sind. Der Verstand sieht beispielsweise dein höheres Gehalt, die besseren Aufstiegsmöglichkeiten oder das schönere Büro, während deine Intuition auch Dinge wie das weniger gute Arbeitsklima, deine Unterforderung oder die Tatsache, dass die Firma in einem halben Jahr Konkurs geht, *sieht.*

Spontane Idee. Vor vielen Jahren sass ich an einem grauen Februartag im Büro, als mich eine spontane Idee überfiel. «Sende Blumen an Mami!» hörte ich. Das war an sich keine ungewöhnliche Idee, denn ich schickte meiner Mutter hin und wieder Blumen. Ich rief also Fleurop, einen Blumenlieferdienst an, und bestellte ein Dutzend roter Rosen.

Das Ungewöhnliche daran war, dass ich die Floristin beauftragte dem Bouquet eine Karte mit den Worten «Mit Liebe von deinen Kindern!» beizufügen. Normalerweise schickte ich die Blumen, versehen mit meinen *persönlichen* Grüssen. Doch etwas in mir liess mich diese Blumen von mir *und* meinen drei Geschwistern senden.

Der Tag neigte sich zu Ende, als mich mein Bruder, nachdem ich von der Arbeit nach Hause gekommen war, anrief. Er sagte: «Ich habe schlechte Nachrichten. Papa musste als Notfall ins Spital eingeliefert werden. Es sieht nicht gut aus. Fahre sofort los!»

«Bin schon unterwegs. Ich werde in einer Stunde im Spital sein!» antwortete ich.

Ich fuhr also los, während mich auf der Fahrt ein tiefes Gefühl inneren Friedens durchflutete. Eine Stunde später betrat ich das Spitalzimmer, in dem mein Vater war. Meine Mutter und meine älteste Schwester standen traurig an seinem Bett und hielten seine Hand. Mein Vater war gestorben. Er hatte einen sanften und schnellen Übergang in eine neue Lebensdimension. Genau so, wie er es sich immer gewünscht hatte, wenn er über seinen Tod sprach.

Als ich meine Mutter später nach Hause fuhr, fand sie ein Bouquet roter Rosen vor der Eingangstüre zum Haus. Verdutzt öffnete sie die Verpackung und las die Karte, auf der geschrieben stand: «Mit Liebe von deinen Kindern!»

«Wie wusstest du nur, dass…?» fragte sie mit einem verwunderten Blick.

«Ich wusste von Nichts, doch etwas *in mir* liess es mich tun!» antwortete ich, während ich meine Mutter sanft in die Arme nahm.

Intuition ist der reinste Klang deiner Seele

Er kommt aus dem Zentrum deines Seins.
Dein Sein ist erfüllt von Klängen der Musik.
Wenn du mit deiner Seele im Ein-Klang schwingst,
hörst du den Klang deiner Intuition.
Ihr Klang ist rein, klar und wunderschön.
Ihr Klang ist weder laut noch leise, trotzdem unüberhörbar,
denn du schwingst im Ein-Klang mit dir selbst,
deiner Intuition, dem reinsten Klang deiner Seele.

26

GEDANKE; DIE UNIVERSELLE SPRACHE

Im Sommer des Jahres 2000 nahm ich an einem Seminar teil, das im Meditationszentrum der University of Healing, in der Abgeschiedenheit einer Hochwüste im Süden Kaliforniens, nahe der Mexikanischen Grenze, stattfand. Ich war einer von 14 Teilnehmern – Frauen und Männer im Alter zwischen 37 und 75 Jahren – die sich während 90 Tagen auf dieses Experiment *mit sich selbst* einliessen.

Der Hauptgedanke des Seminars bestand darin, über die Kunst des *mit sich selbst Seins* und des *Schweigens* in sein Inneres einzutauchen. Dabei ging es darum, das Getöse, den Lärm und die Betriebsamkeit der äusseren Welt loszulassen, um sich auf die feine, innere Stimme – seine Intuition – einzustimmen. *Erst wenn das Äussere still wird, hört man sein Inneres.*

Für mich waren es die besten drei Monate meines Lebens. Ich hatte mich selten so glücklich, so zentriert und so gut gefühlt. Wie alle anderen Teilnehmer praktizierte ich früh morgens die 3-Stunden-Meditation, die mir die Schönheit und den Frieden meines Inneren offenbarte. Dann gab es das tägliche, gemeinsame Essen, Singen, Musizieren, Tanzen und Tae-Bo – eine Mischung aus Fitness, Aerobic und Kampfsport – sowie individuelles Schwimmen, Gitarrespielen und schliesslich die Arbeit auf dem Meditationspfad.

Jeder Teilnehmer hatte ein Gebiet zugewiesen erhalten, auf welchem er in der felsigen Wüstenlandschaft einen Meditationspfad erstellen durfte. Jeden Tag verbrachte ich mehrere Stunden auf meinem Weg, dem ich den Namen «Pfad des inneren Erwachens» gegeben hatte. Ich achtete darauf möglichst viele Bäume, Büsche und Pflanzen am Leben zu erhalten, um die natürliche Schönheit und den Anreiz dieser rauen Berglandschaft zu erhalten.

Ausgerüstet mit Schubkarre, Schaufel, Pickel und Rechen begab ich mich jeden Morgen nach dem Frühstück in mein persönliches Reich des kreativen Gestaltens. Es war diese Zeit des *Alleinseins* – des *all-eins* Seins – die ich schätzte. Da gab es nur mich, die sengende Sonne über mir und die grenzenlose Stille. Die körperliche Arbeit war ein willkommener Ausgleich zu den täglichen Meditationen. Hin und wieder erhielt ich Besuch von Wüstentieren: verschiedenartige Vögel, farbige Eidechsen, wilde Hasen oder dann jene Spuren im Sand, die auf ein grösseres Tier hindeuteten, vielleicht ein Puma, der in diesem Gebirge zuhause ist.

Einmal hätte ich beinahe eine auf der sandigen Erde sonnende Klapperschlange mit meiner Schaufel aufgeladen. Ihre Haut hatte dasselbe helle Braun der Erde, auf der sie – perfekt getarnt – lag. Sie musste, wie ich, im Frieden mit sich selbst gewesen sein, denn nach unserer überraschenden Begegnung schlängelte sie sich lautlos – ohne mit ihrem Schwanzende zu rasseln – über einen Felsen hinweg und verschwand.

Eines Tages führte mich mein Weg in den «Dschungel». So benannte ich einen Teil meines Meditationspfads, weil mich die kleine Talsenke mit ihrem ausgetrockneten Bachbett und dem Gewirr von Bäumen und Büschen an einen Dschungel erinnerte. Mit einer Kettensäge bahnte ich mir den Weg durch das Dickicht. Es war eine Arbeit mehrerer Tage. Nur vereinzelt fanden Sonnenstrahlen ihren Weg zwischen Ästen und grünen Blättern zu mir. Ich mochte es, wie sie meine von der Sonne gebräunte, nackte Haut sanft streichelten.

Als ich endlich aus dem «Dschungel» herauskam, erblickte ich eine grosse Felswand, die etwa 10 Meter hoch war und beinahe senkrecht in den stahlblauen Himmel ragte. Etwas in mir wollte, dass ich diese Wand hinaufklettere. Ich versuchte es, doch es war ein unsicheres Unterfangen, denn der Fels aus Granit bröckelte an den verschiedensten Stellen. Immer wieder fiel lockeres Gestein in die Tiefe. «Auf keinen Fall gehe ich da hinauf!» protestierte ich, nachdem ich wieder auf den sicheren Boden der Talsohle zurückgekehrt war.

Am folgenden Tag lief ich wieder bei der grossen Felswand vorbei. Abermals hörte ich meine innere Stimme: «Komm schon, klettere diesen Felsen hinauf. Tu es einfach!» Widerwillig folgte ich meiner Eingebung. Der Anfang schien plötzlich einfacher. Doch je höher ich stieg, desto schwieriger wurde es. An einer Stelle schien die Wand wirklich senkrecht zu sein. Während ich mich festhielt, fragte mein Verstand: «Was, wenn du *jetzt* das Gleichgewicht verlierst?» Als ich kurz darauf den Fehler beging *nach unten zu schauen,* war der Rückzug unvermeidlich.

Am nächsten Tag rief mich die Felswand abermals. Dieses Mal gab es kein Zurück mehr. Oben angelangt genoss ich die herrliche Aussicht auf die hügeligen Gebirgsketten in der Ferne. Ich setzte mich auf einen grossen Stein, schloss meine Augen und horchte auf die Stille, die nur hin und wieder vom Flügelschlag eines vorbei fliegenden Vogels unterbrochen wurde. Ich spürte einen zauberhaften Frieden.

Als ich meine Augen wieder öffnete, erblickte ich neben mir eine kleine Pflanze mit saftig grünen Blättern. Sie lag eingebettet in einer Mischung aus Sand und Kies und schien in der Trockenheit des Wüstenklimas, praktisch nur vom Licht der Sonne, gut leben zu können. Pflanzen haben, genau wie Menschen und Tiere, ein Bewusstsein. Dass sie sich nicht verbal auszudrücken vermögen, heisst nicht, dass sie keine Sprache sprechen. Ihre Sprache ist die universelle Sprache, die des Gedankens.

«Hallo, schöne Pflanze,» grüsste ich sie in meinen Gedanken, «du erstaunst mich! Wie kommt es, dass du ganz alleine an diesem abgelegenen Ort, nur von Steinen umgeben, lebst? Sag mir, weshalb bist du hier?»

Meine Augen waren geschlossen, als sie mir in meinen Gedanken antwortete: «Ich bin ein Einsiedler. Ich bin hierher gekommen, um alleine zu sein und in der Abgeschiedenheit zu leben. *Ich* habe dieses Leben gewählt und ich liebe es. Ich höre den kosmischen Ton, der in mir erklingt und ich erfreue mich daran.»

«*Du* bist ein Einsiedler? Ich hätte nie gedacht, dass Pflanzen Einsiedler sein können. Ich dachte Pflanzen seien einfach Pflanzen. Doch was ist dieser kosmische Ton, kannst du mir mehr darüber erzählen?» fragte ich sie.

«Der kosmische Ton ist eine Schwingung, die im Raum des Universums widerhallt. Dieser Ton schwingt in mir, wie auch in dir und in jedem anderen Lebewesen. Er schwingt überall. Er pulsiert in *allem* Leben. Ich nenne ihn die kosmische Schwingung des OM. Ich höre diesen Ton jederzeit. Er macht mich glücklich. Auch du kannst diesen Laut der Stille in dir hören!» gab mir die Pflanze zu verstehen.

«Danke, ich übe mich darin nach innen zu horchen. Ich spüre, dass ich eins bin mit allem, auch mit dem kosmischen Ton!» liess ich sie wissen.

Dann war Stille. Nach einer Weile fuhr ich fort: «Ich muss dir sagen, es ist einzigartig mit dir zu sprechen. Nie zuvor habe ich mich *so* mit einer Pflanze unterhalten. Wenn ich jemandem davon erzähle, werden sie bestimmt sagen, dass bei mir eine Schraube locker sei. Sich mit einer Pflanze zu unterhalten hört sich schon ungewöhnlich an, findest du nicht auch?»

Für einen Moment öffnete ich meine Augen, um die kleine Pflanze zu betrachten. Da bemerkte ich, wie sich ihr Stamm leicht von einer Seite zur anderen bewegte, gerade so, als ob sie mir sagen wolle, dass sie auch so denkt. Ich war perplex, denn es war windstill und die Erde bebte nicht. Konnte es sein, dass die Pflanze nicht nur gedanklich mit mir kommunizierte, sondern sich mir sogar durch ihre Körperbewegungen mitteilte?

Ich schloss meine Augen und horchte nach innen, um herauszufinden, ob ich mir ihre Bewegung bloss eingebildet hatte. «Kannst du mir *noch* ein Zeichen deiner Lebendigkeit geben, bevor ich dich verlasse? Bitte, zeige mir die Bewegung deines Körpers noch einmal!» bat ich die Pflanze eindringlich. Meine Neugierde war jetzt vollends geweckt.

Erwartungsfroh öffnete ich meine Augen und beobachtete die Pflanze aufmerksam. Tatsächlich, ihr Stamm bewegte sich. Auch ihre Blätter bewegten sich hin und her, nicht nur einmal, sondern mehrere Male. Es liess mein Herz höher schlagen. Ein Glücksgefühl durchdrang mich.

Allem Leben, jeder Lebensform wohnt Gedanke inne. Menschen, Tiere, Pflanzen und Mineralien sind – bewusst oder unbewusst – gedanklich miteinander verbunden. Insofern ist alles Leben auf der Erde eins. Die Gedanken der Menschen beeinflussen das

Tierreich, die Pflanzenwelt und sogar die Mineralien. Erdbeben, Überschwemmungen, Hurrikane, Waldsterben und andere Naturkatastrophen geschehen deshalb, weil die Gedanken, Gefühle, Worte und Taten der Menschen mit Negativität und Destruktion angereichert sind. Der Planet Erde ist ein Spiegel des kollektiven Menschheitsbewusstseins, genauso wie der menschliche Körper ein Spiegel seines in ihm wohnenden Bewusstseins ist!

J. Allen Boone schreibt in seinem Buch «Die grosse Gemeinschaft der Schöpfung» über seine Erlebnisse mit dem deutschen Schäferhund *Strongheart*, der als ehemaliger Kriegs- und Polizeihund in diversen Filmen Hollywoods grosse Berühmtheit erlangte. Strongheart konnte nicht nur Gedanken lesen, sondern er vermochte überhaupt die Absichten und Einstellungen jedes Menschen haargenau einzuschätzen. Strongheart konnte alles und jeden *lesen*, weil er mit allem und jedem *eins* war. Zudem verfügte er über andere phänomenale Fähigkeiten, die normalerweise eher Menschen, denn Hunden zugeschrieben werden.

Inspiriert von Strongheart machte sich Boone auf *seine* mentalen Kräfte zu entdecken. Dabei schloss er Freundschaft mit einem Stinktier, eigentlich einer Stinktier-Familie, mit Freddie, einer Fliege sowie einer ganzen Armee von Ameisen, die uneingeladen in sein Haus einmarschiert waren. Basierend auf der universellen Sprache *seiner* Gedanken und Gefühle, begann er mit ihnen und anderen Kreaturen auf charmante und feinfühlige Weise zu kommunizieren, um sie je länger desto mehr, als wunderbaren Ausdruck des Göttlichen wahrzunehmen.

In seinem Buch beschreibt Boone auch eine Frau aus Kalifornien, die einen «Zoo for Happiness» aufgebaut hatte. Sie war bekannt dafür besonders gut mit giftigen, aggressiven Schlangen umgehen zu können. In einem speziellen Raum des Zoos zähmte sie die Neuankömmlinge mit mentalen Zuneigungsimpulsen. Sie überflutete die giftigen Schlangen so lange mit liebevollen Gedanken und sanften Worten, bis sie Vertrauen fassten, sich von ihr streicheln liessen und sich schliesslich zärtlich an die Frau schmiegten.

Schlangen reagieren auf Angst-, Panik- und Hassgefühle von Menschen mit einer Abwehrhaltung, im Falle von Klapperschlangen mit dem nervösen, aggressiven Rasseln ihres Schwanzendes. Im Extremfall mag eine Schlange sogar angreifen, um sich zu verteidigen. Was sie angreift ist eigentlich nicht der Mensch, sondern dessen aggressive, innere Haltung, die der Schlange Angst einflösst. Sobald die Schlange jedoch Liebe spürt, entspannt sie sich und kann ihre Abwehrhaltung aufgeben.

Die Erlebnisse in Boones Buch erinnern an den Film «Der Pferdeflüsterer» von und mit Robert Redford oder ganz allgemein an Tiertrainer, die das Vertrauen, den Respekt und die Liebe der Tiere gewinnen und durch diese Art der Kommunikation beweisen, dass alles Leben eins ist. Gedanke ist *die* universelle Sprache. Mit deinen Gedanken sprichst du nicht nur zu deinem Körper, zu Menschen, Tieren und Pflanzen, sondern auch zu scheinbar leblosen Mineralien.

Hast du je einem Stein zugehört? Versuche es einmal. Nimm einen Stein in deine Hand und lass ihn dir seine Geschichte erzählen. Schliess deine Augen, nimm Kontakt mit ihm auf und stimme dich auf ihn ein. Du wirst erstaunt sein, was er dir zu sagen hat!

Oder lasse das Bewusstsein deines Partners zu dir sprechen. Erzähle deinem Partner jedoch nicht, dass du dich auf sein Bewusstsein einstimmst. Das würde ihn und damit dich beeinflussen. Du wärst nicht mehr unvoreingenommen. Wenn du das Bewusstsein deines Partners zu dir sprechen lässt, dann braucht er übrigens nicht neben dir zu sein. Bewusstsein kennt keine räumliche Distanz. Es ist alles hier und jetzt.

Du kannst dich auch auf deine Tochter oder deinen Sohn einstimmen. Lass sie dir ihre Geschichte erzählen, woher sie kommen, wer sie waren oder was sie in diesem Leben zu tun gedenken! Oder, was sogar noch näher liegt, *stelle dir selbst diese Frage!* Genau wie die Pflanze zu mir sprach, so kann dein Bewusstsein zu dir sprechen.

Eine Frau erzählte mir, dass sie, wann immer sich eine Fliege in ihrem Zuhause verirre, mit der Fliege mental Kontakt aufnehme und ihr liebevoll aber bestimmt sage, ihr Haus zu verlassen. Es funktioniere jedes Mal.

Mit einer ähnlichen Situation, jedoch etwas grösseren Ausmasses, sah sich Claudia konfrontiert. Eines Tages entdeckte sie im Lüftungsrohr ihres Badezimmers ein Wespennest. Das Summen der

Wespen war unüberhörbar. Nachdem Claudias Mann einen Kunststoffdeckel über das Rohr gestülpt hatte, und die Wespen diesen Deckel kurzerhand durchgefressen hatten, wollte Claudia die Sache *mental* angehen. Sie hätte Gift sprühen können, doch das war nicht nach ihrem Geschmack. Viel lieber setzte sie sich gedanklich mit den Westen in Verbindung.

«Schaut, ihr verlasst jetzt auf der Stelle dieses Rohr! Wenn ihr es nicht tut, dann muss ich zu unangenehmen Massnahmen greifen!» drohte sie ihnen. Die Tage vergingen und nichts geschah. Die Wespen hatten sie entweder nicht gehört oder ihre Drohung ganz einfach ignoriert.

Dann hatte Claudia eine Idee. Statt zu drohen, versuchte sie es mit einer sanfteren Methode. Sie sagte: «Bitte verlasst diesen Ort. Es ist *unser* Zuhause. Im nahe gelegenen Wald gibt es unzählige, bessere und ruhigere Orte für euch, als hier in diesem Lüftungsrohr!»

Obwohl man sagt, dass Wespen nicht einfach so ihr Nest verlassen, taten sie genau das. Ein paar Tage später konnte Claudia nämlich beobachten, wie die Wespen in den nahe gelegenen Wald umzogen. Genau so wie Claudia es ihnen vorgeschlagen hatte.

Gedanke *ist* die universelle Sprache des Lebens! Sie wird von allen Lebensformen verstanden.

27

ZEIT UND RAUM

Alle Zeit ist *jetzt*. Aller Raum ist *hier*.

In deinem Bewusstsein bist du eins mit Zeit und Raum. Du hast die Fähigkeit dich auf jeden Zeitpunkt und auf jeden Ort, den es gab, gibt und je geben wird – alle im Jetzt und Hier – einzustimmen. In Wirklichkeit *bist* du jeden Zeitpunkt und jeden Ort, denn du trägst das unendliche Universum mit *allen* Möglichkeiten, Szenarien und Dimensionen in dir. Der Schlüssel zu diesem fantastischen Bewusstsein liegt darin, dass du mit jeder Faser deines Seins im Jetzt und Hier lebst, der einzigen Zeit und dem einzigen Raum, die es gibt!

Materie, so sagt die Wissenschaft, hat keinen Anfang und kein Ende. Sie geht davon aus, dass das materielle Universum unvorstellbar gross und weit ist, sich immer weiter ausdehnt und letztendlich grenzenlos ist. Wenn Materie tatsächlich unendlich ist, also ohne Anfang und Ende, dann sind es Zeit und Raum ebenso. Zeit ist dann wie ein Fluss, der im unendlichen Raum des Universums endlos fliesst. Mehr noch, in einem grenzenlosen Universum ist Zeit dann zeitlos und Raum raumlos. Dieses Zeit- und Raumlose lässt das Leben in seiner ursprünglichsten und reinsten Form im Jetzt und Hier erstrahlen.

JETZT

Der englische Ausdruck für Film heisst «Motion Picture». *Motion* bedeutet Bewegung, während *Picture* Bild heisst. *Bewegendes Bild* also! Ein Film besteht aus aneinander gereihten Bildern. Pro Filmsekunde sind es 24 Bilder – *bewegungslose Bilder* – die auf die Leinwand projiziert und dort als «Motion Picture», als Film wahrgenommen werden. Eigentlich eine Täuschung, denn wie gesagt, die einzelnen Bilder sind bewegungslos. Erst das Abspielen dieser bewegungslosen Bilder über den Filmprojektor lässt die Illusionen Bewegung, Geschwindigkeit und Zeit, und damit ein bewegendes Bild, den Film, entstehen.

Das Leben basiert auf einem ähnlichen Prinzip wie der Film. Es besteht aus aneinander gereihten Augenblicken, die unabhängig voneinander im Jetzt existieren. Erst indem zwei Augenblicke zueinander in Beziehung gesetzt und miteinander verglichen werden, wird die Illusion Zeit geboren. Doch nicht nur die Illusion Zeit wird geboren. Das Vergleichen zweier Augenblicke lässt auch den Dualismus, das Urteilen sowie das Besitzanspruchsdenken entstehen. Anstatt den Zauber des Moments zu geniessen findet man sich in der Rolle des Beobachters wieder. Dieses Verlassen des Jetzt katapultiert einen auf die Achse Zeit. Aus dem Jetzt zu fallen bedeutet gleichzeitig aus der bedingungslosen Liebe zu fallen, was den Beginn des Leidens symbolisiert. Alles Leiden hat mit dem Verlust der bedingungslosen Liebe zu tun, oder anders gesagt mit dem Verlassen des Jetzt. Deshalb ist ein Leben im Jetzt, eingetaucht ins Meer der bedingungslosen Liebe, so überaus kostbar.

Wenn du ins Jetzt eingetaucht lebst, dann hast du weder Interesse noch Zeit über andere oder dich selbst zu urteilen. Du lebst glücklich und bedingungslos liebend im Moment und bist absorbiert von diesem einen Augenblick. Es gibt in deinem Bewusstsein keine Resonanz für Dinge oder Menschen, über die du urteilen könntest. Zu urteilen beginnst du erst dann, wenn dir dein eigenes Leben, *dein Jetzt* zu wenig aufregend erscheint. Dann suchst du nach Reizen ausserhalb von dir selbst.

Mit Besitzansprüchen ist es genauso. Wenn du im Jetzt lebst, wirst du kein Bedürfnis verspüren besitzen zu wollen. Du erkennst nämlich, dass sich das Leben ständig wandelt und dass Wachstum und Veränderung positiv und gesund sind. Sich an Altem festzuklammern bedeutet Stillstand und die Angst vor Erneuerung. Du wirst nur dann etwas besitzen wollen, wenn du dich innerlich leer fühlst. Wenn du im Jetzt lebst, wirst du randvoll, erfüllt und glücklich sein, bedingungslos liebend und gebend.

Du hast auch kein Interesse daran dich mit anderen Menschen zu vergleichen, denn du suchst weder Ruhm noch Anerkennung. Die wirkliche Anerkennung erhältst du von dir selbst, wenn du dich dem Moment hingibst, dich in ihm verlierst, die Welt um dich herum vergisst und du so im Zauber des Jetzt erblühst.

Auch die Zukunft und die Vergangenheit kümmern dich nicht, wenn du im Jetzt lebst. Weshalb solltest du dich mit etwas befassen, das bereits vorbei ist, wenn der jetzige Moment so aufregend und schön ist? Und weshalb solltest du dir je um deine Zukunft Gedanken, geschweige denn Sorgen machen, wenn dich das Jetzt so verzaubert?

Wenn du im Jetzt lebst und dein Dasein auf bedingungslose Liebe ausgerichtet ist, dann ist dein Leben so reich, erfüllend und intensiv, dass du jederzeit gesund und glücklich bist. Krankheit, Altern und Tod haben ihre Wurzeln in Sorgen und Problemen der Vergangenheit und Zukunft. Wenn du im Jetzt und Hier fühlst, denkst und lebst, dann sind diese Dinge nicht Teil deiner Erfahrungen.

Zugegeben, es ist eine Kunst im Jetzt und Hier zu leben. Eine Kunst jedoch, die du lernen kannst, indem du dir jeden Tag diese beiden Zuneigungsimpulse schenkst:

«Ich lebe im Jetzt und Hier!»

«Ich bin bedingungslose Liebe!»

Diese beiden Affirmationen führen dich ins Jetzt und Hier sowie in deine bedingungslose Liebe.

IM JETZT UND HIER LEBEN

Kinder leben von Natur aus im Jetzt und Hier. Sie kennen nur den einen Moment, *jetzt*. Sie leben diesen Moment mit totaler Hingabe. Sie verschmelzen mit ihm. Deswegen sind sie glücklich und erfüllt. Ohne Sorgen und ohne Probleme. Erst Erwachsene bringen ihnen bei, dass es Zeit gibt und dass sie sich um ihre Zukunft sorgen sollen, damit aus ihnen einmal *etwas* wird. Dabei *sind* sie bereits alles. Indem man Kindern das Konzept *Zeit* aufdrängt, verlieren sie allmählich das Bewusstsein für den Zauber des Augenblicks.

Ein Kleinkind lässt sich glücklicherweise noch nicht darauf ein. Es denkt nicht, dass seine Grossmutter *alt* aussieht, dass sie *älter* geworden ist und womöglich bald *sterben* wird. Dass die Haare von Grossmutter weiss sind oder dass sie ein verrunzeltes Gesicht hat, setzt das Kind nicht mit *alt*, *älter* oder *sterben* in Verbindung. Es wertet nicht. Es vergleicht nicht. Aus der Sicht des Kindes gibt es *Vielfalt*. So wie Mama nicht wie Papa aussieht, sieht Grossmutter nicht wie Bruder oder Schwester aus.

Ich war ein 17-jähriger Teenager, als ich mir einbildete, ernsthaft erkrankt zu sein und bald sterben zu müssen. Ich trug diesen Gedanken während Wochen, ja sogar Monaten alleine mit mir herum. Es war gut, dass ich niemandem davon erzählte, denn ich hätte mich einer aussergewöhnlichen Erfahrung beraubt, nämlich mein Leben so intensiv zu leben, wie nie zuvor. Ich tat zwar dieselben Dinge wie immer, doch mit viel mehr Bewusstheit und Intensität. Trotz oder vielleicht gerade wegen der dunklen Wolke, die über mir schwebte, war ich von einer überschäumenden Lebensfreude erfüllt. Mein Leben hatte mehr Farbe, Begeisterung und Ausstrahlung denn je zuvor. Natürlich war *ich* es, der meinem Leben diese Attribute verlieh, denn das Leben selbst war wie immer. Doch *ich* war anders. Ich saugte alle Augenblicke ein, so als ob sie meine letzten wären.

Es war eine Erfahrung, die mich weiterbrachte und mir die Augen für die Schönheit des Lebens öffnete. Der Arzt, den ich dann doch konsultierte, bestätigte mir übrigens, dass ich mir alles bloss eingebildet hatte. Ganz im Gegensatz zu meiner *inneren* Erfahrung, die mich die Herrlichkeit des Lebens, nämlich den Zauber des Jetzt und Hier, sehen liess.

INDIANER IM JETZT

Die Zeit vor Christus, das Mittelalter, das Reich der Inkas, die Indianer Amerikas, die Höhlenbewohner oder das Jahr 3000... *es sind alles Lebensdimensionen im Jetzt*. So schwer vorstellbar das auch sein mag, *es ist so*. Alles geschieht in diesem einen unendlichen Augenblick. Es sind Dimensionen innerhalb von Dimensionen, welche die Unendlichkeit darstellen und sich im einen unendlichen Augenblick des Jetzt vereinen. Im Jetzt ist alles enthalten. Es trägt alles Sein, alles Wissen, alle Möglichkeiten, *alles* in sich, die Unendlichkeit eben.

Als ich an der University of Healing in Campo, Kalifornien lebte und studierte, lernte ich Maria, ein 3-jähriges Mädchen, kennen. Sie und ihre Mutter – ebenfalls eine Metaphysik-Studentin – lebten während zwei Jahren an der Universität. Hin und wieder begleitete mich Maria auf meinen Spaziergängen in die Wüstenlandschaft.

Eines Tages gingen wir zusammen auf einem sandigen Pfad, als Maria plötzlich meine Hand fest umklammerte und flüsterte: «Stefan, ich habe Angst. Dort hat es einen Indianer!» Sie zeigte in die Richtung eines grossen Eichenbaumes abseits des Weges. Ich schaute hinüber, konnte jedoch keine Menschenseele erkennen. Ich ging nicht weiter darauf ein, obwohl Maria meine Hand weiter fest umklammert hielt und so lange zum Baum hinüberschielte, bis er aus unserem Blickfeld verschwunden war.

Als wir Tage später wieder zu Fuss unterwegs waren, hielt Maria meine Hand abermals fest umklammert. Sie sah einen Indianer, der uns ganz nahe gewesen sein musste, denn Maria war verängstigt und weigerte sich, weiterzugehen. Sie begann sogar zu weinen. Also nahm ich sie auf meinen Arm, während sie ihre Augen schloss und ihren Kopf auf meine Schulter legte. Ich lief so mit ihr auf dem Gebirgspfad weiter, bis ich spürte, dass sie sich beruhigt hatte. Erst dann setzte ich sie wieder auf die Erde. Als wir nach Hause zurückgekehrt waren, bat ich Maria den Indianer, den sie gesehen hatte, zu beschreiben. Für eine 3-Jährige tat sie das erstaunlich detailliert. Ich war verblüfft. Trotzdem wusste ich nicht so recht, was ich von Marias Indianern halten sollte.

Viele Jahre später erklärte mir jemand, dass der Ort Campo (zu Deutsch Lager) seinen Namen den Indianern verdankt. Bevor nämlich die weissen Siedler Amerika eroberten, gab es in Campo regelmässige Treffen der verschiedenen Indianerstämme. Dann dämmerte es mir.... So unglaublich es klingt, mir wurde plötzlich klar, dass sich Maria auf unseren Spaziergängen auf die Zeitdimension der Indianer eingestimmt hatte. Alle Zeit *ist* jetzt und alle Lebensdimensionen geschehen in diesem einen unendlichen Augenblick.

Viele Kinder besitzen solche «seherischen» Fähigkeiten wie Maria. Nur werden die Dinge, die sie sehen oder spüren von Erwachsenen selten ernst genommen. Erwachsene tun das, was Kinder erzählen, meist als blühende Fantasie ab. Dadurch verkümmert ihre natürliche Gabe.

Nicht nur dass alle Zeit *jetzt* ist, auch aller Raum ist *hier*. Du erinnerst dich an meine ausserkörperliche Reise zu Katarina. Mein Bewusstsein stimmte sich auf Katarina ein, während mich meine Intuition zu diesem abgelegenen Ort im Busch des Northern Territory Australiens führte. Wie Maria sich auf eine andere Zeit einstimmte, so stimmte ich mich auf einen anderen Ort ein. Ich war eins mit diesem Ort in der Nähe Darwins, genau wie Maria mit den Indianern von Campo eins war.

Im Jetzt und Hier zu leben öffnet dich anderen Dimensionen von Zeit und Raum. Das Jetzt und Hier ist das Tor zu allen Lebensdimensionen. Es befindet sich wie alles in deinem inneren Universum, in deinem Bewusstsein.

TELEPORTATION

Du kannst dich nicht nur mental auf andere Dimensionen von Zeit und Raum einlassen, nein, du könntest sogar mit deinem Körper dorthin gehen. Was sich nach Zauberei und «Science Fiction» anhört, ist gar nicht so weit hergeholt. Wissenschaftler haben bereits erfolgreich kleine Lichtteilchen teleportiert. Teleportation ist der räumliche Transport eines Objekts von einem Ort zum anderen, ohne dass die Reise «Zeit» beansprucht. Teleportation bedeutet nämlich zeitlos zu reisen, gerade *jetzt* dort zu sein.

Es ist nur eine Frage der «Zeit», bis der Mensch die Fähigkeit entwickelt sich selbst zu teleportieren. Wie das funktioniert? Du richtest deinen Fokus darauf, wo du sein möchtest und transportierst dich – mittels deines Gedankens – samt Körper an deinen Bestimmungsort. *Du siehst dich dort!* Vielleicht erinnerst du dich an die Fernsehserie «Raumschiff Enterprise», als Kapitän Kirk seinem Bordingenieur die legendäre Anweisung gab: «Beam me up, Scotty!»

TIGER

Tiger war eine aussergewöhnliche Katze, die ebenfalls an der University of Healing zuhause war. Was Tiger aussergewöhnlich machte, war seine Ausstrahlung. Er hatte Selbstbewusstsein und war durch nichts aus der Fassung zu bringen, immer entspannt und die Ruhe selbst. Ich kann es nicht anders sagen, doch diese Katze hatte Charisma. Man fühlte sich von Tiger magnetisch angezogen.

Während sich alle anderen Katzen vor Prince, dem Schnauzerhund in Sicherheit brachten, wenn er aufkreuzte, legte sich Tiger jeweils auf den Rücken, alle Viere von sich gestreckt und liess sich von ihm, am Nacken gepackt, auf dem weichen Teppich durch das ganze Haus ziehen. Es schien ihm richtig Spass zu machen, denn sein Schnurren war unüberhörbar. Angst kannte er nicht.

Vielleicht liess er sich auch deshalb immer wieder auf Begegnungen mit Klapperschlangen ein. Mehrere Male wurde er von ihnen gebissen. Jedes Mal mussten wir ihn zum Tierarzt bringen. Natürlich überlebte er die giftigen Schlangenbisse, um sich wenig später wieder mit den Reptilien auszutauschen. Er konnte einfach nicht von ihnen lassen.

Was Tiger für mich so speziell machte, war jedoch etwas Anderes. Eines Tages bemerkte ich, dass Mäuse es sich in einem Schuppen gemütlich gemacht hatten. Ich holte Tiger, in der Absicht, dass seine Gegenwart ihnen einen Schrecken einjagen würde und sie sich ein neues Zuhause suchen würden.

Nachdem ich Tiger also in den Schuppen gesperrt hatte, damit er seine Arbeit tun konnte, ging ich zurück an meine Arbeit. Es vergingen keine zehn Minuten, bis Tiger miauend in mein Büro stolzierte. Ich fragte mich, wie in aller Welt er sich aus dem Schuppen hinausmanövriert hatte.

Ich brachte ihn umgehend zurück und schloss sorgfältig die Türe. Kurze Zeit später stand er jedoch schon wieder vor mir. Sein Gesichtsausdruck schien mir sagen zu wollen: «Siehst du, ich habe es wieder geschafft auszubrechen!»

Abermals brachte ich Tiger zurück. Zuvor suchte ich den Schuppen nach Schlupflöchern ab. Doch so gründlich ich auch suchte, ich fand nichts. Wie nur konnte er den Schuppen ohne fremde Hilfe verlassen?

Tiger hatte mich nun neugierig gemacht, weshalb ich mich hinter einem in der Nähe gelegenen Busch versteckte. Ich wollte mit eigenen Augen sehen, wie und wo er sich aus dem Schuppen befreite. Es vergingen keine zwei Minuten und Tiger war draussen. Er kroch nicht aus irgendeinem Loch hervor, sondern er stand *wie aus dem Nichts* plötzlich im Freien.

Das war der Moment, als mir klar wurde, dass er sich aus dem Schuppen teleportiert hatte. Ich weiss, es tönt unglaubwürdig und bei jeder anderen Katze hätte ich meine Zweifel gehabt. Doch nicht bei Tiger. Ihm war alles zuzutrauen, sogar die Kunst des Teleportierens.

In deinem Bewusstsein bist du eins mit Zeit und Raum. Du hast die Fähigkeit dich auf jeden Zeitpunkt und auf jeden Ort, den es gab, gibt und je geben wird – alle im Jetzt und Hier – einzustimmen. In Wirklichkeit *bist* du jeden Zeitpunkt und jeden Ort, denn du trägst das unendliche Universum mit *allen* Möglichkeiten, Szenarien und Dimensionen in dir. Der Schlüssel zu diesem fantastischen Bewusstsein liegt darin, dass du mit jeder Faser deines Seins im Jetzt und Hier lebst, der einzigen Zeit und dem einzigen Raum, die es gibt!

28

GOTT

Mit den ersten 27 Kapiteln dieses Buches ist in dir die Erkenntnis gereift, dass du der Schöpfer deiner Welt bist. Du bist aufgewacht zur Tatsache, dass es für dich keine Grenzen gibt, ausser denen, die du dir selber setzt. Dass für dich alles möglich ist, weil das unendliche Universum mit *allen* Möglichkeiten in dir lebt. Mehr noch, dass du das unendliche Universum *bist* und du dir alle Träume – was immer sie sein mögen – erfüllen kannst, wenn du ihnen freien Lauf lässt und deine Gedanken ihnen die nötige positive Zuneigung schenken. Dein ganzes Leben funktioniert nach dem Prinzip *Universum + Zuneigung = Leben!* Es funktioniert ausnahmslos für alle Lebensbereiche.

Trotzdem oder gerade deshalb hat dich dein Schöpferdasein auch zum Nachdenken angeregt. Es hat deine Weltanschauung hinterfragt und die Frage aufgeworfen welche Rolle eigentlich Gott in deinem Leben spielt. Du hast dich gefragt wer oder was Gott ist, wo Gott ist und ob es Gott überhaupt gibt. Du hast dich auch gefragt, wie weit dein Schöpferdasein tatsächlich reicht. Ob es Lebensbereiche gibt für die ausschliesslich Gott zuständig ist, Lebensbereiche also, die sich deinem Einfluss entziehen. Oder ob du als Schöpfer deines Universums *alles* steuern kannst.

DER VERMENSCHLICHTE GOTT

Die Antworten, die sich der Mensch zu Fragen nach Gott, dem Sinn des Lebens und der Bedeutung seines Daseins gibt sind sehr aufschlussreich. Sie spiegeln seine innersten Überzeugungen. Meistens zielen seine Antworten auf eine höhere Existenz ausserhalb von sich selbst, auf eine unsichtbare, allmächtige Kraft, die grösser ist als er selbst. Eine Kraft von der er glaubt, dass sie das Universum, den Kosmos, alles Sein erschaffen hat und demzufolge auch lenkt und führt. So sieht der Mensch sein Leben und seine Beziehung zu Gott, von dem er ein winziger Teil zu sein glaubt.

Eine Geschichte aus der Bibel mag mit ein Grund sein dafür, weshalb der Mensch diese Kraft – Gott – ausserhalb von sich selbst ansiedelt und sich getrennt von ihr erlebt. Es ist die Geschichte von Adam und Eva. Sie veranschaulicht wie der Mensch jener Zeit vor Jesus Christus Gott und seine Beziehung zu Gott sah. Das heutige Gottesbild hat sich seither trotz dem beeindruckenden Leben von Jesus nicht gross verändert. Obwohl Jesus immer wieder darauf hinwies, dass sein Vater (Gott) und er *eins* seien – also nicht voneinander getrennt – und dass jeder Mensch die Dinge tun könne, die er tue und sogar noch grössere Dinge, sieht sich der heutige Mensch weiterhin getrennt von Gott. Er sieht sich Gott, dieser unsichtbaren und allmächtigen Kraft, in jeder Hinsicht unterlegen. Die Wurzel dieser Sichtweise liegt darin, dass der Mensch Gott ins Äussere platziert und sein Inneres nicht nach ihm erforscht. Genauso wie es die drei Götter vorausgesagt hatten. Erst wenn der Mensch Gott in seinem Inneren entdeckt, wird er sich und seine Beziehung zu Gott *wirklich* verstehen.

Doch nun zur Geschichte von Adam und Eva. Sie lebten glücklich und zufrieden im Paradies, als Gott auf den «Baum der Erkenntnis von gut und böse» zeigte und ihnen verbot von den Früchten dieses Baumes zu essen, ansonsten er sie aus dem Paradies verbannen würde.

Weil Verbote faszinieren und sie zu brechen ein aufregendes Spiel ist, assen Adam und Eva von den besagten Früchten und verloren so ihre «Unschuld», ihr göttliches, in sich selbst erfülltes Bewusstsein. Die Erkenntnis von gut und böse – der Dualismus – war in ihnen geboren. Eva wurde dabei als Verführerin Adams und als Schuldige an den Pranger gestellt.

Allein dieses Szenario, mit Eva als Schuldigem lässt erahnen, dass diese Geschichte aus dem Alten Testament von einem patriarchalischen Wesen verfasst wurde. Die Wahrscheinlichkeit, dass dem so war, wird noch zusätzlich erhärtet dadurch, dass Gott, als er den

Menschen schuf, *zuerst* Adam, den Mann kreierte und erst *danach* Eva, die Frau, aus einer Rippe Adams, notabene.

Was sagt uns das?

Es verdeutlicht, dass die Bibel nicht wörtlich genommen werden kann. Sie muss unter Berücksichtigung der dann zumal herrschenden kulturellen und gesellschaftlichen Normen gelesen werden. Die Verfasser der Bibel waren zudem auf Überlieferungen angewiesen, die sie durch den Filter ihres eigenen Bewusstseins interpretierten. Deshalb ist der Gott, der aus der Bibel spricht, ein hochgradig vermenschlichter Gott, so wie auch die Beziehung zwischen Gott und Mensch überaus vermenschlicht dargestellt wird.

Wenn sich die Geschichte von Adam und Eva im Garten von Eden tatsächlich so abgespielt hätte, wie es in der Bibel geschrieben steht, dann wäre Gott ein ziemlich schlechter Psychologe gewesen. Denn jeder halbwegs helle Erwachsene weiss, dass das, was man Kindern verbietet, an Spannung und Interesse um ein Vielfaches zunimmt. Neugierde und Entdeckungslust, sowie das Ausloten von Grenzen gegenüber Autoritätspersonen haben Kinder seit jeher veranlasst das Verbotene zu tun, selbst dann, wenn eine Strafe in Aussicht gestellt wurde. So auch bei Adam und Eva, als Gott ihnen mit der Verbannung aus dem Paradies drohte, was die beiden nicht davon abhielt von den Früchten des verbotenen Baumes zu essen.

Trotz all dieser Ungereimtheiten trägt die Geschichte von Adam und Eva *eine* zeitlose *Perle der Wahrheit* in sich. Und zwar die, dass mit der Erkenntnis von gut und böse Adams und Evas paradiesischer Bewusstseinszustand bedingungsloser Liebe verloren ging. Es ist deshalb nicht nur die Geschichte von Adam und Eva, sondern die eines jeden Menschen, der sich vom Dualismus befreien und sein Dasein und Leben der Enthüllung der in ihm schlummernden bedingungslosen Liebe widmen möchte.

Darüber hinaus ist diese Geschichte behaftet mit negativen und limitierenden Klischees, auch was die Vorstellung von Gott anbelangt. Gott wird als drohendes und strafendes Wesen dargestellt. Dabei wurden Adam und Eva mit Sicherheit nicht von Gott aus dem Paradies verbannt. Gott droht und bestraft nie. Vielmehr war es ihre dualistische innere Haltung, mit der sie sich selbst aus dem Paradies verbannten. Das geschah deshalb, weil Dualismus und bedingungslose Liebe in krassem Gegensatz zueinander stehen und es innerhalb eines Bewusstseins nur das eine oder das andere geben kann. Man lebt entweder aus dem Dualismus, der Erkenntnis von gut und böse, oder aber aus der bedingungslosen Liebe. Das ist der wahre Grund ihrer Selbstverbannung aus dem Paradies.

Nichtsdestotrotz stellt sich der Mensch Gott als autoritäres, herrschendes Wesen vor, das Furcht einflösst und einen – je nach Lebenswandel – mit einem Freipass in den Himmel belohnt oder mit der Fahrt in die Hölle bestraft. Die Vorstellung eines urteilenden Gottes scheint tief im menschlichen Denken verwurzelt zu sein. Wenn Gott tatsächlich urteilend wäre, dann hätte er, genau wie Adam und Eva, vom Baum der Erkenntnis von gut und böse gegessen. Ein solcher Gott wäre niemandem, ausser der Kirche, von Nutzen. Ihr gelang es nämlich früher die Gläubigen durch das Bild eines strafenden Gottes einzuschüchtern und gefügig zu machen. Diese Zeiten gehören jedoch mehr und mehr der Vergangenheit an. Die Zeit ist jetzt reif für den wirklichen Gott, den *Gott der bedingungslosen Liebe.*

Leider gibt es nur wenige Religionen oder Philosophien, die eine auf bedingungsloser Liebe basierende Vorstellung von Gott proklamieren. Ein solcher Gott ist bei Kirchen und Religionen wahrscheinlich absichtlich in Vergessenheit geraten, weil er dem Menschen zu ultimativer Freiheit und Unabhängigkeit verhilft. Die Lehre vom Einssein mit diesem inneren, bedingungslos liebenden Gott führt nämlich zur Erleuchtung. Das hätte zur Folge, dass Kirchen und Religionen nicht mehr gebraucht würden und so ihre Macht und ihren Einfluss verlören. Deshalb liegt ihnen viel daran ihre Anhänger an sich zu binden, notfalls mit einem auf Drohung und Strafe basierenden Gottesbild. Das ist auch der Grund weshalb die Kirche noch heute das Damoklesschwert vom *Tag des jüngsten Gerichts* über den Gläubigen schweben lässt.

Die wahre Aufgabe einer Religion oder Philosophie besteht darin den Menschen zu seinem Ursprung, zu Gott zurückzuführen. Die Bedeutung des lateinischen Wortes «Religion» bestätigt dies insofern, als «Re» für «rück» und «Ligion» für «verbinden» steht.

«Rückverbindung» mit Gott also. Religion im ursprünglichen Sinn sollte tatsächlich ein Sprungbrett zu Gott sein und der spirituellen Erleuchtung dienen.

Naturvölker glaubten ebenfalls an einen Gott im Äusseren. Sie suchten deshalb in der Natur nach Zeichen und Botschaften Gottes. Sie fanden sie in den Blitzen und im Donnergrollen, die sie als Zorn und Massregelung Gottes auslegten. Die heutige «zivilisierte» Vorstellung von Gott ist kaum fortschrittlicher. Wenn nämlich Naturkatastrophen geschehen oder Epidemien ausbrechen, dann wird es als Strafe Gottes angesehen. Aids beispielsweise, wird als Zeichen Gottes gedeutet, dass gleichgeschlechtliche Liebe nicht nach seinem Willen sei. Gerade so als ob Gott eine Meinung zu einer solch trivialen Angelegenheit hätte! Es ist der vermenschlichte Gott, der so denkt und spricht.

In Wirklichkeit ist die Ursache jeder menschlichen Erfahrung im Mentalhaushalt des jeweiligen Individuums zu finden. Einstellung und inneres Verhalten sind ausschlaggebend. Glückliche Gedanken führen zu glücklichen Erfahrungen, innerer Frieden zu äusserem Frieden, innere Konfusion zu äusserer Konfusion. Schuldgefühle beispielsweise entspringen dem Dualismus, der Erkenntnis von «gut und böse» oder «richtig und falsch» und verlangen nach Bestrafung. Diese Bestrafung erfolgt jedoch nicht durch Gott, sondern durch den Menschen selbst. *Er* verurteilt sich. *Er* bestraft sich. Gott würde nie drohen, richten oder urteilen, geschweige denn bestrafen. Genauso wie er nie belohnen würde. Weshalb auch! Der Mensch spielt *sein* Spiel und ist selbst dafür verantwortlich. *Er* erntet die Früchte *seiner* Saat. Es ist *seine* Reise, *sein* Erleben, *seine* Welt.

Die Vorstellung eines drohenden und strafenden Gottes, trägt selbstzerstörerisches Potenzial für die menschliche Gesellschaft in sich. Denn anstatt im Einssein der bedingungslosen Liebe zu verschmelzen, erlebt sich der Mensch in Furcht und Angst, getrennt von Gott. Dieses Getrenntsein lässt ihn im Namen Gottes Kriege führen, Kreuzzüge rechtfertigen und Gewalt ausüben. Er tut diese Dinge im Glauben *seinem* Gott einen Gefallen zu tun und die Welt und die Menschheit in seinem Namen zu retten. Natürlich gibt es nichts zu retten, weder sich selbst noch die Welt oder andere Menschen. Die

Welt und das Leben sind nichts weiter als eine Theaterbühne, die dem Menschen dazu dient, zu seiner Wirklichkeit, dem Einssein mit Gott zurückzukehren. Das Theaterstück ist ein Spiel, dessen Regisseur der Mensch selbst ist. Er spielt dieses Spiel für sich selbst, nach seiner Vorstellung und nach seinem Drehbuch. Andere zu zwingen ihr Leben, ihr Gottesbild und damit ihr Drehbuch zu verändern, könnte kaum gegensätzlicher zur bedingungslosen Liebe sein. So etwas wäre nie der Wunsch oder der Wille Gottes.

GOTT UND MENSCH

Der deutsche Mystiker Meister Eckhart (1260 – 1328) sagte einmal: «Die Augen mit denen ich Gott sehe, sind dieselben Augen, mit denen Gott mich sieht. Meine Augen und Gottes Augen sind eins!»

Gott und Mensch sind eins. Der Mensch sieht Gott so, wie er sich selbst sieht. Er sieht Gott als Reflektion dessen, wer er selbst zu sein glaubt, wie er sich in seinem Inneren sieht.

Wie du in deinem Inneren denkst, so bist du. Und so (er)lebst du auch. Und genau so siehst du und erlebst du Gott.

Es ist unmöglich, sich selbst im Dualismus zu erfahren und Gott im Licht der bedingungslosen Liebe zu sehen. Wenn ein Mensch Gott *wirklich* als das Licht der bedingungslosen Liebe sieht, dann ist dieser Mensch selbst das Licht der bedingungslosen Liebe. Gott und Mensch stehen immer in einem Spiegel-Effekt zueinander. Gott und Mensch *sind* eins.

Erst wenn der Mensch ein neues, unbeschränktes Selbstbild entwirft, kommt er dem wahren Gottesbild auf die Spur. Gott *ist* unbeschränkt, genauso wie es der Mensch ist. Wobei das Wort «Bild» nicht eben angebracht ist, denn jedes Bild trägt zu einer Idealisierung oder Idolisierung bei. Gott kann man jedoch weder idealisieren noch idolisieren, denn Gott als anthropomorphes, sprich persönliches Wesen, existiert nicht. Jenes Bild von Gott, das ihn als Menschengestalt mit weissen Haaren und langem weissen Bart auf einer Wolke sitzend zeigt, ist eine Vermenschlichung Gottes. Ein Phantom. Der wirkliche Gott ist unpersönlich und unsichtbar und nicht über die menschlichen fünf Sinne wahrzunehmen.

DER UNPERSÖNLICHE GOTT

Der Vater und die Mutter eines neugeborenen Mädchens waren soeben mit ihrem kleinen Engel aus dem Spital nach Hause zurückgekehrt. Ihr Sohn im Vorschulalter hüpfte aufgeregt von einem Bein aufs andere, weil er es kaum erwarten konnte, seine kleine Schwester zum ersten Mal zu sehen. Er wollte sie persönlich begrüssen. Als Mama und Papa auf sein Drängen hin die Türe zum Zimmer seiner Schwester öffneten und Anstalten machten mit ihm einzutreten, stellte sich ihnen ihr kleiner Junge in den Weg. Während er auf seine im Bett schlafende Schwester zeigte, murmelte er: «Nur ich und sie, wir beide ganz allein!» Die Eltern schauten sich verwundert an. Dann, nach kurzem Zögern liessen sie ihn mit ihrer neugeborenen Tochter alleine.

Als sich der Junge vergewissert hatte, dass er mit seiner Schwester alleine war, beugte er sich über sie und flüsterte ihr sanft ins Ohr: «Schnell, bevor sie dich zum Vergessen bringen, erzähle mir wie Gott wirklich ist!»

Neugeborene und Kleinkinder leben intuitiv aus ihrer Göttlichkeit. Sie kennen Gott. Ihr göttliches Bewusstsein ist unangetastet und rein. Sie sind aus dem Formlosen in eine menschliche Form geschlüpft und aus der Unendlichkeit in die Endlichkeit geboren worden. Sie verkörpern dieses reine, authentische Bewusstsein für die Wirklichkeit Gottes. Wenn sie sich artikulieren könnten, dann würde der Menschheit ein unermesslicher Schatz an Weisheit geschenkt werden, nämlich das unverfälschte «Bild» Gottes.

Wer oder was ist Gott? Gott ist keine Person und kein Wesen. Gott ist vielmehr eine Gegenwart, ein Prinzip. Ein Sein, ohne Anfang und Ende. Unendlich. Zeitlos. Raumlos. Alles durchdringend. Eins mit allem. Bedingungslos liebend.

Bedingungslos zu lieben bedeutet allem Sein – auch und vor allem sich selbst – den freien Willen zuzugestehen, das zu tun, was immer *es* möchte. Gott als Ausdruck bedingungsloser Liebe wertet nicht, stellt keine Besitzansprüche und ist unberührt von all dem, was geschieht oder nicht geschieht. Das setzt voraus in sich selbst erfüllt zu sein. Gott *ist* in sich selbst erfüllt. Aus dieser göttlichen, bedingungslosen Perspektive *ist* alles, wie es ist. Alles, was geschieht oder nicht geschieht, existiert oder nicht existiert, *ist* einfach. Reines *Sein*.

Gott ist eins mit allem. Gott *ist* alles. Es gibt nichts, was nicht Gott oder göttlich ist. Das ganze Universum ist Gott. Demzufolge bist *du* Gott, genau wie *ich* Gott bin. Obwohl ich zuvor gesagt habe, dass Gott keine Person und kein Wesen ist, bist *du* Gott, bin *ich* Gott. Dein Gottsein bezieht sich jedoch nicht auf dich als Person, sondern auf dich als Bewusstsein. Du, deine Persönlichkeit, deine Individualität und dein Körper sind zwar göttlich, doch dein Gottsein, deine Göttlichkeit existiert auch ohne sie. Dein Gottsein, deine Göttlichkeit ist jenes Sein, das über dich als Person, Individualität und Körper hinausgeht. Dein Bewusstsein. Es schlägt die Brücke zur Göttlichkeit in dir. Über dein Bewusstsein tauchst du ins Gottes-Bewusstsein ein, wo du dich selbst, wer du bist, erkennst. Wobei das «du», so wie du es jetzt kennst, dann nicht mehr existiert. Du erlebst dich dann im Meer der bedingungslosen Liebe, wo weder «du» noch «ich» existieren, wo alles miteinander verschmolzen ist. Eins.

Du bist also Gott und somit überall, *allgegenwärtig*. Du bist jenseits von Zeit und Raum, in der Zeit- und Raumlosigkeit aller Dimensionen im Jetzt und Hier. Du bist all das, was war, ist und je sein wird. Dieser Allgegenwärtigkeit bist du dir bewusst.

Als Gott bist du *allmächtig*. Dein Gedanke formt Leben. Eigentlich wird Leben nicht geformt, sondern nur enthüllt, denn es existiert bereits im unendlichen Universum, das du bist. Im Jetzt und Hier. Alle Lebensbereiche gehören in deinen Zuständigkeitsbereich, denn *du bist Gott*, selbst dann wenn du aufgrund deines jetzigen Bewusstseins nur einen Bruchteil deines Gottseins und deiner Allmacht lebst. Nichtsdestotrotz bist du allmächtig.

Du bist auch *allwissend*, weil du das unendliche Universum bist, das alles Sein und damit alles Wissen verkörpert. Auch hier lebst du dieses Wissen in exakt dem Mass, wie du dich diesem unbeschränkten Sein geöffnet hast.

Wenn du auf den ersten Seiten dieses Buches gelesen hättest, dass du Gott bist, dann wäre dir womöglich eine Sicherung durchgebrannt, weil es dir «unrealistisch» und geradezu beängstigend erschien und dich zudem in deinem Gottesempfinden verletzt hätte. Du hättest es womöglich als Blasphemie (Gotteslästerung) ausgelegt. Doch jetzt, nachdem du dir die Erkenntnis dessen, Schöpfer deines Universums zu sein, selbst gegeben hast, ist der Gedanke *Gott zu sein* nicht mehr so abwegig. Eigentlich kann man so weit gehen und sagen, dass es blasphemisch ist zu behaupten, dass etwas im unendlichen Universum *nicht* Gott ist.

Die Erkenntnis Gott zu sein nimmt dir die letzte Krücke, die letzte Limitation deines Daseins. Diese besagt nämlich, dass du *nur menschlich* bist und *nicht* allmächtig, allwissend und allgegenwärtig und dass die Erlösung vom menschlichen Leiden nur über das Anbeten eines äusseren Gottes geschehen kann. Wie du jetzt weisst, ist es der *innere* Gott, deine Göttlichkeit in dir, die dich vom Dualismus befreit. Indem du dein Gott-Sein anerkennst, legst du dir die Verantwortung für dein Leben in den eigenen Schoss. Damit kannst du nicht mehr länger Menschen, Dinge und Umstände ausserhalb von dir selbst für deine Erfahrungen verantwortlich machen. Selbst über deinen Tod entscheidest du allein. Niemand holt dich heim, wie es in Todesanzeigen geschrieben steht. Der Gott, der das getan haben soll, ist gestorben. Es hat ihn nie gegeben. Er existierte nur in der menschlichen Vorstellung.

Du bist dieses unendliche, zeit- und raumlose, unbeschränkte Sein. Gott eben. Du bist eins mit allem. *Du bist alles*. Es ist wer du in Wirklichkeit bist, wer du schon immer gewesen bist und wer du immer sein wirst.

29

MYSTERIUM DES TODES

Der Tod ist weder gut noch schlecht, richtig oder falsch, magisch oder tragisch. Er *ist* einfach, genau wie das Leben einfach *ist.*

So unglaubwürdig es auch klingen mag, aber der Tod müsste nicht sein, wenn dem Körper die Information der Unsterblichkeit gegeben würde. Doch irgendwie scheint der Tod zum Spiel des Lebens zu gehören, zumindest in der Vorstellung, die der Mensch davon hat. Dabei könnte der menschliche Körper für immer und ewig leben, wenn das in ihm wohnende Bewusstsein mit jeder Faser des Seins aus seiner unbegrenzten Göttlichkeit leben würde. Die Versuche mit der vom Bewusstsein getrennten Körperzelle im Reagenzglas bestätigen dies insofern, als die Körperzelle dabei den Alterungsprozess einstellte. Wird also einer Körperzelle die Information des Alterns vorenthalten, so bleibt sie ewig jung. Soviel zu den *inneren* Einflüssen auf den menschlichen Körper. Was die *äusseren* Einflüsse betrifft, die zum Tod führen können, so sind auch sie vom Bewusstsein gesteuert, denn nichts geschieht bekanntlich zufällig. Es ist immer ein Impuls aus dem Inneren, der für das äussere Erleben verantwortlich ist.

In der Bibel steht geschrieben: «Der letzte Feind, den der Mensch überwinden wird, ist der Tod!» Das Leben von Jesus untermauert diese Aussage. Sein selbst inszenierter Tod und seine Auferstehung sollten der Menschheit zeigen, dass der Tod überwunden werden kann. Jesus brachte nicht nur sich selbst, sondern auch Lazarus und andere «von den Toten» ins Leben zurück. Es versteht sich von selbst, dass Jesus den Tod nie hätte zu erfahren brauchen, doch er inszenierte jenes «Drama», um ein Zeichen zu setzen, dass Tod *und* Leben eine Angelegenheit der bewussten Wahl sind.

Jesus vollbrachte viele Wunder. Er verwandelte Wasser in Wein. Er heilte Menschen. Er beruhigte das stürmische Meer. Er vermehrte Brot und Fisch um Tausenden zu essen zu geben. Er ging über das Wasser. Und, wie gesagt, er auferstand von den Toten. Es wäre für ihn also ein Kinderspiel gewesen vom Kreuz herab zu steigen oder es gar nicht erst so weit kommen zu lassen. Doch die Kreuzigung und sein damit verbundener Tod war Teil seines Drehbuchs, um den Menschen die Augen dafür zu öffnen, dass es möglich ist den Tod als letzten Feind zu überwinden.

Jeder Mensch, der stirbt, hat die mehr oder weniger bewusste Wahl dafür getroffen. Insofern ist jeder Tod ein Freitod. Es ist selbst dann ein Freitod, wenn der Tod von aussen an einen herangetragen wird, wenn er also von äusseren, scheinbar unbeeinflussbaren Umständen herzurühren scheint. Weshalb? Weil jeder äussere Umstand auf einem inneren «Umstand» beruht. Selbst die Erfahrung des Todes beruht auf dem Prinzip *Universum + Zuneigung = Leben!*

Wird einer Pflanze die Lebensgrundlage – Licht und Feuchtigkeit – vorenthalten, so stirbt sie. Genauso kann ein Menschenleben ins formlose Sein zurückkehren, wenn ihm die Lebensessenz – Liebe, Interesse, Aufmerksamkeit und Zuneigung – vom eigenen Bewusstsein entzogen wird. Wenn also das Interesse für das Leben abflacht, weil Lebenssinn, Lebensbegeisterung und Lebensaufgabe verloren gegangen sind, dann kann es geschehen, dass jemand unerwartet und plötzlich stirbt, oder dass sich das Leben zurückbildet, indem Krankheiten den Zerfall des Lebens symbolisch einläuten. Dasselbe kann geschehen, wenn jemand des Lebens überdrüssig geworden ist und er lieber sterben würde, als auf unschöne, unglückliche oder ungesunde Art weiterzuleben.

Menschen sterben, weil ihnen das Leben sinnlos erscheint, weil es ihnen nicht mehr genügend Spass bereitet, weil ihre begrenzenden Lebenseinstellungen und Denkweisen gefühlsmässige und körperliche Schmerzen und Krankheiten verursachen oder weil sie ihre Ziele erreicht haben und ihre Rolle auf der Theaterbühne «Leben» zu Ende gespielt haben und bereit sind für eine neue Rolle in einer anderen Lebensdimension.

JAMES

James war ein charmanter, liebenswürdiger und immer gut gelaunter Mann, beliebt bei allen, eine Frohnatur. Doch etwas schien ihn zu belasten, als wir zusammen zum Mittagessen gingen. Als ich ihn auf seine bedrückte Stimmung ansprach, erzählte er mir von seiner Tochter, die bei ihm immer wieder um Geld bettelte, um ihren Drogenkonsum zu finanzieren. James war in einem Dilemma. Einerseits wusste er, dass er seiner Tochter mit der Finanzierung der Drogen einen Bärendienst erwies, andererseits hatten alle Therapien sich von der Sucht zu befreien fehlgeschlagen und sie war willens das Geld für die Drogen auf andere Weise zu beschaffen. Ich spürte wie hin- und hergerissen James war. Es zermürbte ihn.

Kurze Zeit später ging er auf eine Geschäftsreise. Nachdem er seine Verkaufsverhandlungen früher als erwartet zu einem erfolgreichen Abschluss gebracht hatte, liess er seinen Flug umbuchen, um schneller zuhause zu sein. Zusätzlich liess er sich einen Platz im vorderen Teil der Maschine geben, anstatt ganz hinten zu sitzen.

Kurz nach dem Start wurde der Kapitän und die Besatzung des Flugzeugs von Entführern überwältigt und gezwungen Kurs auf eine andere Destination aufzunehmen. Der Kapitän versuchte die Entführer von ihrem Vorhaben abzubringen, denn das Flugzeug verfügte dazu nicht über genügend Treibstoff. Vergeblich! Er musste sein Flugzeug schliesslich im Meer notlanden. Etwa die Hälfte der Passagiere überlebte, mehrheitlich diejenigen auf den hinteren Plätzen. James war leider nicht unter ihnen.

War es nun ein Zufall, dass James sich kurzfristig auf diesen Flug und auf einen vorderen Platz umbuchen liess? Nein, es gibt keine Zufälle. Die familiären Probleme hatten James an seine Grenzen der Belastbarkeit geführt. Er war seines Lebens überdrüssig geworden. Bestimmt sah er sich mehr als einmal mit dem Gedanken konfrontiert: *Ich habe genug vom Leben. Ich wünschte ich könnte sterben und diese Last loswerden.* Vielen Menschen sind Gedanken und Gefühle wie diese schon widerfahren. Doch dann kam irgendein Lichtblick, ein Strohhalm, an den man sich klammern konnte und das Leben sah wieder lebenswert aus. Nicht bei James. Er konnte und wollte nicht mehr. Sein Universum reagierte darauf. Seine innerlich getroffene Entscheidung spiegelte sich dann in einer Kette von äusseren Ereignissen, die schlussendlich zu seinem Übergang in eine andere Lebensdimension führten.

Dein Leben ist nicht nur dieses eine Leben, auf das du über deinen Körper und dein Bewusstsein eingestimmt bist. Dein Leben ist die Unendlichkeit, die nie begonnen hat und nie enden wird. Darin existieren all deine Lebensdimensionen. Du lebst sie simultan im Jetzt und Hier. Deshalb ist dieses eine Leben, dem du dir bewusst bist nur ein kleiner Ausschnitt, ein Wimpernschlag deines *ganzen* Seins.

Diese allumfassende Perspektive kann deine gesamte Einstellung zum Leben und zum Tod verändern. Vielleicht hilft sie dir von Sorgen, Ängsten und Frustrationen, die dich davon abgehalten haben, dein Leben und den Moment zu geniessen, loszulassen. Vielleicht dient sie dir auch als Inspiration, um gegenüber dem Tod eine entspanntere Haltung einzunehmen, genauso wie gegenüber dem Leben oder dem Verlust eines Menschen, den du liebst. Du – wie deine Liebsten – lebst nämlich ewig, egal ob du dich über ein neues Leben mit einem neuen Körper, einer neuen Welt und einer neuen Identität ausstattest oder nicht. Du *bist* unsterblich.

NORA

Die Nachricht hatte sich wie ein Lauffeuer verbreitet. Nora, eine 20-jährige Frau war in einem Wald ausserhalb von Zürich tot aufgefunden worden. Jemand hatte ihr das Leben genommen. Ein Leben, das erfüllt war von Freude, Begeisterung und grossen Erwartungen an die Zukunft. Auch mich berührte es, was der fröhlichen, jungen Frau widerfahren war. Ich wurde jeden Tag daran erinnert, als ich auf meinem Weg zur Arbeit dem besagten Wald entlang fuhr, wo Blumen, brennende Kerzen und farbenfrohe Windrädchen an sie erinnerten. Wie so viele Menschen fragte auch ich mich: *Weshalb sie? Weshalb ein so junges und viel versprechendes Leben wie dasjenige von Nora?*

Natürlich waren das Gedanken, die auf Vernunft, Logik und Emotionalität gründeten und nirgendwo hinführten, ausser vielleicht in Gefühle der Frustration und Wut, welche die kausalen Zusammenhänge von Ursache und Wirkung unbeachtet liessen. Zusammenhänge wie die Tatsache, dass nichts rein zufällig geschieht und jeder Erfahrung eine mentale Ursache zugrunde liegt. Und dass jeder Mensch den Zeitpunkt seines Übergangs in eine andere Lebensdimension selbst wählt.

Als ich an einem der darauf folgenden Tage im Büro sass, kreisten meine Gedanken um Nora, die ich weder gekannt noch je gesehen hatte. Dann, ganz plötzlich, nahm ich eine innere Stimme wahr, die zu mir sprach. Ich konnte diese Stimme, die sich mir mittels kraftvollen Gedanken mitteilte, sehr deutlich hören. Sie sagte: «Alles ist gut, so wie es ist!» Diese Aussage wiederholte sich immer wieder. «Alles ist gut, so wie es ist! Alles ist gut, so wie es ist! Alles ist gut, so wie es ist!» Glücksgefühle begleiteten diese Worte. Das Erlebnis war so überwältigend, dass ich eine Gänsehaut kriegte und ein Gefühl der Freude mich durchdrang. Ich spürte, dass etwas Besonderes passiert war. Erst danach wurde mir bewusst, was wirklich geschehen war… *Nora und ich waren für ein paar Momente aufeinander eingestimmt.* Nora war nicht tot, sie lebte! Und Nora war glücklich, wo immer sie war!

Die Tage vergingen und ich war noch immer berührt von dieser Erfahrung. Etwas in mir veranlasste mich, Noras Eltern einen Brief zu schreiben, in welchem ich mein Erlebnis schilderte.

Einige Wochen später klingelte zuhause mein Telefon. Es war Noras Mutter. «Guten Tag Herr Strässle,» sagte sie. «Danke für Ihren Brief!»

«Oh, gerne geschehen!» antwortete ich betont nonchalant, während mein Verstand raste, um die richtigen Worte zu finden gegenüber einer Mutter, deren Tochter ermordet worden war.

«Sie müssen wissen, mein Mann, unsere Kinder und ich, wir haben Hunderte von Briefen erhalten. Ihr Brief war einzigartig. Als wir Ihre Worte gelesen hatten, dachten wir zunächst an einen schlechten Scherz. Wir konnten nicht glauben, dass so etwas wahr sein könnte. Tatsächlich wundern wir uns immer noch. Ist es wirklich so geschehen, wie Sie es beschrieben haben? Hat Nora *wirklich* mit Ihnen gesprochen?» fragte sie.

«Ja, das hat sie,» antwortete ich. «Genau so wie ich es Ihnen geschrieben habe. Ich habe nie zuvor so etwas erlebt. Es war überwältigend und ich bekam eine Gänsehaut, als ich die Liebe und das Glücksgefühl spürte, die aus Noras Worten sprachen.»

«Wissen Sie, was Sie uns mitgeteilt haben bedeutet mir und meiner Familie sehr viel,» sagte sie mit einer sanften Stimme. «Wir haben uns nie zuvor mit dem Tod oder einem Leben danach auseinandergesetzt. Mit dem, was nun mit Nora geschehen ist und dem Erlebnis, das Sie uns geschildert haben, beginnen wir uns Themen wie diesen zu öffnen.»

«Das kann ich gut nachvollziehen. Ich bewundere Ihren Mut und Ihre Kraft. Übrigens, ich hätte da etwas für Sie. Ein Buch zum Thema Leben und Tod. Es heisst «Illusionen». Richard Bach ist der Autor. Es ist eines meiner Lieblingsbücher. Ich sende es Ihnen zu, wenn Sie mögen.» liess ich sie wissen.

«Gerne! Und wenn Sie je wieder etwas von Nora hören sollten, dann lassen Sie es mich bitte sofort wissen. Das würde uns allen sehr viel bedeuten!»

«Ganz bestimmt!» versicherte ich ihr.

Die Essenz von Nora ist unsterblich und lebt ewig, genau wie deine Essenz unsterblich ist. Sie existiert unabhängig eines Körpers oder einer menschlichen Identität. Sie ist unendlich und ein Ausdruck tiefen Friedens und durchdringender Glückseligkeit.

TOD UND NAHTOD

Jeder Mensch erschafft sich seinen eigenen Tod sowie auch die Erfahrungen in den Nahtoderlebnissen.

Ich erinnere mich, wie mein Vater mehr als einmal gesagt hatte, dass er sich einen schnellen «Abgang», sprich einen schnellen Tod wünschte. Genau so war es für ihn. Er starb innerhalb weniger Stunden, ohne dass er Wochen, Monate oder sogar Jahre an seinem Tod herumzubasteln hatte. Er hatte sich innerlich entschieden zu gehen und zwar schnell, was auch immer die Gründe dafür waren. Und so geschah es dann auch.

Der Vater einer Bekannten lag im Sterben. Sie begleitete ihn während seinen letzten Tagen und war gerade am Telefon, als sie zu ihrem Vater hinüberschaute und ein unbeschreiblich schönes Strahlen in seinem Gesicht sah. Ein paar Minuten später starb er. Der Pfarrer ihres Vaters erzählte ihr danach, dass er ihm gegenüber den Wunsch geäussert hatte, Minuten vor seinem Tod Gott sehen zu wollen.

Dieser Mann *sah* tatsächlich Gott, nämlich *seine innere Göttlichkeit.* Wie mein Vater hatte auch er genau die Erfahrung gemacht, die er sich gewünscht hatte. *Universum + Zuneigung = Leben!*

Viele Menschen, die klinisch tot gewesen waren und ins Leben zurückkehrten, berichten von ihren ausserkörperlichen Erlebnissen im Jenseits. Die Dinge, die sie dabei sahen und erlebten sind vielfältig. Noch lange nicht alle Menschen sahen jenes Licht am Ende des Tunnels, von dem sie sich magnetisch angezogen fühlten. Was jedoch aus praktisch allen Nahtoderlebnissen hervorleuchtet, ist die überwältigende Schönheit und Liebe, welche die Menschen im Jenseits erlebten. Die meisten von ihnen wären übrigens lieber im Jenseits geblieben, weil es «dort» so zauberhaft schön war. Die Leben vieler Menschen, die das Jenseits gesehen haben, sind seither richtiggehend transformiert. Sie richten nämlich ihre ganze Aufmerksamkeit auf die in ihnen schlummernde bedingungslose Liebe aus. Auch die Angst vor dem Tod haben diese Menschen transzendiert und zwar in eine Freude und Liebe für sich und ihr Leben.

Ein solches Bewusstsein könnte jeder Mensch im Jetzt und Hier erfahren, ohne dass er sich dafür auf ein Nahtoderlebnis einzulassen hätte. Kannst du dir vorstellen, was geschehen würde, wenn die Führer der Menschheit – Politiker, Wirtschaftsgrössen und andere Entscheidungsträger – aus dem Bewusstsein dieser bedingungslosen Liebe leben würden? Kriege und andere Auswüchse des Dualismus gehörten dann der Vergangenheit an, und die Erde wäre ein Planet des Friedens, der Freude, Schönheit und Liebe.

Nachforschungen haben übrigens ergeben, dass die Erfahrungen, die Menschen in Nahtoderlebnissen machen, ungeachtet von ihrer Zugehörigkeit zu einer Religion sowie von ihrem Glauben oder Nichtglauben an einen Gott, geschehen.

Eine Frau, die klinisch tot war und sich aus ihrem Bett auf eine ausserkörperliche Reise begab, schwebte über dem Meer, umgeben von Dunkelheit. In der Ferne sah sie dann ein helles Licht, das leuchtender war als alles, was sie je zuvor gesehen hatte. Das Licht beinhaltete alle Dinge. Alles was je war und je sein würde war in diesem Licht vereint, wie sie es beschrieb. Es gab dort keine Worte, keine Form, kein Gesicht und keine Struktur, jedoch eine unendliche Liebe. Die Kommunikation, die stattfand, geschah rein gedanklich. Intuitiv wusste die Frau, dass sie *bei Gott gelandet* war.

Geburt und Tod sind nichts weiter als der Eintritt in eine neue Lebens- und Bewusstseinsdimension. Der Tod ist deshalb nicht so sehr ein Mysterium. Er ist so natürlich wie es ist, abends im Bett einzuschlafen und am Morgen wieder aufzuwachen. Mit dem Eintritt in den Schlaf verliert man vorübergehend die Bewusstheit für eine Welt – Körper, Leben, Erde – und taucht ein in eine andere Welt, die der Träume, welche nicht weniger real ist. Genauso sind die Geburt und der Tod. Sie sind Türen zu einer anderen Welt.